2004 中国农业发展报告

中华人民共和国农业部

中国农业出版社
北 京

2004中国农业发展报告
编 辑 委 员 会

前 言

2003年，是我国发展进程中重要而非同寻常的一年。面对复杂多变的国际形势、突如其来的“非典”疫情和频繁发生的自然灾害，在党的十六大和十六届三中全会精神指引下，各地区和各部门按照中央的部署和要求，加大了解决“三农”问题的力度，紧紧围绕全面建设小康社会的奋斗目标和增加农民收入的中心任务，推进农业增长方式转变、加快建设现代农业，推进战略性结构调整、全面繁荣农村经济，落实各项农村政策、保护农民经济利益，加快农村社会事业发展、促进农村社会全面进步，抵御了突如其来的“非典”疫情的严重冲击，克服了多种自然灾害频繁发生的严重影响，实现了农业和农村经济继续平稳发展、农民收入继续恢复增长、农村社会继续保持稳定的良好局面，为国民经济增长和社会发展做出了重要贡献。

2004 年，是我国改革和发展十分关键的一年。当前我国农业和农村经济正处在一个新的发展阶段，中央扶持粮食生产和增加农民收入的政策措施为农业和农村经济发展注入了新的活力。但是，一些长期困扰农业和农村经济发展的深层次矛盾还没有根本解决，同时又产生了许多新的情况和新的问题，改革和发展的任务都相当繁重。我们一定要认真贯彻党的十六大和十六届三中全会精神，抓住重要战略机遇期，牢固树立科学的发展观，按照统筹城乡经济社会发展的要求，坚持"多予、少取、放活"的方针，着力解决当前"三农"工作中的突出矛盾和突出问题，把加强农业基础、发展粮食生产、增加农民收入作为事关全局的大事，扎实工作，奋力开拓，为全面建设小康社会和实现农村经济社会的全面发展做出新贡献。

杜青林

2004 年 7 月

2003年农业发展状况

1. 2003年，各地区、各部门深入贯彻落实党的十六大和十六届三中全会精神，按照中央的要求，加大了解决“三农”问题的力度，抵御住了突如其来的“非典”疫情的冲击，克服了多种自然灾害的影响，实现了农业和农村经济稳步发展，农村改革稳步推进，农民收入稳步增加，农村社会继续保持稳定。

2. 农业生产。2003年农业增加值为17 092亿元，比上年增长2.5%。粮食、棉花、油料、糖料等大宗农产品减产；蔬菜、水果产量稳定增长。粮食总产43 070万吨，与上年相比，减产5.8%；棉花总产量486万吨，减产1.2%；油料产量2 811万吨，减产3.0%；糖料产量回落到9 642万吨，减产6.3%；茶叶产量77万吨，增产3.1%；蔬菜产量54 032万吨，增产2.1%；水果（含果用瓜）产量14 517万吨，增产1.0%。

种植业结构调整取得了新的进展。2003年，全国优质稻面积14 470千公顷，占稻谷总面积的54.6%，比上年提高3个百分点；优质专用小麦面积8 270千公顷，占小麦面积的38%，比上年提高7个百分点；优质专用玉米6 800千公顷，占玉米面积的28%，比上年提高4个百分点；“双低”（低硫甙、低芥酸）油菜籽5 130千公顷，占油菜籽面积的70%，比上年提高4个百分点；抗虫棉占棉花面积的60%以上，高品质棉花发展到130多千公顷。

畜牧业、渔业保持平稳发展态势，主要畜、水产品产量稳定增长。全年肉类总产量达到6 933万吨，比上年增长5.3%；蛋类总产量达到2 607万吨，比上年增长5.8%；奶类总产量达到1 848.6万吨，比上年增长32%。水产品总产量4 706.1万吨，比上年增加140.9万吨，增长3.1%。

3. 乡镇企业。2003年，乡镇企业保持了快速发展的良好势头。全国乡镇企业完成增加值36 686亿元，比上年增长13.3%，是“十五”以来增长最快的一年。年末从业人数达13 573万人，比上年末净增285万人。全年实现营业收入146 783亿元，比上年增长13.1%。实现利润总额8 571亿元，比上年增长13.4%。上缴国家税金3 130亿元，比上年增长16.2%。外贸出口增势强劲，全年完成出口产品交货值14 197亿元，比上年增长22.8%。

个体私营企业、混合型企业是乡镇企业经济增长的主导力量。2003年，个体私营企业完成增加值17 928亿元，比上年增长24.2%；公司制等混合型企业增加值4 518亿元，比上年增长37.4%；集体独资等企业完成增加值11 434亿元，比上年下降6.8%。

乡镇企业改革进一步深化。2003年末，全国乡村集体独资企业个数29万个，比上年末减少11万个；注册登记为有限责任公司的企业由上年末的15万个增加到20万个；股份有限公司由上年的1.7万个增加到3万个。规范的公司制企业个数明显增加。

4. 价格与市场。农产品生产价格止跌回升。2003年，由于粮、棉、油、糖等大宗农产品减产，主要农产品供过于求的矛盾趋于缓解，农产品价格开始回升，农民出售的农产品价格总水平比上年上涨4.4%。其中，粮食国内市场价格全面回升，小麦、玉米生产价格分别比上年上涨3.0%和4.6%，大豆价格上涨20.6%；棉花价格上涨较多，全年籽棉生产价格比上年上涨35.3%；畜产品、水产品价格比较平稳。2003年，生猪生产价格比上年上涨2.9%，活牛价格上涨1.7%，家禽价格上涨1.0%，蛋类产品价格上涨1.1%，奶类产品价格上涨3.7%，水产品价格基本持平。

农业生产资料价格总体平稳。2003年，价格总水平比上年上涨1.4%。

其中，饲料价格上涨2.0%，幼禽仔畜价格上涨2.9%，化肥价格上涨1.6%，农用机油价格上涨7.8%。

农村消费品市场平稳增长。2003年，全国县及县以下社会消费品零售额16 065亿元，比上年增长6.8%。全国居民消费价格总水平比上年上涨1.2%，其中农村上涨1.6%。

5. 农产品进出口。2003年，我国农产品进出口贸易快速增长，但进口增幅大于出口，贸易顺差缩小。农产品进出口总值403.6亿美元，比上年增长31.9%。其中，出口值为214.3亿美元，增长18.1%；进口值为189.3亿美元，增长52.0%。农产品贸易顺差25.0亿美元，比上年下降56.2%。农产品进出口贸易总额占全国进出口贸易总额的4.7%，比上年下降0.2个百分点。其中，农产品出口总额占全部出口总额的4.9%，下降0.7个百分点；农产品进口总额占全部进口总额的4.6%，提高0.4个百分点；农产品进出口贸易顺差占全部顺差的9.8%，下降8.9个百分点。

分品种来看，粮食、蔬菜、水产品出口增加，进口减少；棉花、食用植物油进口增加，出口减少；油料、水果、畜产品进出口双增加；食糖进出口双减少。全年粮食（不包括大豆）出口2 200.4万吨，比上年增长48.3%；进口208.7万吨，下降26.8%；净出口1 991.7万吨，增长66.2%。粮食出口值为26.7亿美元，增长55%；进口值为4.6亿美元，下降7.4%；贸易顺差22.1亿美元，增长80.4%。蔬菜出口量为552.7万吨，增长18.7%；进口量9万吨，下降1.1%；净出口543.7万吨，增长19%。出口值30.7亿美元，增长16.5%；进口值0.72亿美元，增长2.1%。水产品出口量213.8万吨，比上年增长1.4%；进口量233.2万吨，下降6.4%；净进口19.4万吨，下降49.3%。出口值54.9亿美元，增长17%；进口值24.8亿美元，增长9.5%。棉花出口量为11.7万吨，比上年下降26%；进口量95.4万吨，增长3.6倍；净进口83.7万吨，增长16倍。出口值1.3亿美元，下降21.9%；进口值11.9亿美元，增长5.2倍。食用植物油出口量8.1万吨，下降34.3%；进口量574.4万吨，增长67%；净进口566.3万吨，增长70.7%。出口值0.9亿美元，增长9.1%；进口值27.4亿美元，增长93.9%。油料出口量124万吨，增长2.4%；进口量2 097.6万吨，增长75.6%；净进口1 973.6万吨，增长83.9%。出口值7.7亿美元，增长24%；进口值55.1亿美元，增长109.1%。水果出口量266.8万吨，比上年增长33.8%；进口量101.9万吨，增长7.8%；净出口164.9万吨，增长57.3%。出口值13.7亿美元，增长39.6 %；进口值5亿美元，增长31.9%。尽管受到“非典”疫情影响，但全年畜产品出口值仍达到27.2亿美元，比上年增长5.7%；进口值33.6亿美元，增长16.3%；贸易逆差扩大到6.4亿美元，增长103%。食糖出口量为10.3万吨，比上年下降68.3%；进口量77.5万吨，下降34.5%；净进口67.2万吨，下降21.6%。出口值0.3亿美元，下降62.9%；进口值1.74亿美元，下降27%。

2003年，我国农产品进出口市场格局变化较大。从出口来看，对欧洲、北美洲和非洲出口增长较快，分别达到28.9%、25.4%和45.9%，市场份额上升到了14.3%、10.9%和3%。对亚洲出口增长13.6%，但市场份额减少到69.3%，比上年下降2.7个百分点。从进口来看，除大洋洲外，我国从各大洲农产品进口值均大幅度增长。由于从美国、阿根廷和巴西进口大豆数量激增，从北美洲和南美洲农产品进口总值分别增长72.5%和80.9%，市场份额上升到29.4%和26.5%，比上年提高3.5和4.2个百分点。从亚洲和欧洲进口值分别增长49.4%和25.3%，市场份额减少到20.9%和11.2%，从大洋洲进口下降3.7%，市场份额减少到9.3%，比上年下降5.4个百分点。

6. 农村收益分配。2003年农村经济总收入达131 719亿元，比上年增长12.9%，增速比上年提高3个百分点；农村经济总费用为104 796亿元，比上年增长14.3%；农村经济可分配净收入总额为30 781亿元，比上年增长8.9%，增速提高了3个百分点。

7. 农民收入与消费。2003年，农民收入继续稳步增加。据国家统计局对全国31个省（自治区、直辖市）6.8万个农村住户的抽样调查，全年农民人均纯收入为2 622元，比上年增加146元，实际增长4.3%。其中，工资性收入增加79元，占当年农民收入增加额的53.9%，比上年下降

8.6个百分点；家庭经营收入增加53元，占当年农民收入增加额的36.3%，比上年提高10.5个百分点；财产性收入比上年增加15元，占当年农民收入增加额的10.3%，比上年提高7个百分点。

农村居民生活消费平稳增长，生活质量提高。2003年农村居民生活消费支出人均为1 943元，比上年增加109元，扣除价格因素的影响，实际增长4.3 %，生活消费各项支出全面增长。食品支出占生活消费支出的比重（恩格尔系数）为45.6%，比上年下降0.6个百分点。

8. 农业投资。2003年，国家发展改革委员会和国务院机关事务管理局共安排农业部农业基本建设投资59.60亿元，比上年增加3.17亿元，增长5.6%。其中，国家发展改革委员会正常预算内投资11.59亿元；国债投资48.01亿元。当年农业部实际下达基本建设投资为53.3亿元，主要用于以下建设：种养业良种体系8.7亿元；农业科技创新与应用体系2.5亿元；动植物保护体系10.3亿元；农产品质量安全体系3.2亿元；农业信息和农产品市场体系0.4亿元；农业资源与生态保护体系19.6亿元；农业社会化服务与管理体系8.0亿元；其他农业设施建设0.6亿元。基本建设项目和投资计划总体执行情况良好。

9. 农业综合开发。2003年，中央财政安排农业综合开发资金81亿元。完成改造中低产田1 124.11千公顷，其中新增节水灌溉面积891.99千公顷，新增旱作农业面积111.97千公顷；建设优质粮食基地659.1千公顷，优质饲料作物基地152.49千公顷；重点扶持农产品加工及产地批发市场等农业生产服务项目668个，其中扶持了农业重点产业化龙头项目273个；扶持科技示范项目36个。

10. 扶贫开发。2003年各级政府继续加大扶贫开发投入，稳步推进扶贫开发规划的实施，进一步开展社会扶贫工作，全国的扶贫开发取得了积极进展。全年中央财政预算安排的扶贫资金114亿元（不含国债部分），比上年增加8亿元；安排扶贫贴息贷款指导性计划185亿元。地方各级政府安排的扶贫资金总量超过30亿元。592个国家扶贫开发工作重点县的农民人均纯收入达到1 406元，比上年提高了6%，增幅比全国平均水平高出1.7个百分点，这是扶贫开发进入新阶段后贫困地区农民收入增长幅度首次高于全国平均水平。农民人均纯收入低于882元的贫困人口从上年的8 645万人减少到8 517万人。

11. 农业机械化。2003年，全国农业机械原值达到3 362亿元，比上年增长4.92%。农机总动力达到6.04亿千瓦，增长4.4%。拖拉机保有量达到1 494.06万台，增长3.3%。联合收割机拥有量达到36.2万台，增长16.1%。农用运输车达到1 028.6万辆，增长7.6%。田园管理机械达到4.1万台，增长46.4%。农副产品加工机械总动力达到6 488.1万千瓦，增长2.2%。排灌动力机械达到10 988.2万千瓦，减少0.1%。畜牧业机械增长较快，达到317.2万台，增长7.7%。农机装备结构进一步优化。

农业机械化发展水平稳中有升。全国完成机耕面积60 943.6千公顷，比上年略有减少；机播面积40 714.4千公顷，略减1.2%；机收面积27 360.94千公顷，增长0.8%。机械化耕地、播种、收获水平分别为46.8%、26.7%和19.0%。

农机跨区作业服务稳步推进。2003年，全国参加小麦跨区作业的联合收割机达到14.5万台，其中跨省作业的联合收割机6.1万台，完成跨区机收小麦面积8 667千公顷；参加水稻跨区作业的联合收割机达到4.9万台，比上年增加1.9千台，完成跨区机收面积水稻570千公顷。农机跨区作业服务范围不断扩大，并向机耕、机播以及经济作物领域扩展。

农机社会化服务蓬勃发展。2003年，全国各类农机作业服务组织达到3 082万个，比上年增长3.9%，其中农机户3 055万户，增长3.9%。全国从事农机作业服务人员达到3 686万人，增长3.7%。

12. 饲料工业。2003年是我国饲料工业起步以来面临困难最多的一年，但在全行业的共同努力下，饲料工业仍然保持了稳定发展的势头。全国饲料工业产品总产量达8 780万吨，比上年增长5.5%。其中，配合饲料6 400万吨，增长2.7%；浓缩饲料2 040万吨，增长16%；添加剂预混合饲料330万吨，增长4%。全年饲料加工业实现产值2 100亿元，增长10.2%。我国配合饲料占世界总产量的份额达到10.5%，居世界第二

位。饲料产品质量情况总体较好，但安全卫生状况仍不容乐观。

13. 农业产业化经营。近年来，农业产业化经营组织依靠自身实力，在市场竞争中不断发展壮大，总体规模和平均规模都有所增强。2003年全国各类产业化经营组织总数达9.4万个，固定资产总额达6 056亿元，比2000年增加了43.3%。其中龙头企业的固定资产总额达4 693亿元，比2000年增加了52.8%。各类产业化经营组织带动能力明显增强。目前各类产业化经营组织带动农户7 265万户，占全国农户总数30.5%，比2000年增加了5个百分点，平均每户从事产业化经营增收1 000元，比2000年净增100元。

14. 农产品加工。2003年全国规模以上农产品加工企业达到6.5万个，比上年增加0.9万个；实现利润1 451亿元，比上年增长30.5%；上缴税金2 173亿元，比上年增长13.5%；从业人员1 608万人，占全部工业从业人员的28.2%；吸纳农村富余劳动力935万人，比上年增加355万人，占全部从业人员的58.2%。各地根据优势农产品区域布局规划，围绕本地优势农产品、特色产业发展农产品加工业，优势农产品加工产业带已现雏形。

15. 农村市场信息体系建设。农产品监测预警工作得到明显加强。农产品市场预警系统的数据、分析、会商、发布四个工作平台不断完善，农产品监测预警工作进入科学化和规范化轨道。信息发布工作迈上新台阶。农业部建立了信息发布联席会议制度，形成了以“信息发布日历”为主要表现形式的信息发布工作制度，健全和完善了信息发布的协调、指导工作。信息发布数量比往年有大幅度增长，时效性不断增强，质量不断提高，影响不断扩大。信息服务网络延伸步伐加快。截至2003年底，全国已有72%的县市建立起农业信息服务平台，47%的乡镇建立起农村信息服务站，发展农村信息员近11万人，超额完成了年初提出的目标任务。

16. 农产品质量安全管理。2003年，“无公害食品行动计划”全面推进，实施范围由京津沪深4个城市扩大到了全国37个省会城市和计划单列市。农产品质量安全例行监测制度正式建立。农业部制定并实施了全国37城市蔬菜中农药残留监控计划、16城市畜产品中“瘦肉精”污染监控计划以及种植业产品中农药残留监控计划、畜产品中兽药残留及饲料质量监控计划、水产品药物残留监控计划、优势农产品环境质量监控评价计划等，为推行农产品质量安全追溯、健全市场准入制度提供了科学依据，为积极扩大农产品出口提供了官方监控数据。农业投入品专项整治工作取得明显成效。通过开展“种植业产品中农药残留”、“畜产品中违禁药物及兽药残留”、“水产品药物污染”等三个专项整治，农产品源头污染得到有效控制。技术性贸易措施官方评议工作开始启动，为打破国外技术性贸易措施限制、扩大农产品出口提出了我国的官方意见和科学依据。农产品质量安全法规逐步完善。农业质量标准体系进一步健全。农产品质量安全检验检测体系建设步伐加快。农产品认证体系建设有突破性进展，农业部农产品质量安全中心和三个专业分中心正式成立，负责无公害农产品认证工作。农业转基因生物安全管理工作顺利进行。2003年，重点加强了技术支撑体系建设、人员培训和安全检测试验受理、审批工作，并在全国范围内开展执法大检查，促进了标识，保障了消费者的知情权。

17. 农业科技、教育与技术推广。在农业科技方面，农业科技体制改革继续深化；科学技术研究条件不断改善；农业科研工作取得新进展，组织和实施了农业科技攻关和结构调整重大技术研究专项；农业技术引进工作得到进一步推进。2003年度共安排引进项目105个，经费11 000万元。植物新品种保护事业不断发展，植物新品种保护试点工作取得成效。农业科技取得丰硕成果。2003年，农业领域获得国家技术发明奖1项，国家技术进步奖19项，全国农牧渔业丰收奖200项。

在农业技术教育方面，全面实施新型农民培训工程，大力开展农民培训；开展农村劳动力转岗培训，促进农村劳动力转移就业；开展兴建村级农民科技书屋，举办全国农民科技知识大奖赛等形式多样的活动，掀起农民学科技用科技的热潮；以中央农业广播电视学校为主，组织各级农广校，通过媒体远程传播技术，发展农业远程教育培训。

在农业技术推广方面，继续组织实施了优势农产品重大技术示范推广计划和农业科技跨越计划，开展了大型集中科技下乡活动。

18. 农业人才队伍建设。2003年农业人才队伍建设取得显著成绩。农业部系统农业行政管理人才队伍进一步优化。通过竞争上岗，选拔了近百名司处级干部上岗任职，一批优秀年轻干部脱颖而出，进一步改善了司局级领导班子和干部队伍的结构。以高层次人才为龙头的农业专业技术人员队伍不断壮大。截至2003年底，农业部有“两院”院士15人，有突出贡献的中青年专家321人，享受政府特殊津贴专家1 842人，入选国家“百千万人才工程”和“神农计划”的专家26人。高层次人才队伍的充实，进一步带动了整个农业科技人才队伍建设。到2003年底，全国农业系统国有单位共有专业技术人员112.7万人，具有高级专业技术职务的人员6.3万人，其中推广研究员3 499人。农村实用人才队伍初具规模。取得农民技术职称的人员已有100万人，农村高技能人才的领军作用逐步显现。参加农业行业特有工种职业技能鉴定培训并获得国家职业资格证书的人数已达50万人左右，在推进农村富余劳动力转移就业和促进农村经济发展中发挥了重要作用。

19. 农业行政能力建设。2003年农业行政能力进一步增强。稳步推进机关机构改革和职能转变，制定行政管理业务工作规范，为依法行政和建立行为规范、运转协调、公正透明、廉洁高效的农业行政管理体制奠定了基础。适应入世后农业发展的需要，对事业单位的结构布局和资源配置进行了优化重组，完成了农产品质量安全中心、草原监理中心、农业贸易促进中心等多家单位的机构设立、升格与合并工作，为农业部全面履行农业和农村经济发展职责提供了有力的技术依托和支撑。加大了现有社团建设和管理的力度，完成了中国大豆协会等多家行业协会的筹备工作，启动了重要出口农产品协会的筹建活动，积极引导社团真正发挥其行业自律、保护业者、协调价格、引导生产、应对诉讼和处理纠纷等方面的作用。

20. 农业灾害。2003年，全国农作物受灾面积54 506千公顷，比上年增加7 387千公顷。其中，成灾32 516千公顷，增加5 197千公顷；绝收8 546千公顷，增加1 987千公顷。受灾、成灾和绝收面积均大于20世纪90年代以来的平均值。洪涝（渍涝）灾害对农业生产影响严重；干旱对农业生产的影响较重；大风、冰雹等强对流天气出现较多，造成的损失也较大；低温冻害受灾、成灾和绝收面积均高于20世纪90年代以来的平均值。

草原火灾受害面积和重特大草原火灾次数均为1994年以来较少的年份。草原鼠害、草原虫灾偏重发生。

21. 农业可持续发展。生态农业建设向纵深发展。2003年是全国第二批生态农业示范县全面完成建设任务的一年，示范区面积已达4 660千公顷，直接受益农户1 176多万户，受益人口4 200多万人。农业环境保护工作进展顺利。外来入侵生物防治取得突破。农村可再生能源开发与利用工作成效显著。农业生态环境与农村能源建设的国际合作日益加强。

2003年农业政策

22. 2003年1月召开的中央农村工作会议，根据党的十六大提出的全面建设小康社会的要求，针对我国农业和农村经济发展进入新阶段和加入世界贸易组织以后的新形势，在调整和完善已有政策措施的同时，又制定和实施了一些新的政策措施，并要求各地区和各部门认真贯彻落实农村各项政策措施。

23. 农村土地承包管理。《农村土地承包法》正式颁布实施后，农村土地承包工作进入了新的发展阶段。《农村土地承包法》明确了对土地承包经营权的保护，禁止承包期内发包方收回和调整承包地；明确规定了发包方和承包方的权利和义务、承包原则和程序、承包期限和承包合同；规定了土地承包经营权的流转、其他方式的承包、争议的解决和法律责任等。2003年，各级政府和有关部门认真学习和宣传贯彻法律精神，依法维护农民土地权益的意识和能力进一步增强。并采取了一系列措施，落实二轮土地承包政策，做好确权发证工作；规范农村土地流转行为，完善土地流转机制；启动以土地换社保工作，规范土地征用补偿安置；围绕贯彻《农村土地承包法》和落实农村土地承包政策，加强了对土地承包工作的指导。

总的看，农村土地承包政策法律得到了全面落实，延长土地承包期30年的工作已转入规范化管理，农村土地承包经营权流转发展平稳，土地承包关系保持稳定。但是，侵害农民土地权益的问题在一些地方依然存在。

24. 农村集体资产与财务管理。做好农村集体资产与财务管理工作，是维护农村集体经济组织和农民利益的重要保障。2003年，由农业部、民政部、财政部、审计署联合下发了《关于推动农村集体财务管理和监督经常化规范化制度化的意见》，要求在农业和农村经济发展进入新阶段后，更要明确农村集体资产性质，强化农村集体财务管理工作，建立和完善财务公开和民主管理的各项制度，切实维护好集体经济组织及其成员的合法权益。

2003年，农村集体资产与财务管理的基础工作得到进一步的重视和加强，各项工作取得较大进展，维护了农村集体经济组织和农民的利益。

25. 减轻农民负担。2003年5月，国务院办公厅转发农业部等部门《关于2003年减轻农民负担工作的意见》，明确指出：2003年减轻农民负担工作的总体要求是，以“三个代表”重要思想为指导，围绕全面推进农村税费改革试点工作，坚持综合治理、标本兼治，狠抓中央政策的落实，强化农民负担监督管理，努力使农民负担进一步减轻，涉及农民负担的突出问题进一步减少，防止农民负担反弹的监督管理机制进一步完善。要重点做好以下六个方面的工作：①确保农村税费改革政策落实到位；②认真清理涉及农民负担的收费项目；③深入开展农民负担专项治理工作；④进一步提高“公示制”的质量和水平，严格执行农村义务教育收费“一费制”，落实农村订阅报刊费用“限额制”，严格执行违反农民负担政策责任追究制；⑤进一步强化农民负担监督检查；⑥建立健全农民负担监督管理机制。

各地区、各部门按照中央的部署，狠抓各项政策的落实，农民的税费和劳务负担进一步减轻。据农业部统计，2003年农民人均承担的税费96.6元，比上年减少19.2元，下降16.6%。

26. 全面推进农村税费改革试点。2003年3月，《国务院关于全面推进农村税费改革试点工作的意见》决定，2003年在进一步总结经验、完善政策的基础上，全面推进农村税费改革试点工作。为确保试点工作健康有序进行，2003年9月，《国务院办公厅关于进一步加强农村税费改革试点工作的通知》要求：坚持条件，实事求是，积极稳妥地全面推进农村税费改革试点工作；对照检查，纠正偏差，不折不扣地把中央政策落到实处；加大力度，整体推进，积极搞好各项配套改革；规范分配，严格监督，确保农村税费改革专项转移支付资金专款专用；加强领导，严明纪律，确保改革试点工作顺利推进。

各地按照中央的统一部署和要求，精心组织，周密部署，扎实推进，试点工作取得了明显成效，减轻农民负担的幅度基本达到30%以上，有的高达50%。从对19个省的740多户农户的问卷调查看，农民对试点工作的满意度达到90%以上。但是，由于多方面的原因，农村税费改革试点工作中还存在一些不容忽视的问题。主要表现为：有些地方基础工作不够扎实，执行政策走样；农业税征收不规范，一些地区存在着突击征收农业税费的现象；配套改革工作进展缓慢，影响了改革成果的巩固；村级费用缺口较大，村级工作和各项事业难以开展。

27. 深化农村信用社改革试点。农村信用社是为农业、农民和农村经济发展服务的社区性地方金融组织，是我国金融体系的重要组成部分。但是，当前农村信用社在产权制度、管理体制、风险防范等方面还存在着诸多急需解决的问题，严重制约了农村信用社服务“三农”作用的发挥。2003年6月，国务院印发了《深化农村信用社改革试点方案》的通知，决定选择部分省（自治区、直辖市）进行试点，按照“明晰产权关系、强化约束机制、增强服务功能、国家适当支持、地方政府负责”的

总体要求，加快信用社管理体制和产权制度改革，把信用社逐步办成由农民、农村工商户和各类经济组织入股，为农民、农业和农村经济发展服务的社区性地方金融机构。深化信用社改革，重点要解决好以下两个问题：①以法人为单位改革信用社产权制度，构建新的产权关系，完善法人治理结构；②信用社的管理交由地方政府负责，按照“国家宏观调控、加强监管，省级政府依法管理、落实责任，信用社自我约束、自担风险”的监督管理体制，分别确定有关方面的监督管理责任。为了帮助消化信用社历史包袱，促进改革试点的顺利开展，在防范道德风险前提下，对试点地区的信用社，国家给予政策扶持。

该试点方案印发后，各地反响强烈并积极申报作为试点单位。2003年8月，国务院决定在吉林、浙江、山东、江西、贵州、陕西、重庆、江苏8个省市率先进行农村信用社改革试点。2003年底，国务院先后批准了8省市农村信用社改革试点实施方案。

由于各方面对农村信用社改革试点工作的支持力度不断加大，再加上增资扩股工作的开展，农村信用社的资金实力明显增强，支农信贷服务能力逐步提高。到2004年2月末，8省市信用社农业贷款余额3 082亿元，同比多增112亿元。其中，农户贷款余额2 448亿元，多增70亿元。信用社的社会信誉进一步提高，为信用社下一步改革试点工作打下了坚实的基础。

28. 粮食流通体制改革。近年来，虽然我国粮食购销政策不断完善，粮食流通市场化程度不断提高，但是，粮食价格持续低迷、农民增收困难的问题一直存在。为此，2003年1月，中共中央、国务院在《关于做好农业和农村工作的意见》中提出，深化粮食购销体制改革，要着眼于保护主产区和种粮农民的利益，积极稳妥地推进。主要内容包括：已经放开粮食购销的地方，要重点培育和规范粮食市场；粮食主产区要继续坚持保护价收购制度，合理确定保护价水平和收购范围，加快国有粮食企业改革，继续发挥国有粮食购销企业的收购主渠道作用，积极培育多种粮食市场主体参与粮食收购；完善粮食储备调节制度，增强对粮食市场的宏观调控能力；结合粮食流通体制改革和农村税费改革，统筹考虑对农业和农民补贴方式的改革问题，有关部门要尽快研究提出方案，指导主产省选择部分县市先行试点。为了加强对中央储备粮的管理，保证中央储备粮数量真实、质量良好和储存安全，保护农民利益，维护粮食市场稳定，有效发挥中央储备粮在国家宏观调控中的作用，2003年8月，国务院颁布了《中央储备粮管理条例》，对中央储备粮的计划、储存、动用、监督检查等方面做出了具体规定。

各地区和各有关部门按照党中央、国务院的统一部署，做了大量的工作，在加快粮食购销市场化改革、加强粮食宏观调控、推进国有粮食购销企业改革、加快粮食法制建设等方面，取得了明显成效。

29. 棉花流通体制改革。为建立适应社会主义市场经济要求的棉花企业经营机制和管理体制，2003棉花年度开始后，有关部门就加强棉花收购工作和深化棉花流通体制改革采取了一系列措施。9月9日，国家发展改革委员会等部门下发了《关于做好2003年度棉花收购工作的通知》；9月18日，国家发展改革委员会等部门召开了全国棉花工作电视电话会议；《棉花质量检验体制改革方案》已报经国务院批准实施，提出力争用五年左右的时间建立起符合我国国情和与国际通行做法接轨的棉花质量检验体制。

各地区和各有关部门按照政策要求，积极推进改革，有力地促进了棉花和棉纺织业的健康发展。棉花收购多渠道竞争局面形成，收购资金供应渠道增多；社企分开工作和企业改革积极推进，储备与经营彻底分开；市场和质量监督管理进一步加强，棉花质量检验体制改革方案开始组织实施；棉花市场调控继续得到加强，市场流通秩序较好。

当前，棉花流通中还存在一些问题：①棉花生产波动大，影响棉农收入和纺织用棉需要；②放开棉花收购后，棉花质量问题较为突出；③棉花生产经营组织化程度低、竞争力弱；④棉花市场体系有待进一步完善。

30. WTO与中国农业。入世以来，我国积极履行入世的农业承诺义务；积极参与WTO贸易政策的审议通报活动；积极参与新成员加入谈

判；积极参与WTO新一轮谈判；积极参与WTO渔业补贴削减问题的谈判。到2003年末为止，我国加入WTO仅有两年的时间，入世的承诺还未最终执行完毕，WTO“多哈回合”的谈判也尚未结束。随着我国继续执行入世承诺，新一轮谈判的继续进行，WTO规则对我国农业的影响将进一步凸现，我国在WTO中也将发挥更大的作用。

31. 农业结构战略性调整。2003年1月，《中共中央、国务院关于做好农业和农村工作的意见》提出，推进优势农产品和特色农产品向优势产区集中，是农业结构调整的一项战略任务。2003年，农业部以推进优势农产品区域布局作为农业结构调整的重点，全面组织实施了《优势农产品区域布局规划（2003—2007年）》，启动了11类优势农产品产业带建设。

各地按照《规划》的总体要求，结合当地实际，进一步明确发展思路和建设重点，制定配套规划和实施方案，出台了一系列扶持政策，引导企业和农民加快优势农产品产业带建设。经过努力，初步形成了各级政府、有关部门、龙头企业和广大农民共同推进的积极态势，使优势农产品产业带建设取得了显著成效。有力地推进了农业结构战略性调整，促进了农产品竞争力增强、农业增效和农民增收。

32. 农村小城镇建设。为了进一步促进小城镇健康发展，2003年1月召开的中央农村工作会议对小城镇建设做出了专门部署。明确提出，要突出重点，完善功能，加快小城镇发展。要进一步搞好小城镇发展规划，解决好小城镇布局分散、重点不突出的问题，集中力量建设好县城和少数在建制的中心镇。有关部门要抓紧确定重点发展的小城镇，编制科学合理的规划，严格按规划建设，防止一哄而起。各地要制定鼓励乡镇企业向小城镇集中的政策，通过集体建设用地流转、土地置换、分期交纳土地出让金等形式，合理解决企业进镇的用地问题，降低企业搬迁的成本。要加强小城镇基础设施建设，着力完善小城镇功能，防止盲目扩张。要制定优惠政策，鼓励多渠道、多形式投资兴办小城镇基础设施和公用事业。各级政府对小城镇基础设施建设，要给予必要的支持。

2003年，我国小城镇继续健康发展。年末全国建制镇比上年增加400多个，建制镇数量已超过乡的数量。同时，户籍管理制度改革得到进一步推进，小城镇社会保障制度改革取得突破性进展。但是，也存在着一些值得注意的新情况和新问题，小城镇建设中的盲目性以及损害农民利益的现象依然存在。

33. 农村劳动力转移。为加强对农民进城务工就业的管理和服务，2003年1月，国务院办公厅下发了《关于做好农民进城务工就业管理和服务工作的通知》，要求各地区、各有关部门要充分认识做好农民进城务工就业工作的重要意义，把农民进城务工就业工作列入重要工作日程，切实加强领导，采取有效措施，做好农民进城务工就业管理和服务的各项工作。取消对农民进城务工就业的不合理限制，切实解决拖欠和克扣农民工工资问题，改善农民工的生产生活条件，做好农民工的培训工作，安排好农民工子女就学，加强对农民工的管理和服务。各地区、各有关部门要加强协调配合，确保各项政策措施的落实。

为进一步贯彻落实国务院办公厅文件精神，2003年9月，国务院办公厅先后转发了教育部等部门《关于进一步做好进城务工就业农民子女义务教育工作的意见》和农业部等部门《2003—2010年全国农民工培训规划》。2003年6月，国务院发布第381号令，废止了1982年5月发布的《城市流浪乞讨人员收容遣送办法》，宣布自2003年8月1日起施行《城市生活无着的流浪乞讨人员救助管理办法》。

2003年，许多城市取消了限制农民工进城就业的不合理政策，农民工进城就业的环境有了较大的改善，农村劳动力转移就业培训工作进展顺利，农村劳动力转移继续保持较快增长速度。2003年，全国农村外出务工劳动力占农村劳动力的比重为18.5%，比上年提高1.8个百分点。外出务工人数增加约830万人，增长10.3%。

34. 农业法制建设。2003年3月，新制定的《农村土地承包法》和新修改的《农业法》、《草原法》正式施行，学习宣传和贯彻施行这三部法律，是2003年农业法制工作的重点。在立法方面，2003年6月，国务院

发布《中华人民共和国渔业船舶检验条例》，2003年8月1日起施行，同时，农业部制定了《远洋渔业管理规定》等6件规章，并对《饲料添加剂和添加剂预混合饲料生产许可证管理办法》进行了修改。在执法方面，在全国范围内深入开展毒鼠强专项整治，农业综合执法试点取得新进展，行政审批综合办公开端良好。

2003年农业发展与国民经济

35. 2003年，面对突如其来的"非典"疫情、复杂多变的国际形势和频繁发生的自然灾害，中央继续实行积极的财政政策和稳健的货币政策，采取一切行之有效的措施，促进国民经济稳定增长。当年，国内生产总值达到116 898亿元，比上年增长9.1%，增速比上年提高1.1个百分点，人均国内生产总值首次突破了1 000美元大关。党中央、国务院把"三农"问题放到国民经济和社会发展的战略高度统筹考虑。从调整国民收入分配结构入手，推出一系列促进农业、农村经济发展，增加农民收入，保护农民合法权益的有效措施。在上述政策的作用下，2003年的农业、农村与国民经济关系总体上继续向好的方面转化，但工农、城乡以及地区间发展差距扩大的问题依然存在。

36. 农业对国民经济的贡献。以增加值来衡量，2003年农业增长对国民经济增长的贡献份额为8.3%，比上年下降8.0个百分点，农业对国民经济的增长贡献进一步下降。虽然农业生产出现波动，但多数农产品供应比较充足，农业对国民经济的产品贡献基本稳定。农村市场需求依然不旺，2003年全国县及县以下消费品零售额16 065亿元，比上年增长6.8%，低于全国9.1%的平均增长速度；县及县以下消费品零售额占全社会消费品零售总额的比例为35.0%，比上年又下降了0.8个百分点。

37. 农业与国民收入分配。在国民收入初次分配中，因农产品价格回升，农业为农民提供的人均纯收入有了明显增长，但由于城镇居民收入增长更快，农民纯收入总量在国内生产总值中所占的比重继续下降。

2003年，全国农民纯收入总量为20 151.9亿元，占当年国内生产总值的比重为17.2%，与上年相比下降了1.2个百分点。在国民收入再分配过程中，二、三产业投资大幅度增长，但农业投资增长缓慢，投资总额仍然不足。2003年，全社会完成固定资产投资总额55 118亿元，比上年增长26.7%，增速达到了1994年以来最高水平，但其中用于第一产业仅为1 060亿元，仅比上年增长1.6%。

38. 农村非农产业发展与国民经济增长。2003年全国乡镇企业完成增加值36 686亿元，占国内生产总值的比重为31.4%，比上年提高0.6个百分点。乡镇企业从业人员13 573万人，占全国就业人员比例为18.2%，比上年提高0.2个百分点。在当年农民人均纯收入中，工资性收入以及来自家庭经营非农产业的纯收入占48.2%，比上年提高了1.4个百分点。

39. 工农业发展比例关系。2003年，工业增加值比上年增长12.6%，增速比上年提高了2.6个百分点；农业增加值比上年增长2.5%，增幅比上年下降了0.4个百分点。工业与农业增长的比例关系由上年的3.5 : 1提高到5 : 1，农业增长明显落后。

40. 城乡居民收入差异。2003年，全国城镇居民人均可支配收入8 472元，比上年实际增长9.0%。农村居民人均纯收入2 622元，比上年实际增长4.3%。城镇居民人均可支配收入与农村居民人均纯收入之比由上年的3.11 : 1进一步扩大到3.23 : 1。

41. 城乡居民消费差异。2003年，城镇居民人均生活消费支出6 511元，比上年实际增长7%。农村居民人均消费支出1 943元，比上年实际增长4.3%。城乡居民人均消费支出的比例由上年的3.29 : 1扩大到3.35 : 1。消费支出的绝对差距由上年的4 195.7元扩大到4 568元。城镇居民恩格尔系数为37.1%，比上年下降了0.6个百分点。农村居民恩格尔系数为45.6%，比上年下降了0.7个百分点。城镇居民恩格尔系数低于农村居民8.5个百分点，与上年持平。

42. 区域经济发展差异。2003年，东、中、西部地区农业增加值之比为2.39 : 1.77 : 1，与上年相比，东部与中部、中部与西部之间的差距都

有所缩小。东、中、西部三大地区的乡镇企业增加值之比为7.48 : 2.61 : 1，与上年相比，东部与中部和西部的差距都有所扩大，中部与西部之间的差距基本维持在上年的水平。东、中、西部地区的农民人均纯收入之比为1.92 : 1.27 : 1，与上年相比，东部与西部以及中部与西部地区的农民收入差距略有所缩小，而东部与中部地区的差距继续有所扩大。

2004年农业发展趋势

43. 2003年年底召开的中央农村工作会议，分析了农民增收的严峻形势及促进粮食主产区种粮农民增收的紧迫性和重要性，指出当前农业和农村发展中存在的突出问题是农民增收困难。会议从农业内部、农村内部、农村外部三个层次和开拓市场、增加投入、深化改革三个方面，提出促进农民扩大就业和增加农民收入的相关政策。

按照中央的总体部署，农业部提出的2004年工作的总体思路是：紧紧围绕增加农民收入这个中心任务，切实保护和提高粮食综合生产能力，突出农业和农村经济结构战略性调整、农村改革、农业科技进步等工作重点，强化农业产业化和乡镇企业发展、农业“七大体系”和农业系统自身建设等各项措施，确保粮食总产量达到4 550亿千克，转移农村劳动力1亿人以上，全年农民收入增长5%左右，实现农业和农村经济持续健康发展。

44. 农业发展面临的条件。2004年，农业和农村经济发展面临的有利条件主要有：农业和农村经济结构稳步调整，农业优质化、区域化、产业化程度进一步提高，有利于农业增效、农民增收；农村基础设施和农业生态建设力度加大，农业“七大体系”建设全面推进，有利于改善农业生产环境，促进农业可持续发展；农产品流通体制改革力度加大，农产品市场流通环境进一步改善，有利于提高农业的综合效益和市场竞争力；农村改革进一步深化，为农村经济发展注入新的活力，为农民增收减负提供体制保障。不利条件主要有：主要农产品供大于求的矛盾依然存在，市场仍是制约农业发展的重要因素；受国内经济高速增长和国际市场变化不确定性因素的影响，农业生产资料价格上涨压力加大；农产品国际贸易形势不容乐观；2004年初我国部分地区发生的禽流感疫情，将在一段时期内影响禽类产品的消费和出口。

45. 农业发展趋势判断。2004年，我国农业和农村经济将继续平稳发展。农业生产全面增长，结构调整稳步推进。各种农作物播种总面积比上年略有增长，其中粮食作物的播种面积将有较大幅度的恢复；棉花播种面积在上年大幅度增长的基础上继续增加；油料、水果面积继续扩大；蔬菜面积有所下降。畜牧业、渔业继续保持稳步增长态势。乡镇企业将继续保持快速发展势头。主要农产品价格高位运行。农民收入将保持增长，增速有望超过5%的增长目标。

目 录

正文附图

正文专栏

附 表

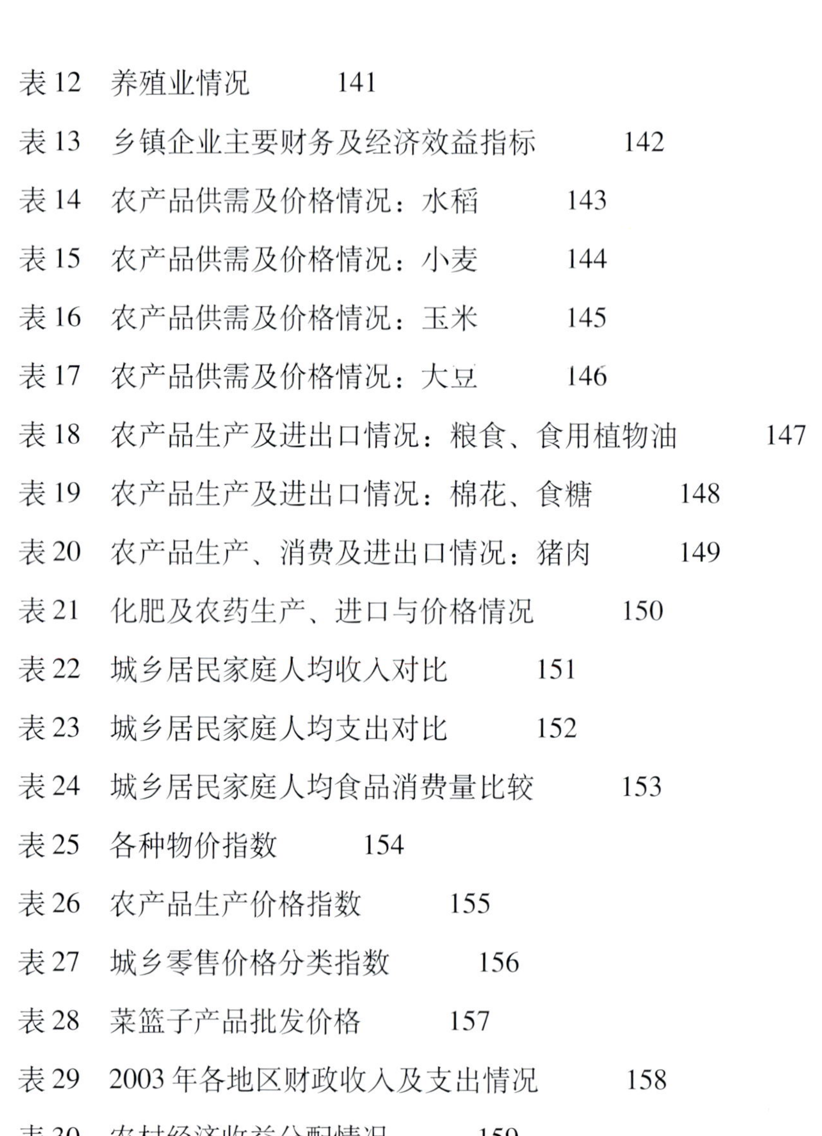

2003年

农业发展状况

2003年农业发展状况

总体状况

2003年，各地区、各部门按照中央的要求，加大了解决“三农”问题的力度，抵御住了突如其来的“非典”疫情的冲击，克服了多种自然灾害的影响，实现了农业和农村经济稳步发展，农村改革稳步推进，农民收入稳步增加，农村社会继续保持稳定。

粮食、棉花、油料、糖料等大宗农产品减产，农业结构继续调整。2003年农业增加值为17 092亿元，比上年增长2.5%。粮食总产达到43 070万吨，比上年减产2 636万吨，减少5.8%。棉花总产486万吨，减产1.2%。油料产量2 811万吨，减产3.0%。糖料产量回落到9 642万吨，减产6.3%。全年肉类总产量达到6 932.9万吨，比上年增长5.3%；蛋类总产量达到2 606.7万吨，比上年增长5.8%；奶类总产量达到1 848.6万吨，比上年增长32%。2003年水产品总产量4 706.1万吨，比上年增加140.9万吨，增长3.1%。全国优质专用小麦种植面积达到小麦总面积的38%，比上年增长13.8%；全国优质稻面积14 470千公顷，占稻谷总面积的54.6%；优质专用玉米6 800千公顷，占玉米面积的28%，比上年提高4个百分点；“双低”（低硫甙、低芥酸）油菜籽5 130千公顷，占油菜籽面积的70%，比上年提高4个百分点；抗虫棉占棉花面积的60%以上，高品质棉花发展到130多千公顷。

“无公害食品行动计划”由京、津、沪、深4个城市扩大到全国37个省会城市和计划单列市。2003年，农业部对全国37个城市蔬菜中的农药残留进行了5次监测，按照国际食品法典委员会（CAC）标准，全年总体平均合格率为91.1%；对16个城市畜产品中的“瘦肉精”进行了5次监测，全年总体平均检出率为2.6%，比2001年4个城市试点时有大幅度下降。通过全面推进“无公害食品行动计划”，农产品质量安全水平得到大幅度提高，农产品质量安全管理工作取得了实效。

农产品加工快速发展，农业产业化经营水平进一步提高。2003年，全国规模以上农产品加工企业达到6.5万个，比上年增加0.9万个；从业人员1 608万人，占全部工业从业人员的28.2%。2003年，全国规模以上农产品加工企业实现产值3.2万亿元，比上年增长28%。全国各类产业化组织总数达到9.4万个。按产业类型划分，种植业产业化经营组织4.4万个，占46.8%；畜牧业产业化经营组织2.3万个，占24.1%；水产业产业化经营组织7 781个，占8.2%；林特产品产业化经营组织9 786个，占10.4%；其他9 871个，占10.5%。按组织类型划分，龙头企业带动型4.2万个，占44.4%；中介组织带动型3.2万个，占34%；专业市场带动型9 163个，占9.7%；其他1.1万个，占11.9%。各类产业化经营组织整体规模扩大，带动能力明显增强。目前各类产业化经营组织带动农户7 265万户，占全国农户总数的30.5%。

农产品生产价格止跌回升，农业生产资料价格总体平稳，农村消费品市场平稳增长。2003年，全国农产品生产价格总指数为104.4（上年＝100，下同），农民出售的农产品价格总水平比上年上涨4.4%。由于粮食连年减产，市场粮价上涨的心理预期上升，购销行为有所改变，各级储备库补库，致使国内市场粮价全面回升。据调查，2003年，小麦、玉米生产价格分别比上年上涨3.0%和4.6%，大豆价格上涨20.6%。棉花价格上涨较多，全年籽棉生产价格比上年上涨35.3%。畜产品、水产品价格比较平稳。2003年，生猪生产价格比上年上涨2.9%，活牛价格上涨1.7%，家禽价格上涨1.0%，蛋类产品价格上涨1.1%，奶类产品价格上涨3.7%，水产品价格基本持平。2003年，农业生产资料价格总水平比上年上涨1.4%，其中，饲料价格上涨2.0%，幼禽仔畜价格上涨2.9%，化肥价格上涨1.6%，农用机油价格上涨7.8%。2003年，全国县及县以下消费品零售额16 065亿元，比上年增长6.8%。全国居民消费价格总水平比上年上涨1.2%，其中，农村上涨1.6%。

农产品进出口贸易快速增长，但进口增幅大于出口，贸易顺差缩小。农产品进出口总值403.6亿美元，比上年增长31.9%。其中，出口值为214.3亿美元，增长18.1%；进口值为189.3亿美元，增长52%。农产品贸易顺差25亿美元，比上年下降56.2%。粮食出口大幅度增加，进口明显缩减。粮食（不包括大豆）出口2 200.4万吨，比上年增长48.3%；进口208.7万吨，下降26.8%；粮食净出口1 991.7万吨，增长66.2%。玉米净出口1 639万吨，增长40.5%。粮食出口值为26.7亿美元，增长55%；进口值为4.6亿美元，下降7.4%；粮食贸易顺差22.1亿美元，增长80.4%。从品种结构来看，玉米、小麦和大米的出口大幅度增加，玉米、小麦和大麦进口明显缩减。大豆和食用植物油进口猛增。大豆进口量2 074万吨，增长83.3%；进口值54.2亿美元，增长118.1%。食用植物油进口量574.4万吨，比上年增长67%；进口值27.4亿美元，增长93.9%。棉花出口下降，进口剧增；食糖进出口均大幅度减少；蔬菜、水果出口继续保持增长势头；畜产品进口增长快于出口，贸易逆差扩大；水产品进口减少，贸易顺差增加。

农业基础设施和生态环境建设进一步加强。2003年，国家安排324.5亿元资金用于农村“六小”工程建设，比上年增加了1倍多。退耕还林和荒山造林的粮食补助和现金补助比上年增加76亿元。2003年，国家共投入国债资金17.5亿元，用于草原项目建设。草原生态保护建设项目的实施，有力地促进了草原生产力的提高、农牧民收入的增加和畜牧业生产方式的转变，取得了良好的生态效益、经济效益和社会效益。

乡镇企业加快改革和调整步伐，加大投资和外向型开拓力度，继续保持了快速发展的良好势头。全国乡镇企业完成增加值36 686亿元，比上年增长13.3%，增幅比上年提高3个百分点，是“十五”以来发展最快的一年。全国乡镇企业个数达到2 185万个，比上年末净增52万个，增长2.4%。年末从业人数达13 573万人，比上年末净增285万人，增长2.1%。全年实现营业收入146 783亿元，比上年增长13.1%。实现利润总额8 571亿元，比上年增长13.4%。上缴国家税金3 130亿元，比上年增长16.2%。2003年末，全国乡镇企业资产总额达到74 453亿元，比上年末净增15 451亿元，增长26.2%。固定资产原值余额40 654亿元，比上年末增长13.9%。企业改革进一步深化，个体私营企业、混合型企业是乡镇企业经济增长的主导力量。个体私营企业增加值17 928亿元，比上年增长24.2%。公司制等混合型企业增加值4 518亿元，比上年增长37.4%。集体独资等企业完成增加值11 434亿元，比上年下降6.8%。外贸出口增势强劲，外资利用水平稳步提高。全年完成出口产品交货值14 197亿元，比上年增长22.8%，比全部乡镇企业增速高9.5个百分点。全国乡镇企业与外商（包括港澳台商）合资合作新签协议项目19 755个，实际投资额218亿美元，比上年增长21.8%。

农民收入稳步增加。据对全国31个省（自治区、直辖市）6.8万个农村住户的抽样调查，2003年全年农民人均纯收入为2 622元，比上年增加146元，增长5.9%，扣除价格因素的影响，实际增长4.3%。其中，工资性收入增加79元，占当年农民收入增加额的53.9%，比上年下降8.6个百分点；家庭经营收入增加53元，占当年农民收入增加额的36.3%，比上年提高10.5个百分点；财产性收入比上年增加

15元，占当年农民收入增加额的10.3%，比上年提高7个百分点。2003年农民纯收入中，现金纯收入人均2 135元，比上年增加235元，增长12.4%，占纯收入的比重达81.4%，比上年提高4.7个百分点，是1999年以来提高最快的年份；实物收入人均487元，比上年减少89元，减少15.5%，占纯收入的比重为18.6%，下降4.7个百分点，是近年来下降幅度最大的年份。2003年影响农民增收的重要因素有三个：一是4月中旬到6月中旬突发的“非典”疫情；二是部分地区遭受严重自然灾害；三是下半年农产品价格回升。2003年农民增收呈现新的特点：①农民外出务工收入继续保持快速增长。2003年农村外出务工劳动力占农村劳动力的比重达18.5%，比上年提高1.8个百分点，外出务工人数比上年增加约830万人，增长10.3%。农民的外出务工收入不仅夺回了“非典”疫情所造成的损失，而且还有较大幅度的增长。2003年农民的外出务工收入人均346元，比上年增加48元，增长16.1%，增速比上年提高4.1个百分点。②农业生产经营收入增速继续回升。2003年农民从事农业生产经营得到的纯收入人均881元，比上年增加26元，增长2.9%，增速比上年回升2.5个百分点。③农民的税费负担继续大幅度下降。全年农民人均税费负担为67.3元，比上年减少11.4元，下降14.5%。税费负担占当年农民人均纯收入的比重为2.6%，比上年下降0.6个百分点。受灾较重地区的农民税费负担大量减少。

农村居民生活消费继续增长，消费结构改善，消费质量提高。2003年农村居民生活消费支出人均为1 943元，比上年增加109元，增长5.9%，扣除价格因素的影响，实际增长4.3%，生活消费各项支出全面增长。2003年农村居民生活消费支出的恩格尔系数为45.6%，比上年下降0.6个百分点。粮食消费减少，动物蛋白摄入量增加。居住环境改善。耐用消费品拥有量增加。

2003年农业和农村经济发展面临的主要矛盾和问题是：粮食减产幅度较大，已经连续4年产不足需；农产品质量水平不高，不适应多样化和优质化的市场需求；农村非农产业发展水平不高，不适应扩大农民就业的需要；农民进入市场的组织化程度不高，不适应市场竞争的要求；农民增收困难，粮食主产区农民收入增长幅度低于全国平均水平，许多纯农户的收入持续徘徊甚至下降，城乡居民收入差距仍在扩大。

种 植 业

（一）粮食、棉花、油料、糖料等大宗农产品减产；蔬菜、水果在调整品种、优化品质的基础上稳定增长 2003年全国粮食种植面积99 410千公顷，比上年减少4 481千公顷。其中稻谷面积26 508千公顷，减6%；小麦面积21 997千公顷，减8%；玉米面积24 068千公顷，减2.3%。糖料种植面积1 657千公顷，减少160千公顷。棉花种植面积5 111千公顷，扩大926千公顷。油料种植面积14 990千公顷，扩大223千公顷。蔬菜种植面积17 954千公顷，扩大600千公顷（图1）。

2003年粮食产量43 070万吨，减产5.8%，是近三年减幅最大的一年。分季节看，夏粮、早稻、秋粮季季减产。夏粮9 638万吨，减产2.6%；早稻2 948万吨，减产2.7%；秋粮30 483万吨，减产7.0%。分地区看，全国除山东、贵州、云南、吉林、山西、海南、甘肃、重庆等省（直辖市）略有增产外，其他省（自治区、直辖市）都减产，其中，13个产粮大省减产2 335万吨，占减产总量的88.6%。分品种看，稻谷、玉米、小麦、大豆四大作物全面减产，其中稻谷减产1 388.5万吨，玉米减产548万吨，小麦减产380.2万吨，大豆减产111.3万吨（图2）。

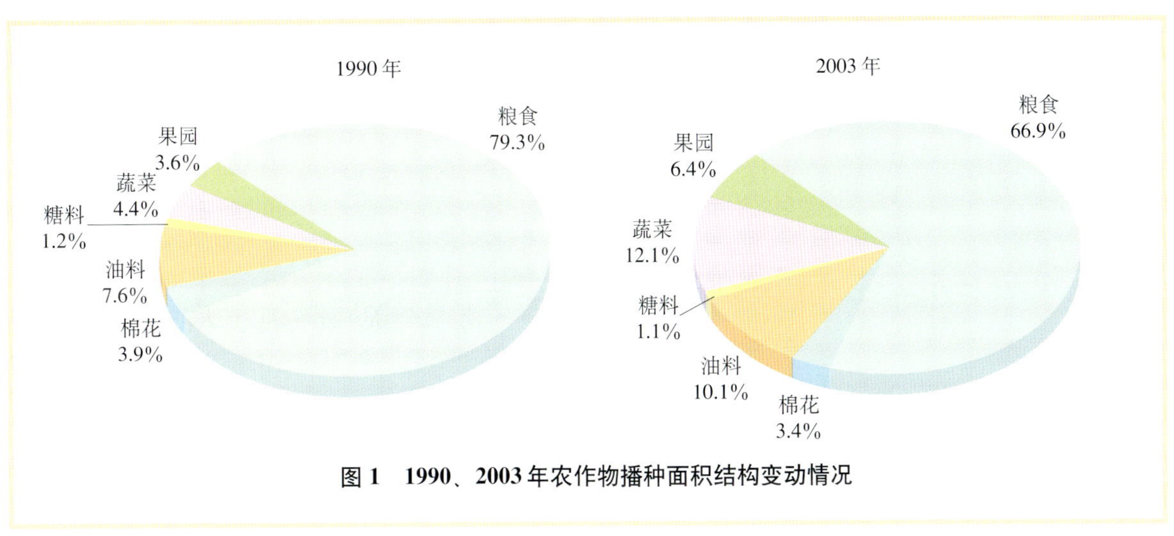

图1　1990、2003年农作物播种面积结构变动情况

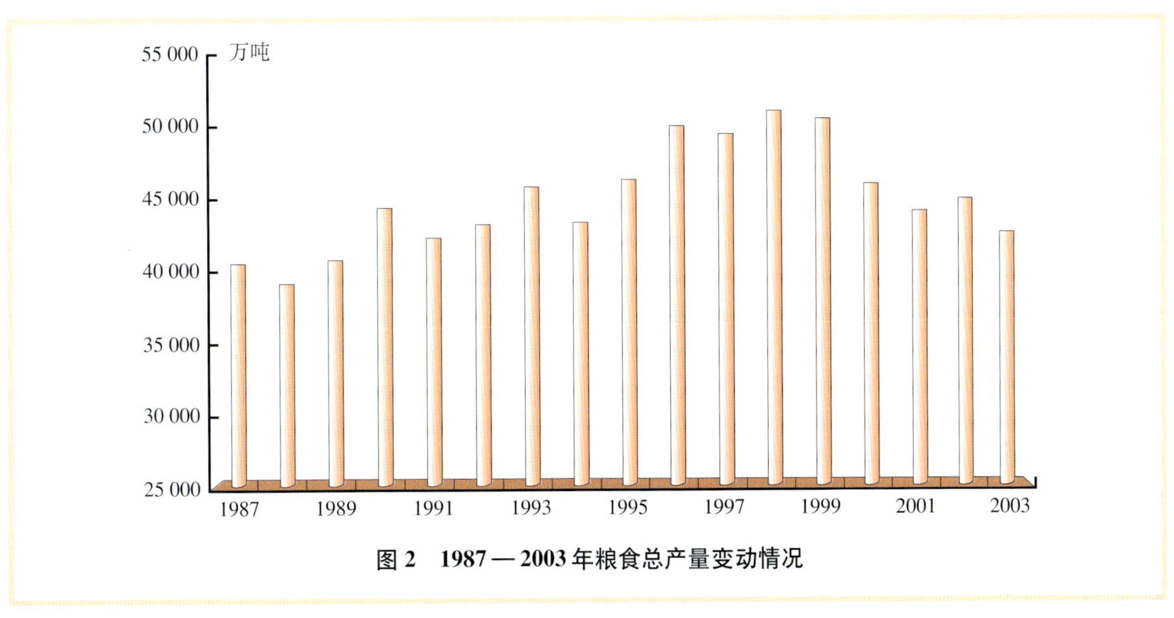

图2　1987—2003年粮食总产量变动情况

2003年棉花面积虽然比上年扩大926千公顷，但因灾单产大幅度下降，总产486万吨，减产1.2%（图3）。油料产量2 811万吨，减产3.0%，其中花生产量1 342万吨，减产9.4%；油菜籽产量1 142万吨，增产8.2%（图4）。糖料因宏观控制，产量回落到9 642万吨，减产6.3%，其中甜菜减产51.8%；甘蔗增产0.1%（图5）。烤烟产量201.5万吨，减产5.6%。茶叶产量76.8万吨，增产3.1%。蔬菜产量54 032.3万吨，增产2.1%。水果（含果用瓜）产量14 517.4万吨，增产1.0%（图6）。

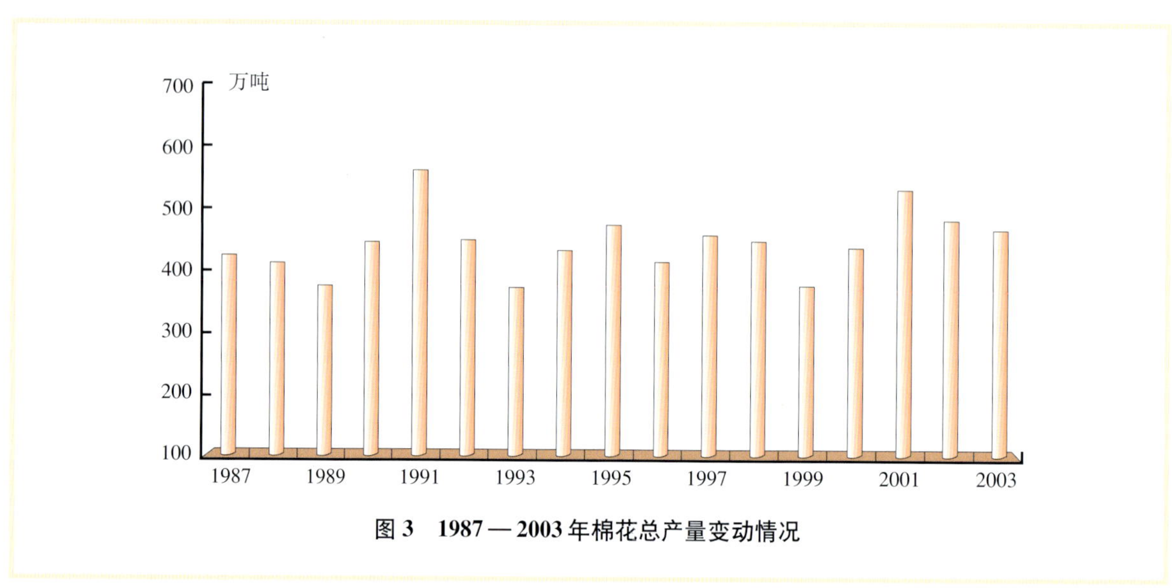

图3　1987—2003年棉花总产量变动情况

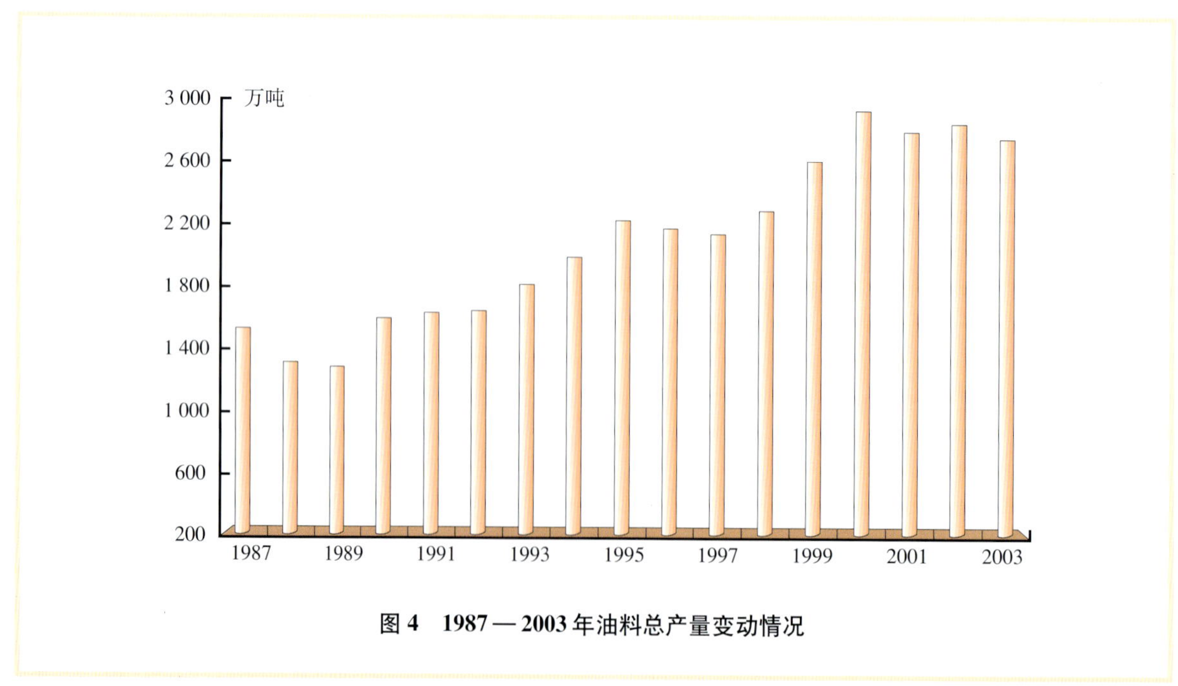

图4　1987—2003年油料总产量变动情况

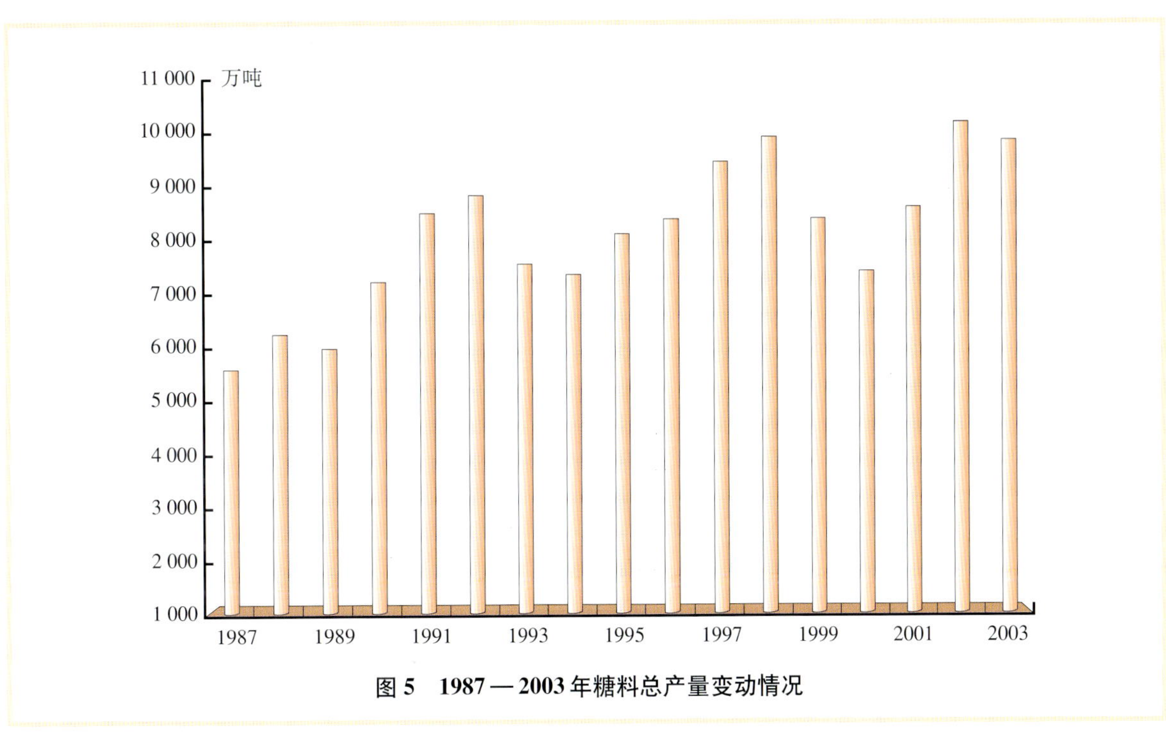

图5 1987—2003年糖料总产量变动情况

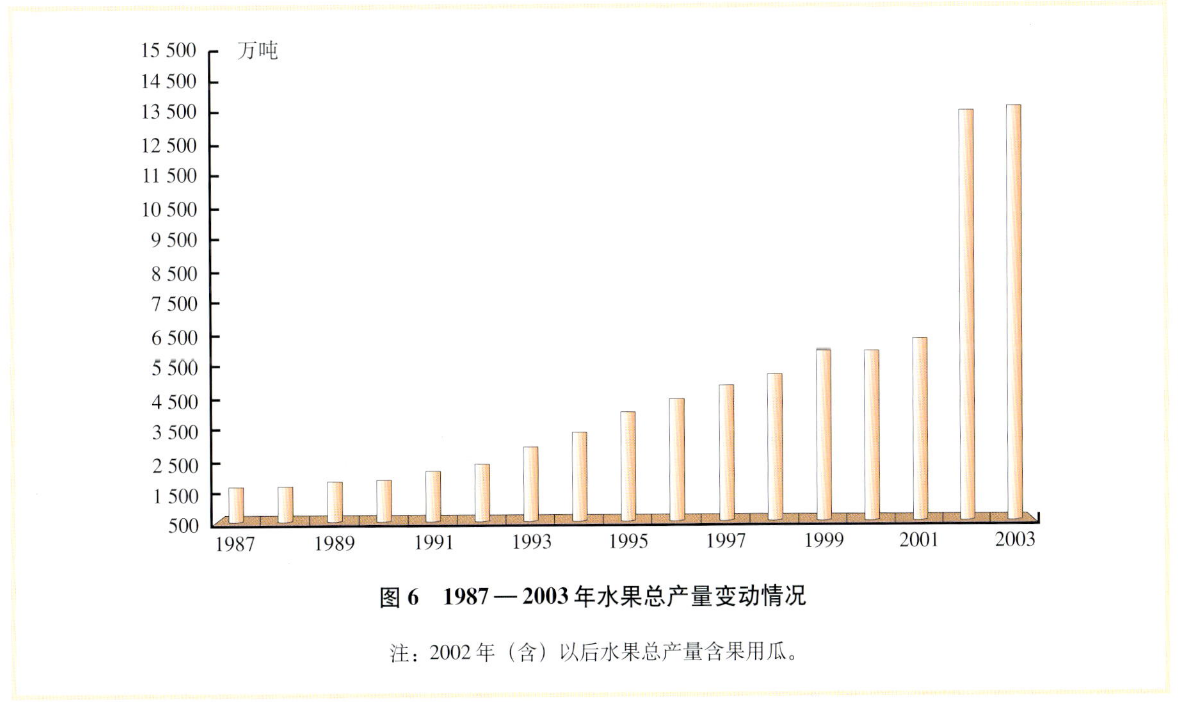

图6 1987—2003年水果总产量变动情况

注：2002年（含）以后水果总产量含果用瓜。

（二）种植业结构调整取得了新的进展，质量和效益有了新的提高 2003年，全国优质稻面积14 470千公顷，占水稻面积的54.6%，比上年提高3个百分点；优质专用小麦面积8 270千公顷，占小麦面积的38%，比上年提高7个百分点；优质专用玉米6 800千公顷，占玉米面积的28%，比上年提高4个百分点；“双低”（低硫甙、低芥酸）油菜籽5 130千公顷，占油菜籽面积的70%，比上年提高4个百分点；抗虫棉占棉花面积的60%以上，高品质棉花发展到13万多公顷；广西、云南、广东的“双高”（高产、高含糖量）甘蔗品种占甘蔗面积的82%。

2003年，全国新创建以蔬菜、水果、茶叶为主的100个无公害农产品生产示范基地县和20个出口示范基地县，并对2002年创建的100个无公害蔬菜、水果、茶叶生产示范基地进行了年度审查。蔬菜、水果、茶叶等农产品农残超标率明显下降。

2003年，种植业效益止跌回升，具体表现为“三增”，即粮油减产增收，棉花平产增收，蔬菜水果增产增收。2003年种植业增收325亿元左右，全国农民人均可增收36元以上。按农民人均纯收入增加146元计算，2003年种植业对农民增收的贡献率达25%左右。

专栏1

甘肃省定西县马铃薯特色产业发展成效显著

定西县地处甘肃中部，气候温凉干燥，昼夜温差大，秋季降雨充沛，发展马铃薯特色产业具有得天独厚的自然优势，生产的马铃薯以个大、色润、质优、味鲜而久负盛名，是国内重要的优质马铃薯产区之一，也是筛选培育优良品种、繁殖脱毒种薯、生产优质商品薯的理想地区。2001年7月被中国特产之乡推荐暨评审委员会命名为“中国马铃薯之乡”。2003年，定西县被农业部确定为特色农业发展重点联系县。

在发展过程中，定西县主要抓了以下几个方面的工作：

(1) 大力开发专用型马铃薯品种。通过加快专用新品种引进、筛选，探索研究优质高效生产技术，推进专用马铃薯品种改良、产品更新换代，建立专用品种的种薯和商品生产基地，促进专用型马铃薯产业发展，并取得显著成效。

(2) 采用现代农业高新技术改造传统产业。重点加强高技术快繁、组培设施建设，通过建设必要的良种快繁组培室、高标准日光温室、网室等设施，实现马铃薯脱毒微型种薯各个生产环节的全程质量监控，保证了大规模推广品种的质量。

(3) 按照市场需求开发产品。坚持以市场为导向，在适应国内商品薯市场需求的同时，瞄准周边的泰国、韩国、菲律宾等东南亚国家和地区市场需求，大力发展优质种薯和专用原料，产品国际知名度日益提高。

经过努力，定西县马铃薯特色产业已初具规模。全县马铃薯种植面积已超过40千公顷，占农作物播种面积的37%，总产量60万吨，商品量40多万吨，产值近2亿元。年加工淀粉能力达到5万吨，可解决30多万吨马铃薯原料的加工转化增值。农民人均从马铃薯产业中获得纯收入近400元，初步建成了北部2万公顷高淀粉商品薯生产基地和川水区0.67万公顷低淀粉菜用薯生产基地。

畜 牧 业

2003年，畜牧业运行状况良好，总体效益好于上年。全年肉类总产量达到6 932.9万吨，比上年增长5.3%；蛋类总产量达到2 606.7万吨，比上年增长5.8%；奶类总产量达到1 848.6万吨，比上年增长32%（图7）。

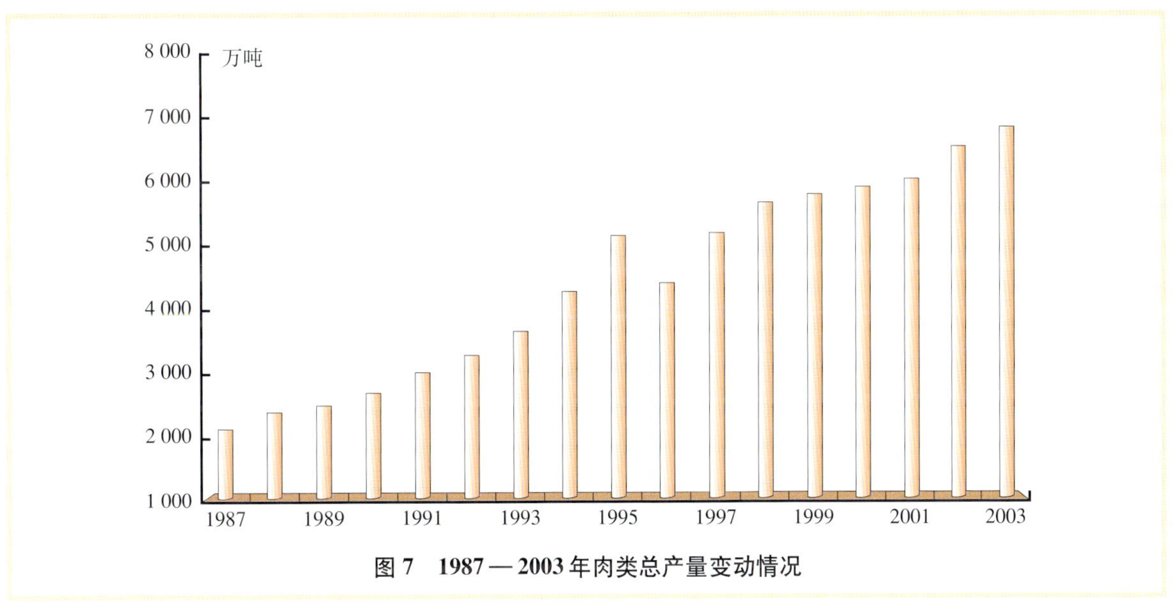

图7 1987—2003年肉类总产量变动情况

（一）生猪生产 2003年全国活猪价格呈“V”字走势，总的表现为中间低两头高，月间波动不大，整体形势要好于上年。据农业部对全国430个调查点的价格统计（下同），2003年仔猪平均价格为8.22元/千克，比上年上升了5.1%；活猪平均价格为6.30元/千克，比上年上升了8%。猪粮比价由2002年的5.4∶1提高到2003年的5.53∶1。一般认为，猪粮比价高于5.5∶1时，养猪生产者有利润。从全年平均看，农民出栏1头猪可获利50元。

（二）牛羊肉生产 2003年，牛羊肉价格比较平稳，波动不大，但与上年相比价格稳中有升。去骨牛肉的年平均价格为15.27元/千克，比上年增长8.07%，当年最低价与最高价的差价为1.06元/千克。带骨羊肉的年平均价格为15.98元/千克，与上年基本持平。

（三）禽肉生产 家禽生产略有下滑，特别是第二季度，由于突如其来的“非典”疫情，禽类产品消费急剧下降，国内流通不畅，出口受阻，价格下跌。“非典”疫情控制后，禽类产品价格虽有回升，但仍低于2002年的水平。2003年，商品代肉雏鸡的平均价格为1.85元/只，比上年下降9.3%；活鸡年平均价格为9.10元/千克，比上年略有下降；西装鸡的年平均价格为9.33元/千克，比上年下降0.86%。

（四）蛋鸡生产 2003年，鸡蛋的年平均价格为5.39元/千克，比上年下降3.4%，蛋粮比价由上年的5.16∶1下降至4.74∶1，效益低于上年。

（五）牛奶生产 2003年，奶业生产继续保持强劲的增长势头。奶牛生产仍然是畜牧业生产中增长最快的产业，牛奶产量保持两位数的速度增长。2003年奶牛存栏达893.2万头，奶类总产量达1 848.6万吨，人均奶类消费量约14千克。全国乳品企业总产值达509亿元，比上年增长34.5%。

（六）羊毛生产 2003年，由于澳大利亚发生严重干旱，澳洲羊毛产量下降，国内进口羊毛数量减少，毛纺企业转向国内购买羊毛，受此影响国内羊毛价格上涨。2003年羊毛（原毛）平均价格为7.61元/千克，比上年增长3.1%；羊毛进口（不含毛条）16.67万吨，比上年下降13.53%，金额7.55亿美元，比上年下降7.62%。

渔　业

2003年，全国渔业以结构调整和渔民增收为中心，以发展养殖为重点，控制捕捞，拓展远洋，深化加工，着力提高水产品质量，加强法制建设和行业管理，在面临“非典”疫情突发、局部灾害比较严重、部分水产品出口受阻等不利情况下仍然取得了稳定发展。

（一）渔业生产平稳发展 2003年全国水产品总产量4 706.1万吨，比上年增加140.9万吨，增长3.1%（图8）。其中，海洋捕捞产量1 432.3万吨，扣除远洋捕捞产量，下降0.58%；海水养殖产量1 253.3万吨，比上年增加40.5万吨，增长3.3%；淡水捕捞产量246.2万吨，比上年增加21.4万吨，增长9.5%；淡水养殖产量1 774.3万吨，比上年增加80.2万吨，

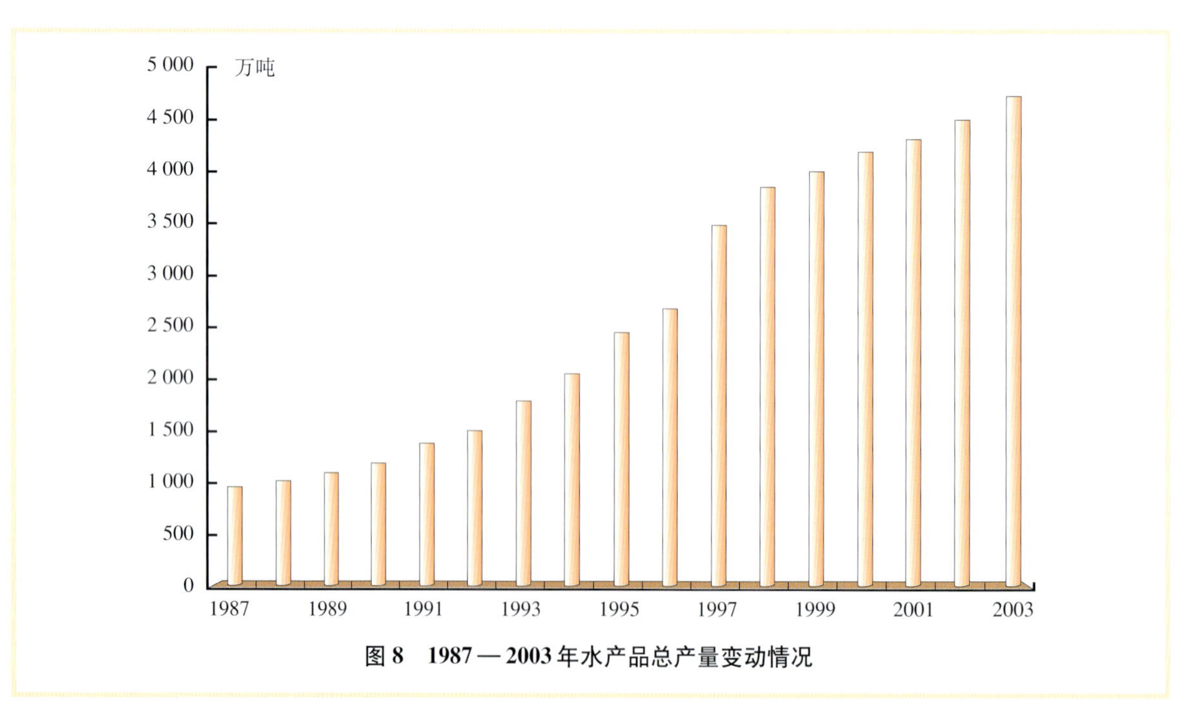

图8　1987—2003年水产品总产量变动情况

增长4.7%。在总产量中，捕捞产量1 678.5万吨，占总产量的36%，养殖产量3 027.6万吨，占总产量的64%；海水产品产量2 685.6万吨，占总产量的57%，淡水产品产量2 020.5万吨，占总产量的43%。全国水产品人均占有量37.2千克，比上年增加1.1千克。按现行价格计算，全社会渔业总产值5 778.8亿元，其中渔业产值3 323.4亿元。

（二）渔业经济结构调整取得新进展 养殖业继续保持较快发展，全国养殖产量占总产量的比重比上年提高0.3个百分点，名特优水产品产量比上年增加20%以上，海洋深水抗风浪网箱养殖、工厂化养殖、稻田养鱼和名优水产品养殖势头强劲。沿海各省把以海参、对虾、鲍鱼和优质海水鱼为代表的海珍品养殖作为重点生产，效果显著；内陆省份继续加大渔业结构调整力度，在大力发展名优养殖的同时，重点创建“绿色渔业”和“品牌渔业”，有效增强了渔业发展的后劲。海洋捕捞产量连续第四年下降。远洋渔业稳步发展，总产量115.8万吨，比上年增长5.6%，大洋性渔业比重持续上升。以出口为导向的水产品生产、加工体系进一步完善，休闲观赏渔业成为发展热点。

（三）沿海捕捞渔民转产转业工程继续推进 2003年共批复全国15个省、自治区、直辖市和计划单列市近海捕捞渔船报废计划6 005艘，减船功率数418 948千瓦，转产渔民32 074人；安排各地转产转业项目42个。截至2003年底，全国共完成拆解渔船2 947艘，转产渔民17 979人。

（四）水产品市场运行平稳 为了把“非典”疫情的影响减到最低限度，疫情解除后各地纷纷进行市场开拓工作，举办各种展销会、推介会，组织水产企业走出国门到境外参展促销，参与协调贸易争端，促进了水产品市场的迅速恢复和增长。据国家工商行政管理局统计，2003年，全国商品交易市场水产品成交额2 246亿元，成交量2 306万吨，分别比上年增长1.86%和10%。总成交额中城市为1 378亿元，农村为868亿元，比例为1.58∶1。

（五）渔业基础设施和支撑体系建设有新成果 一批由国家投资的重点渔业基础设施和执法装备相继投入使用。2003年，仅中央一级的国债投资、预算内投资、财政专项经费和农业综合开发资金就超过12亿元，比去年增长15.8%，是历史上最高的一年。地方政府的渔业投入也有较大增加。这些投入主要用于渔业结构调整和中心渔港、良种体系、渔业生态环境保护体系、水生动物防疫体系的建设、科研推广工作和改善渔政执法手段等，对提高产业素质，加快渔业现代化建设发挥了重要作用。

（六）专属经济区和涉外渔业管理与合作打开新局面 在有关部门支持下，中国渔政指挥中心、三个海区局和有关省（自治区、直辖市）渔政机构联合在专属经济区和重点海域组织了一系列重大渔政执法和护渔行动。

在黄海重点加强了涉韩水域渔船管理，与韩国渔政船开展了六次海上联合执法，维护协定水域渔业秩序；在北部湾组织了七次巡航护渔行动，对南沙生产渔船进行全面整治，减少了涉外事件发生和渔民生命财产损失。根据中美政府间渔业协议，我国渔政船和执法人员与美国海岸警备队合作，查获在北太平洋公海使用大型流网从事非法作业的违规渔船，有效地遏制了公海非法流网活动，在国际上产生了良好影响。

为维护和争取我渔业利益，与有关国家进行了艰难的渔业谈判，先后与韩国、日本就2004年的入渔条件达成协议，中越北部湾渔业合作协定后续谈判取得重大突破，中俄渔业谈判也接近完成。加强与联合国粮农组织（FAO）的合作，派员出席了8月7—11日在挪威举行的FAO水产养殖小组委员会第2次会议，参与讨论了统计标准、建立主要物种生态数据库、敦促FAO通过食品法典委员会协调统一水产养殖产品质量标准、强调水产品质量安全和生态环境等事项。4月4日中国渔业协会远洋分会加入促进负责任金枪鱼渔业组织，9月5日中国渔业协会加入国际合作社联盟渔业委员会（ICFO）。

专栏2

海洋伏季休渔制度和长江禁渔期制度

[海洋伏季休渔制度]　2003年，渔业部门根据休渔情况和各地反馈意见，进一步完善了海洋伏季休渔制度，对黄海、东海的休渔时间、休渔范围进行了适当调整，首次将桁杆拖虾作业纳入休渔范围，取得了较好效果。具体规定是：①东海、黄海：北纬35°以北海域，休渔时间为6月16日12时至9月1日12时，休渔作业类型为拖网和帆张网作业。北纬35°至26°30′海域，休渔时间为6月1日12时至9月16日12时，休渔作业类型为拖网和帆张网作业，其中桁杆拖虾作业休渔时间为6月1日12时至7月1日12时。北纬26°30′以南的东海海域，休渔时间为6月1日12时至8月1日12时，休渔作业类型为拖网和帆张网作业。②南海：北纬12°以北的南海海域（含北部湾），休渔时间为6月1日12时至8月1日12时，休渔作业类型为除刺网、钓业和笼捕外的其他所有作业类型。③闽粤交界海域：按农业部《关于调整闽粤交界海域伏季休渔规定的通知》的要求，北纬22°30′至23°30′、东经117°至120°的闽粤交界海域，每年6月1日12时至8月1日12时，除执行东海、南海有关休渔规定外，所有灯光围网作业同时实行休渔。④关于定置作业：所有海域定置作业休渔每年不得少于两个月，具体时间由各省、自治区、直辖市自定，并报农业部和所在海区渔政渔港监督管理局备案。⑤关于桁杆拖虾作业：先实行一个月的桁杆拖虾作业休渔，以后将根据休渔的情况逐步延长，直至与伏季休渔时间相一致。⑥关于调整作业方式：休渔期间，休渔船只不得调整为其他作业方式。

海洋伏季休渔制度实施，取得了以下几方面的成效：①控制过度捕捞，保证亲鱼产卵、繁殖及幼鱼生长、索饵，恢复海洋经济鱼类资源，扩大海洋生物种类多样性，保持海洋生态平衡。监测资料表明，休渔制度实施后，我国近海带鱼、马鲛、鲳鱼、鱿鱼、乌贼等资源量有所增加，种群结构得到一定程度的改善，休渔所取得的生态效益是明显的。②提高捕捞效益。一方面压缩捕捞作业时间，限制捕捞作业区域，节约捕捞生产作业成本，促进生产结构的调整和转变；另一方面增加渔获产量，提高单位捕捞努力渔获量（CPUE），提升渔获物总体品质，取得较好生产效益。据广大渔民反映，休渔后休渔产量增加，生产效益良好，经济效益有所提高。③促进了广大渔民传统观念的转变，增强广大渔民的保护意识，在社会上形成了保护海洋渔业资源，促进可持续发展的良好氛围；④锻炼了基层渔政执法队伍，提高了渔政管理水平，扩大了渔政管理工作的影响，密切了渔政管理部门与渔民群众和各有关部门的关系，取得了显著的社会效益。

［长江禁渔期制度］　经国务院批准，农业部从2003年起全面实施长江禁渔期制度，禁渔范围扩大到沿江的上海、江苏、安徽、江西、湖北、湖南、重庆、四川、贵州、云南等10个省（市）。禁渔范围：包括从长江上游云南省德钦县以下至河口（南汇嘴与启东嘴连线以内）的长江干流江段；汉江、岷江、嘉陵江、乌江、赤水河等一级通江支流在湖北省、四川省、重庆市、贵州省的江段；鄱阳湖区和洞庭湖区。禁渔时间：云南省德钦县以下至葛洲坝以上水域为每年的2月1日12时至4月30日12时；葛洲坝以下至长江河口水域为每年的4月1日12时至6月30日12时。禁渔内容：禁渔期间除实行捕捞限额专项管理的凤鲚（凤尾鱼）、刀鲚（长江刀鱼）外，禁止其他所有捕捞作业；国家级水产原种场需采捕长江天然水产苗种的，有关科研单位需进行长江渔业资源调查的，须由省级渔业行政主管部门报经农业部批准。

长江禁渔期制度的实施取得了初步成效：①有效养护了长江渔业资源。保护了鱼类亲体正常产卵繁殖和幼体正常生长，有利于长江“四大家鱼”等淡水经济鱼类的恢复和原种的保护，有利于长江水生野生动物的生存和栖息地保护，有利于长江水生生物的多样性保护。长江渔业资源同步监测结果显示，长江部分江段主要经济鱼类资源发生量明显增加，开捕初期捕捞产量增加。②提高了社会各界加强长江渔业资源保护的意识。长江禁渔期制度的实施、以及经济鱼种和珍稀濒危水生动物的资源增殖放流等活动得到广泛宣传，促进社会形成了保护长江渔业资源，修复长江水域生态环境的观念。③带动了长江流域内河、湖泊的渔业管理。禁渔期制度实施过程中，地方渔业部门依靠各级政府，协调有关方面采取措施，积极救助困难渔民。同时，有的地方将辖区一些支流、重要的湖泊划定为地方禁渔水域，完善了长江流域禁渔管理。④改善了长江渔业生产秩序，削减了捕捞强度。以禁渔为契机，各地根据渔业主管部门的统一部署，加大力度打击电毒炸鱼、迷魂阵、布围子等有害渔具渔法，渔业生产秩序明显好转。

乡镇企业

2003年，全国乡镇企业加快改革和调整步伐，加大投资和外向型开拓力度，继续保持了快速发展的良好势头。全国乡镇企业完成增加值36 686亿元，比上年增长13.3%，增幅比上年提高3个百分点，是“十五”以来发展最快的一年。全国乡镇企业个数达到2 185万个，比上年末净增52万个，增长2.4%。年末从业人数达到13 573万人，比上年末净增285万人，增长2.1%（图9）。全年实现营业收入146 783亿元，比上年增长13.1%。实现利润总额8 571亿元，比上年增长13.4%。上交国家税金3 130亿元，比上年增长16.2%。乡镇工业产销率为96.3%，比上年提高3.9个百分点。2003年末，全国乡镇企业资产总额达到74 453亿元，比上年末净增15 451亿元，增长26.2%。固定资产原值余额40 654亿元，比上年末增长13.9%。户均固定资产原值由上年的16.7万元上升到18.6万元。

（一）第二产业尤其是工业对乡镇企业发展起主导作用 2003年，全国乡镇企业第一产业实现增加值519亿元，增长51.9%；第二产业增加值28 157亿元，增长12.4%；第三产业增加值8 010亿元，增长14.7%。三次产业增加值比例由上年的1.1∶77.4∶21.5调整为1.4∶76.8∶21.8。2003年末全国乡镇企业中的农、林、牧、渔企业比上年末增长28.8%。第三产业发展速度快于第二产业，是近年来乡镇企业经济运行中的一个新特点。在第二产业中，工业增加值达到25 745亿元，比上年增长13.1%，占全部乡镇企业增加值的比重为70.2%（图10）。

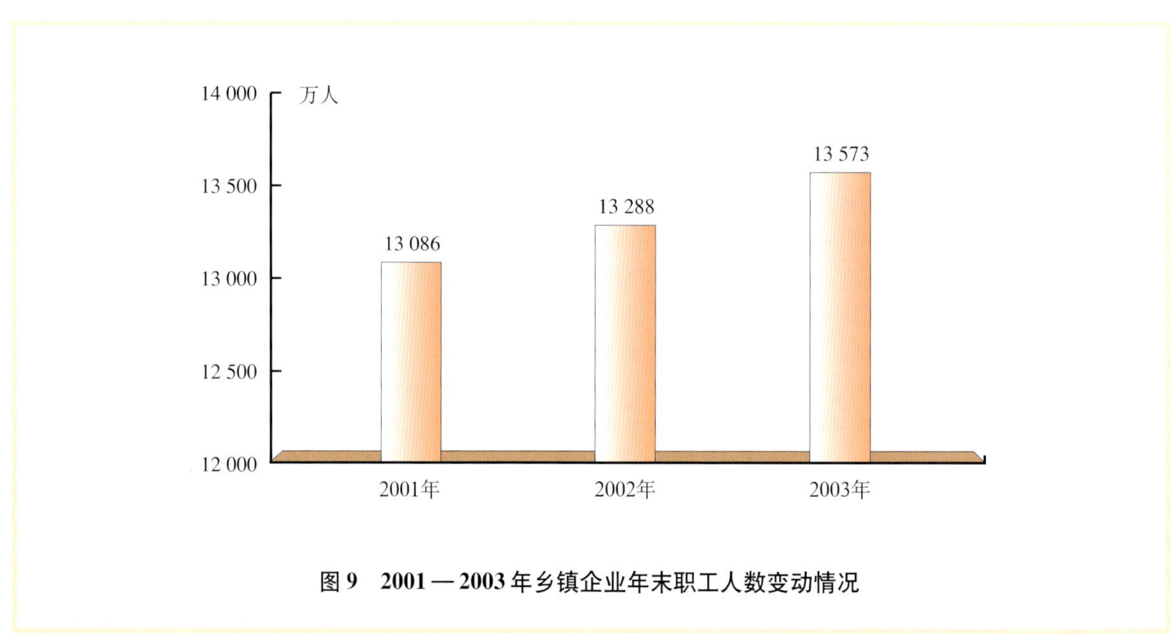

图9 2001—2003年乡镇企业年末职工人数变动情况

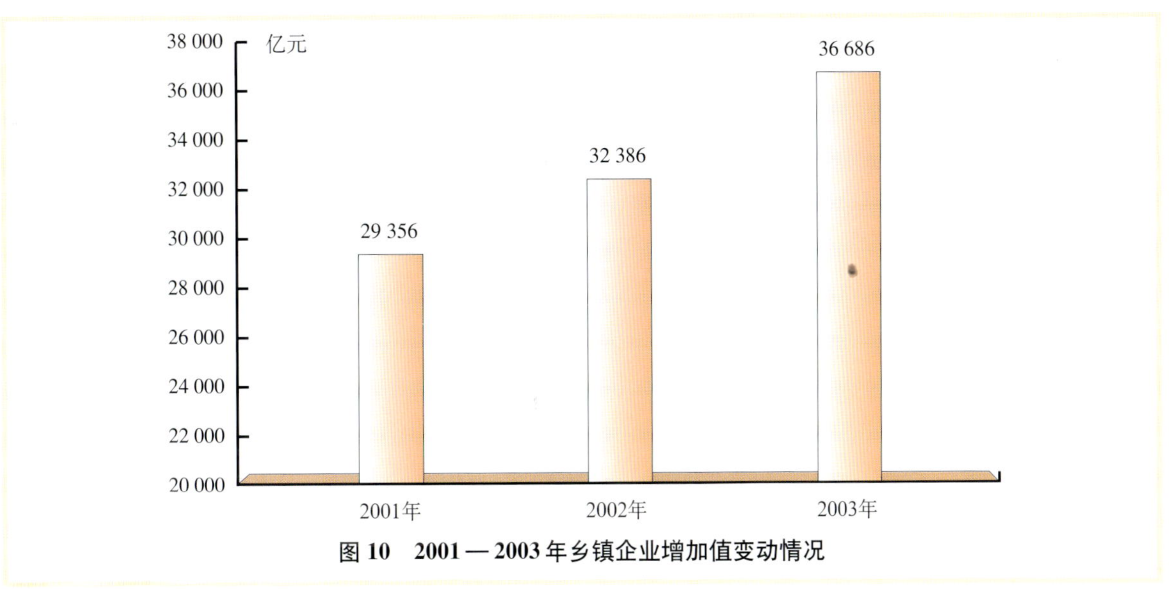

图 10　2001—2003 年乡镇企业增加值变动情况

重工业发展快于轻工业，机械、纺织行业仍是乡镇企业的主导产业。在规模以上乡镇工业企业中，轻工业实现增加值 6 613 亿元，比上年增长 31.7%；重工业实现增加值 5 253 亿元，增长42.6%。重工业增加值增幅比轻工业高 10.9 个百分点。机械制造业增加值为 3 201 亿元，占规模以上工业增加值的比重为 27%；纺织工业及服装鞋帽制造业增加值 1 749 亿元，占14.7%。两大行业占乡镇工业总量的40.1%，对乡镇工业的支撑作用十分明显。

（二）规模企业的支撑带动作用更加明显　截止到 2003 年底，年营业收入 500 万元以上乡镇企业达149 597个，比上年增加27 160个。规模企业全年实现营业收入70 487亿元，比上年增长 30.7%；规模以下乡镇企业营业收入 76 296 亿元，增长 0.6%。规模企业营业收入比规模以下企业增幅高 30.1 个百分点。规模以上企业个数仅占全国乡镇企业0.7%，而其营业收入却占 48%，已近乡镇企业的“半壁江山”。

（三）乡镇企业改革进一步深化　2003年末，全国乡村集体独资企业个数 29 万个，比上年末减少 11 万个，下降 27.5%。乡镇企业注册登记为有限责任公司的企业由上年末的 15 万个增加到 20 万个，增长 33.3%；股份有限公司由上年的 1.7 万个增加到 3 万个，增长 76.5%。规范的公司制企业个数明显增加。规模以上乡镇企业资本金总额中，乡村集体资本金占 16.4%，个人资本金占 34.5%，法人资本金占 28.9%，外商资本金占 20.2%。以个人投资控股为主的多元投资机制已经形成。

外资企业（含港澳台商投资企业）2003 年完成增加值2 806亿元，比上年增长16.9%。内资企业完成增加值 33 880 亿元，比上年增长 13%。外资企业增幅比内资企业高3.9个百分点。

在内资企业中，个体私营企业增加值 17 928 亿元，比上年增长 24.2%。公司制等混合型企业增加值4 518亿元，比上年增长37.4%。其中，有限责任公司增加值增长36.9%，股份有限公司增加值增长39.9%。集体独资等企业完成增加值11 434亿元，比上年下降6.8%。

（四）固定资产投资大幅度增长 2003年全国乡镇企业累计完成固定资产投资12 301亿元，首次突破1万亿元大关，比上年增长71.5%，占全社会固定资产投资的比重为22.32%，比上年提高7.66个百分点。乡镇企业固定资产投资有两个鲜明特点：①资金来源以民资为主。2003年投资资金中，民资9 465亿元，比上年增长75.12%，占76.94%，比上年提高了1.55个百分点；金融机构贷款1 589亿元，占12.92%，比上年下降了0.13个百分点。②投资向园区集聚。截止到2003年底，全国县级以上8 015个乡镇企业园区累计完成固定资产投资10 078亿元，其中当年新增固定资产投资3 119亿元，占固定资产投资额的25.36%。

（五）外贸出口增势强劲，外资利用水平提高 2003年完成出口产品交货值14 197亿元，比上年增长22.8%。全国乡镇企业与外商（包括港澳台商）合资合作新签协议项目19 755个，实际投资额218亿美元，比上年增长21.8%。

农垦经济

2003年农垦经济继续保持快速增长，实现了经济增长速度和经济效益双提高。全年实现生产总值1 025.18亿元，比上年增长12%，增幅提高近3个百分点。其中，第一产业增加值434.13亿元，增长12.6%；第二产业增加值307.86亿元，增长12.2%；第三产业增加值283.19亿元，增长11%。实现人均生产总值8 432元，比上年增长11.6%。人均纯收入3 581元，增长5.9%。全年实现利润总额38.1万元，增长81%。

（一）农业生产稳步发展 2003年实现农业总产值846.27亿元，增长4.6%。其中，种植业产值521.83亿元，林业产值66.18亿元，牧业产值187.27亿元，渔业产值52.53亿元，农林牧渔服务业产值18.46亿元。

种植业结构继续调整。2003年农作物总播种面积为4 674.67千公顷，比上年减少117.95千公顷。其中，粮食播种面积2 831.1千公顷，减少242.59千公顷，占农作物总播种面积的60.6%；棉花面积627.63千公顷，增加55.99千公顷；油料面积446.88千公顷，扩大41.49千公顷；糖料面积115.09千公顷，减少33.83千公顷。全年粮食总产为1 342.67万吨，比上年减产156.19万吨，下降10.4%；为国家提供商品粮1 108.87万吨，比上年减少40.34万吨，下降3.5%，商品率为82.59%；棉花总产103.42万吨，增产4.5%；油料总产71.93万吨，增产6.9%；糖料721.75万吨，减产21%；茶叶3.79万吨，减产19.2%；水果146.43万吨，减产0.9%。干胶产量达39.51万吨，增产4.4%。

畜牧业生产继续保持快速发展态势。2003年大牲畜出栏260.15万头，增长11.9%。其中奶牛74.84万头，增长17.0%；猪存栏588.26万头，增长3.2%；羊存栏1 509.57万只，增长21.7%。肉类总产量108.39万吨，增长11.9%；牛奶176.77万吨，增长11.0%；禽蛋21.32万吨，增长7.0%。

水产养殖业取得进一步的发展。2003年水产品产量65.73万吨，比上年增长4.1%。其中，淡水产品产量57.22万吨，增长3.5%；海水产品产量8.51万吨，增长23.5%。对虾产量达到1.87万吨，增长23%。

（二）工业步入全面快速增长阶段 2003年完成工业增加值249.33亿元，增长12.9%；全年实现工业总产值897.43亿元，增长7.9%；农垦工业十大支柱产业全年创产值669亿元，占工业总产值的74.50%，其中，食品加工业179.80亿元，食品制造业129.94亿元，纺织业73.46亿元，饮料制造业56.62亿元，非金属矿制品业52.07亿元，医药制造业53.19亿元，化学原料及化学制品制造业42.13亿元，造纸及纸制品业30.76亿元，交通运输设备制造业25.76亿元，金属制品业25.27亿元。主要工业产品产量大幅度增加。混配合饲料210.04万吨，增长3.1%；食用植物油59.44万吨，增长59.4%；机制糖119.63万吨，增长15.8%；消毒液体奶106.89万吨，增长5.6%；饮料酒109.2万吨，增长11.8%，其中葡萄酒5.78万吨，增长31.4%；水泥952.82万吨，增长12.5%。

（三）第三产业继续保持快速增长态势 2003年，农垦第三产业实现增加值283.19亿元，比上年增长11%。运输业全年共完成货运周转量16.65亿吨公里，客运周转量2.34亿人公里，实现营业收入总额45.52亿元。批发零售贸易业、住宿餐饮业、服务业共有营业单位总数5.25万个，拥有固定资产原值175.99亿元，营业用房总面积1 241.88万平方米，从业人员43.97万人，完成商品销售额和营业收入734.28亿元。个体商饮服务业发展速度较快，网点数已达22.93万个，从业人员27.76万人。全年出口供货商品总金额139.21亿元，比上年增加34.01亿元，增长32.4%。其中，精制米、罐头、棉纱等主要工业品出口量大幅度增加，工业品出口额92.92亿元，比上年增加17.18亿元，增长22.7%。出口商品供货总额排名前10位的垦区是：新疆兵团71.63亿元、黑龙江11.57亿元、浙江8.14亿元、上海7.72亿元、湖北5.58亿元、广东5.06亿元、福建4.89亿元、辽宁4.67亿元、江西4.24亿元、江苏3.06亿元，10垦区出口总金额为126.56亿元，占全国农垦的91%。

（四）垦区非国有经济快速发展 2003年全系统生产总值中非国有经济完成额为335.04亿元，占全系统经济总量的32.7%，比上年提高2个百分点。其中，第一产业增加值69.15亿元，第二产业增加值141.89亿元，第三产业增加值124亿元，各产业占非国有经济总量的比重分别为20.6%、42.4%、37%。非国有经济从业人员达到157.33万人，其中，第一产业63.31万人，第二产业40.29万人，第三产业53.73万人。从业人员收入总额为133.62亿元，人均收入8 493元。

（五）垦区各项改革不断深化 2003年，各垦区通过收购、租赁、股份制等多种形式，引导非公有制经济积极参与国有中小企业的改组、改制、改造，使农场大部分中小型二、三产业企业由国有转为民营，所有制结构更加优化。在国有经济布局调整过程中，已转为企业集团的垦区，充分发挥集团化优势，通过资本纽带和市场手段，对垦区的优势产业和优势资源进行全方位的调整、重组、聚合，已经在粮、油、糖、果、麻、胶、奶等支柱产业上组建了一大批集加工、销售与生产基地为一体的产业公司，成为垦区经济发展的龙头和骨干，垦区核心竞争力逐步形成。各垦区采取多种形式和措施，完善土地长期承包制度，积极探索土地使用权流转机制，使土地资源逐步向种田能手集中。江苏、安徽、湖北、河北、山西等垦区除保证农工基本生活田外，对其余土地全部实行招标承包，扩大了家庭农场的经营规模。新疆兵团和黑龙江等耕地面积较大的垦区，多年来一直坚持大力推行土地适度规模经营，取得了良好成效。橡胶、剑麻等长期作物的转让、租赁也取得重大进展，大部分长期作物已转让或租赁给了职工家庭和专业大户经营，初步形成了与大农场利益共享、风险共担的新机制。

价格和市场

（一）农产品生产价格止跌回升 2003年粮、棉、油、糖等大宗农产品减产，主要农产品供过于求的矛盾趋于缓解，农产品价格开始回升。据国家统计局农调总队对全国27 000个农业生产经营单位农产品生产价格调查，2003年全国农产品生产价格总指数为104.4（上年=100，下同），农民出售的农产品价格总水平比上年上涨4.4%。其中，种植业产品类价格上涨7.4%，林产品类价格上涨7.0%，畜产品类价格上涨1.8%，水产品类价格上涨0.4%。从价格走势看，前三季度生产价格小幅上涨，第四季度生产价格总指数迅速拉高，达到111.6，其中，种植业、林业、畜牧业和渔业产品价格全线上涨，生产价格指数分别达到115.0、105.4、109.3和106.1（图11）。

粮食价格趋升。由于粮食连年减产，市场粮价上涨的心理预期上升，购销行为有所改变，各级储备库补库，加上10月份以来国际市场大豆价格上涨的带动，致使国内市场粮价全面回升。2003年，小麦、玉米生产价格分别比上年上涨3.0%和4.6%，大豆价格上涨20.6%。

棉花价格上涨较多。2003年，棉花需求持续增长，而棉花因灾产量不如预期，国内棉花市场供需缺口进一步加大，棉花价格持续

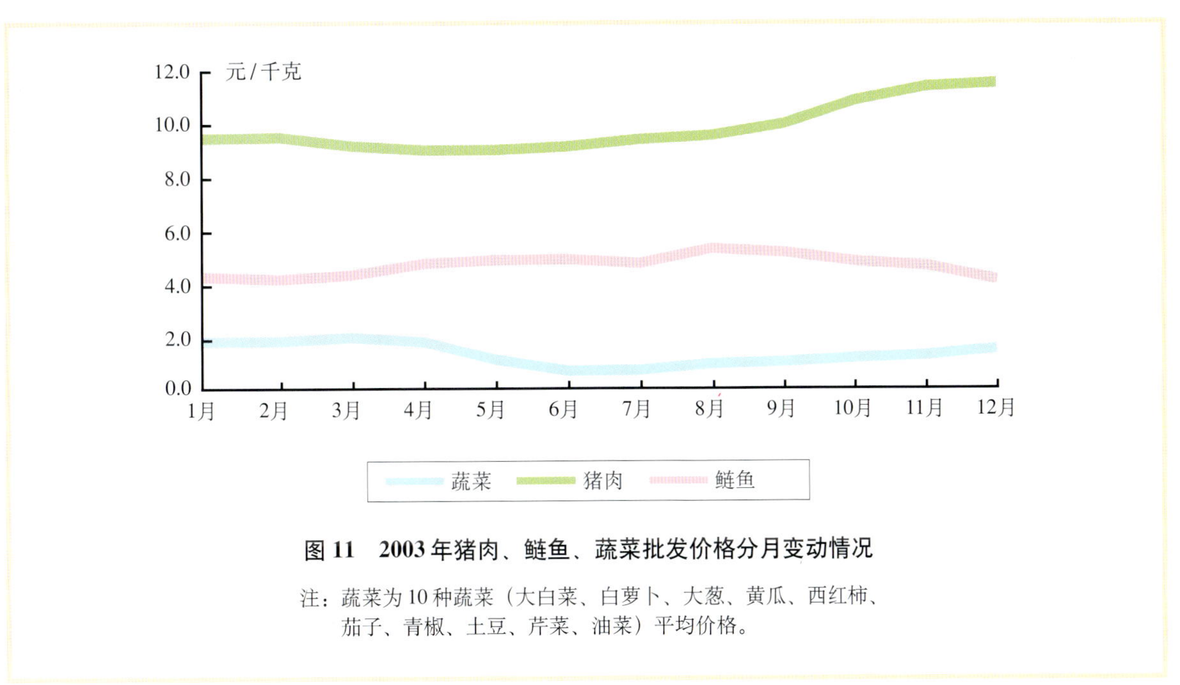

图11 2003年猪肉、鲢鱼、蔬菜批发价格分月变动情况

注：蔬菜为10种蔬菜（大白菜、白萝卜、大葱、黄瓜、西红柿、茄子、青椒、土豆、芹菜、油菜）平均价格。

上涨。9月、10月份涨势较猛，11月下旬以来，销售价格开始平稳下滑，全年籽棉生产价格比上年上涨35.3%。

食用植物油价格明显上扬。近几年来，国内食用油加工规模扩大较多，对大豆原料需求旺盛。由于进口大豆价格的上涨，推动国内大豆价格的攀升。在大豆价格上涨的带动下，加之国内油料减产，2003年油料生产价格上涨了19.4%。

畜产品、水产品价格比较平稳。2003年，生猪生产价格比上年上涨2.9%，活牛价格上涨1.7%，家禽价格上涨1.0%，蛋类产品价格上涨1.1%，奶类产品价格上涨3.7%，水产品价格基本持平。

（二）农业生产资料产销两旺，价格有所上升 2003年全部国有及规模以上非国有工业企业化肥（折纯）、农药、农膜生产量分别达到3 925万吨、86万吨、81万吨；产销率分别达到99.4%、98.5%、101.9%。2003年农户人均生产投入857元，比上年增加40元，扣除农业生产资料价格上涨因素影响，实际增长3.5%。用于农业生产的支出为668元，比上年增加24元，增长3.3%。其中，种植业支出人均348元，比上年增加11元，增长3.3%；牧业支出人均293元，增加14元，增长5.0%。购置和建造的生产性固定资产支出增速较快，人均102元，增加16元，增长18.5%。其中，购置农林牧副渔业机械支出人均32.2元，比上年增加8.6元，增长36.6%；购买产品畜和役畜人均支出20.6元，增长2.8%。

2003年农业生产资料价格总水平比上年上涨1.4%（图12）。其中，饲料价格上涨2.0%，幼禽仔畜价格上涨2.9%，化肥价格上涨1.6%，农用机油价格上涨7.8%（图13、14、15、16）。

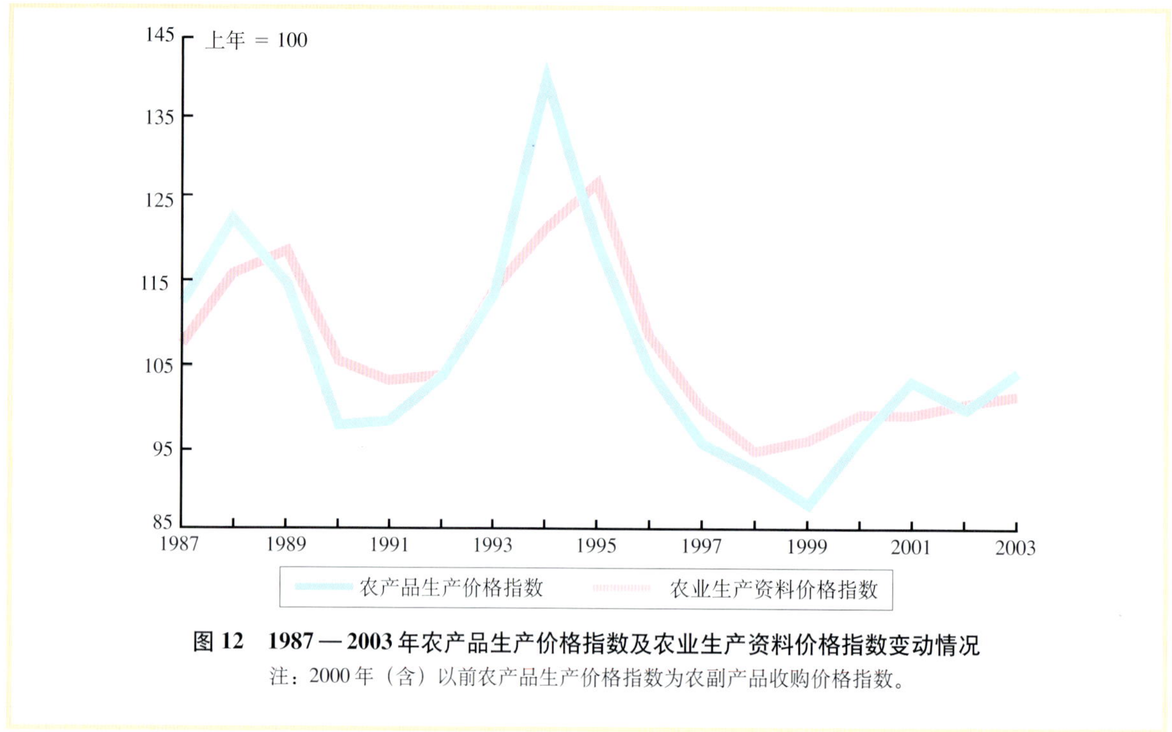

图 12　1987—2003 年农产品生产价格指数及农业生产资料价格指数变动情况

注：2000 年（含）以前农产品生产价格指数为农副产品收购价格指数。

（三）农村消费品市场平稳增长　2003 年全国县及县以下消费品零售额 16 065 亿元，比上年增长 6.8%。2003 年全国居民消费价格总水平比上年上涨1.2%，其中，农村上涨1.6%。农村居民消费价格中，食品价格上涨3.4%，医疗保健及个人用品价格上涨2.5%，娱乐教育文化用品及服务价格上涨2.8%（图17）。

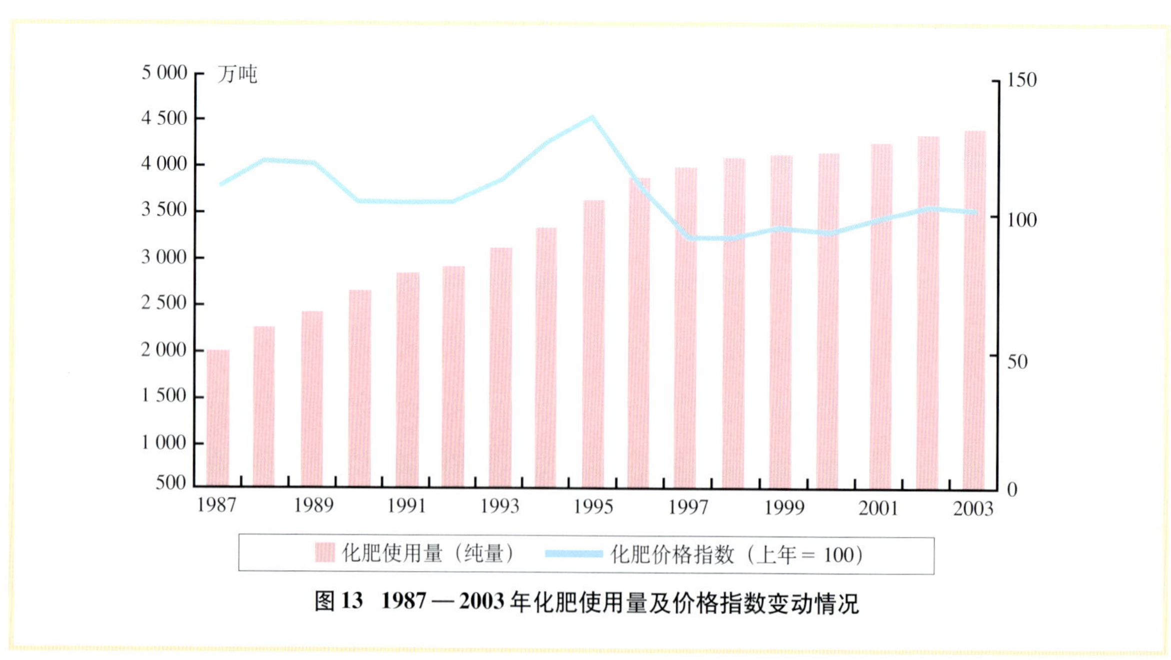

图 13　1987—2003 年化肥使用量及价格指数变动情况

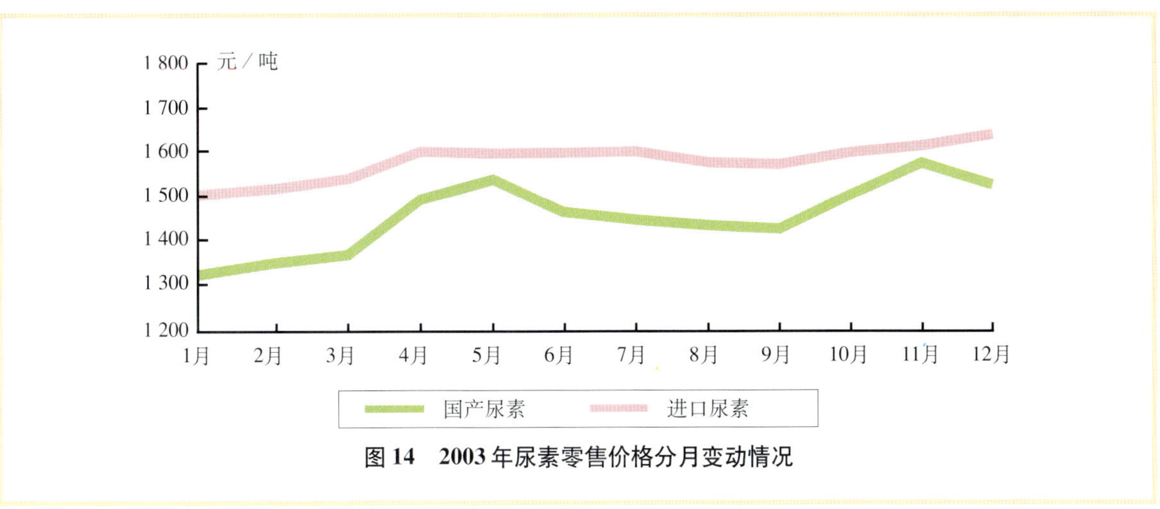

图14 2003年尿素零售价格分月变动情况

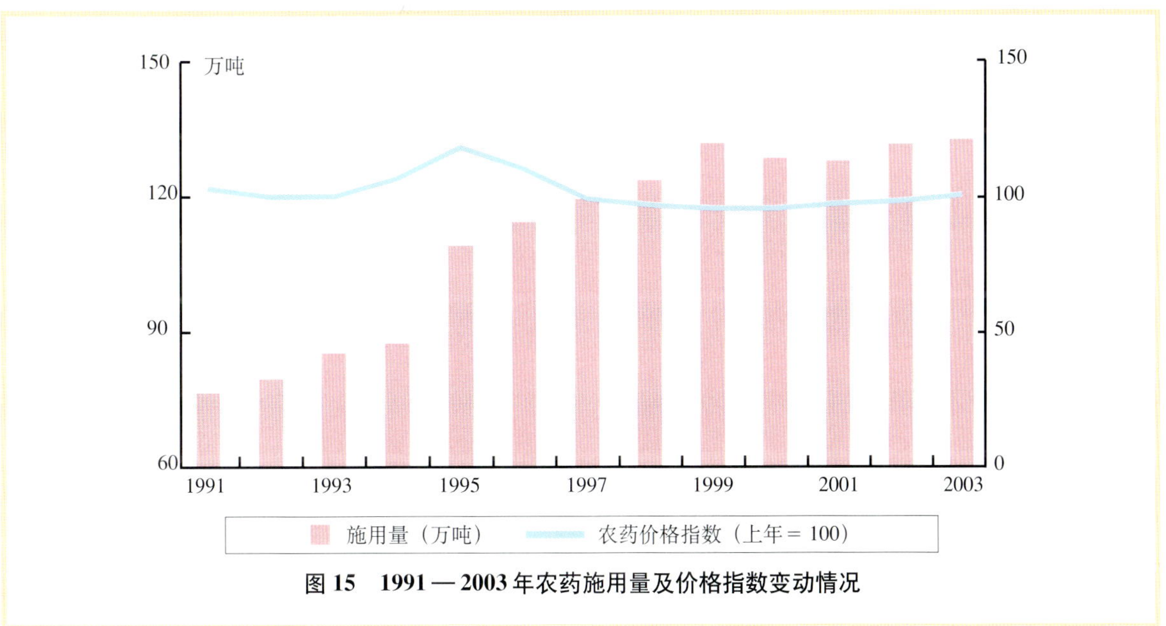

图15 1991—2003年农药施用量及价格指数变动情况

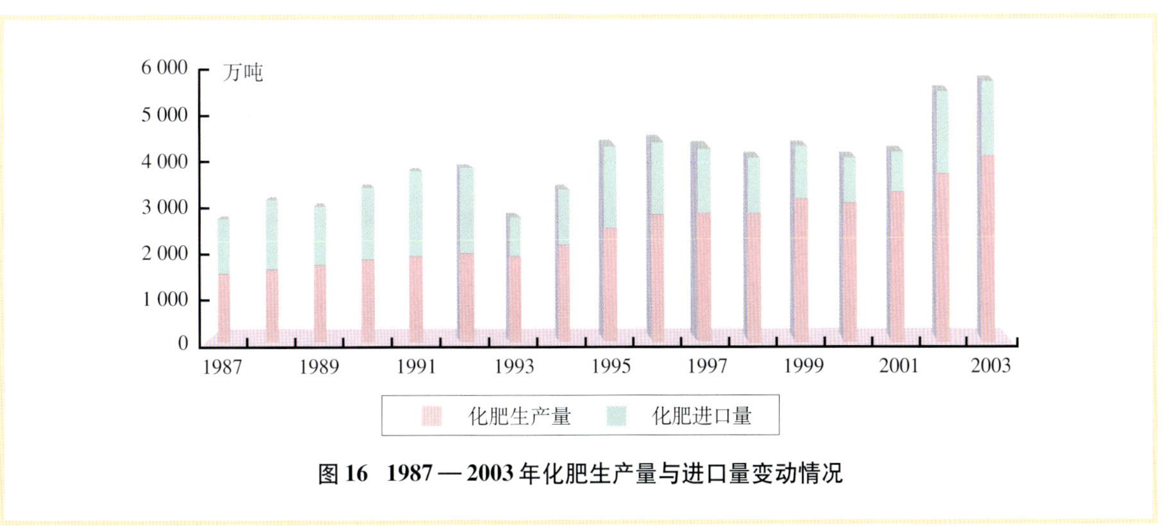

图16 1987—2003年化肥生产量与进口量变动情况

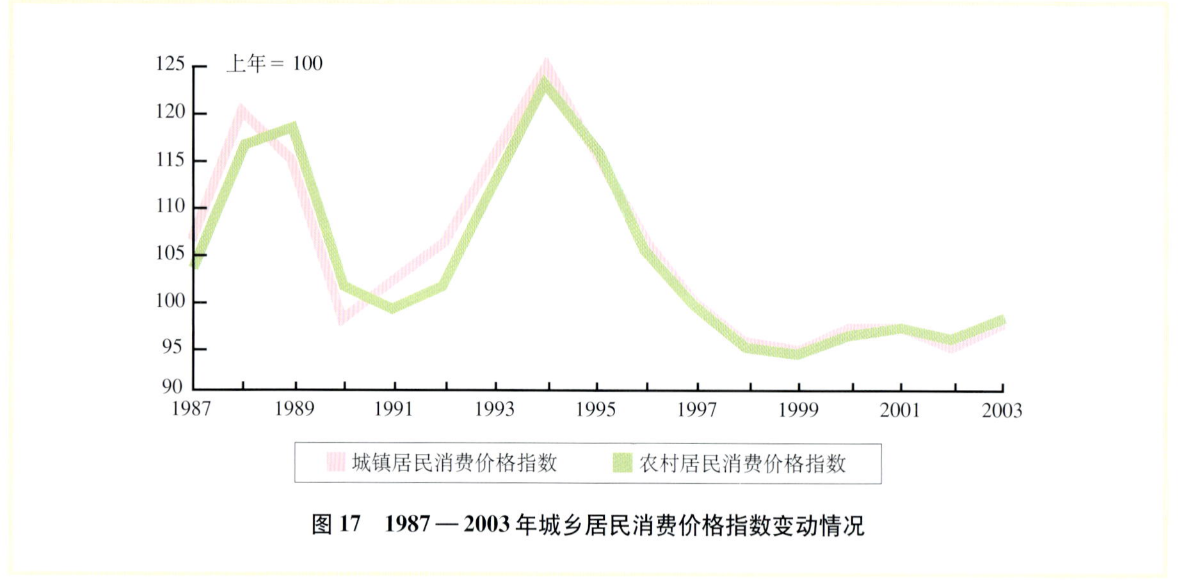

图17　1987—2003年城乡居民消费价格指数变动情况

农产品进出口

2003年，我国农产品进出口贸易快速增长，但进口增幅大于出口，贸易顺差缩小。农产品进出口总值403.6亿美元，比上年增长31.9%。其中，出口值为214.3亿美元，增长18.1%（图18）；进口值为189.3亿美元，增长52%（图19）。农产品贸易顺差25亿美元，比上年下降56.2%。

（一）粮食出口大幅度增加，进口明显缩减　2003年我国粮食（不包括大豆）出口2 200.4万吨，比上年增长48.3%；进口208.7万吨，下降26.8%；粮食净出口1 991.7万吨，增长66.2%（图20）。2003年我国粮食出口值为26.7亿美元，增长55%；进口值为4.6亿美元，下降7.4%；粮食贸易顺差22.1亿美元，增长80.4%。从品种结构看，玉米、小麦和大米的出口大幅度增加，玉米、小麦和大麦进口明显缩减。

大米　2003年出口量261.7万吨，比上年增长31.5%；出口值5亿美元，增长30.3%。进口量25.9万吨，增长8.7%；进口值0.97亿美元，增长21%。净出口235.9万吨，增长34.6%。

玉米　2003年出口量1 639.1万吨，比上年增长40.4%；出口值17.7亿美元，增长51.4%。进口量缩减到0.07万吨，下降91%。净出口1 639万吨，增长40.5%。

小麦　2003年出口量达到251.4万吨，比上年增长157.4%；出口值3.2亿美元，增长146%。进口量44.7万吨，下降29.2%；进口值0.86亿美元，下降24.1%。净出口206.7万吨，增长499%。

大麦　2003年进口量136.3万吨，比上年下降28.6%；进口值2.7亿美元，下降7.8%。

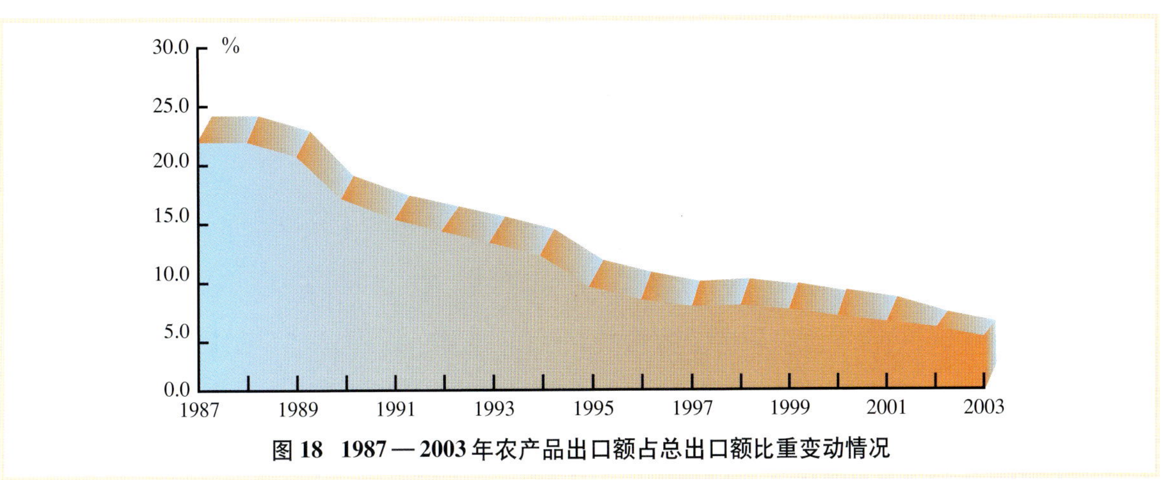

图 18　1987—2003 年农产品出口额占总出口额比重变动情况

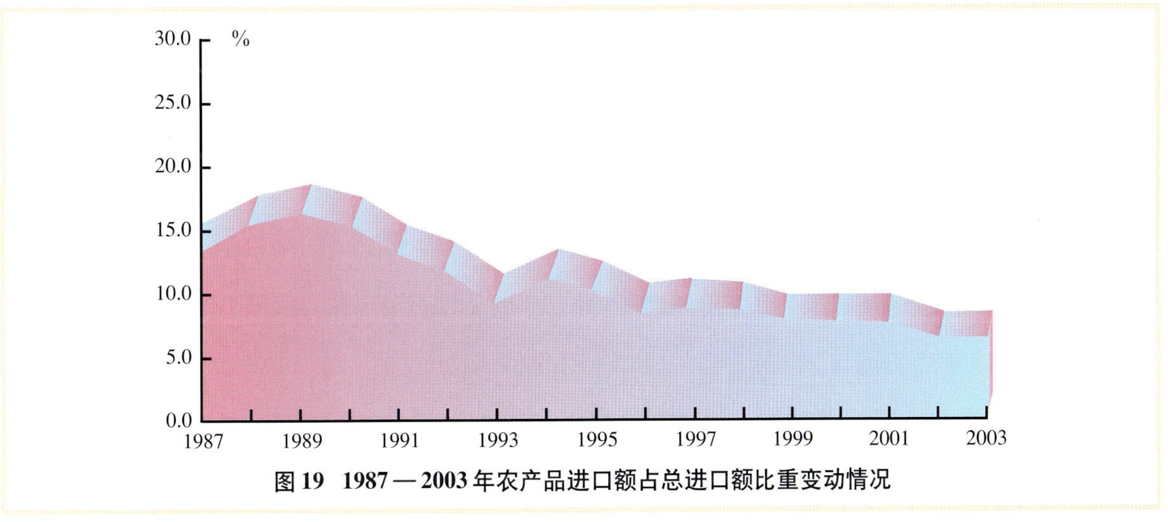

图 19　1987—2003 年农产品进口额占总进口额比重变动情况

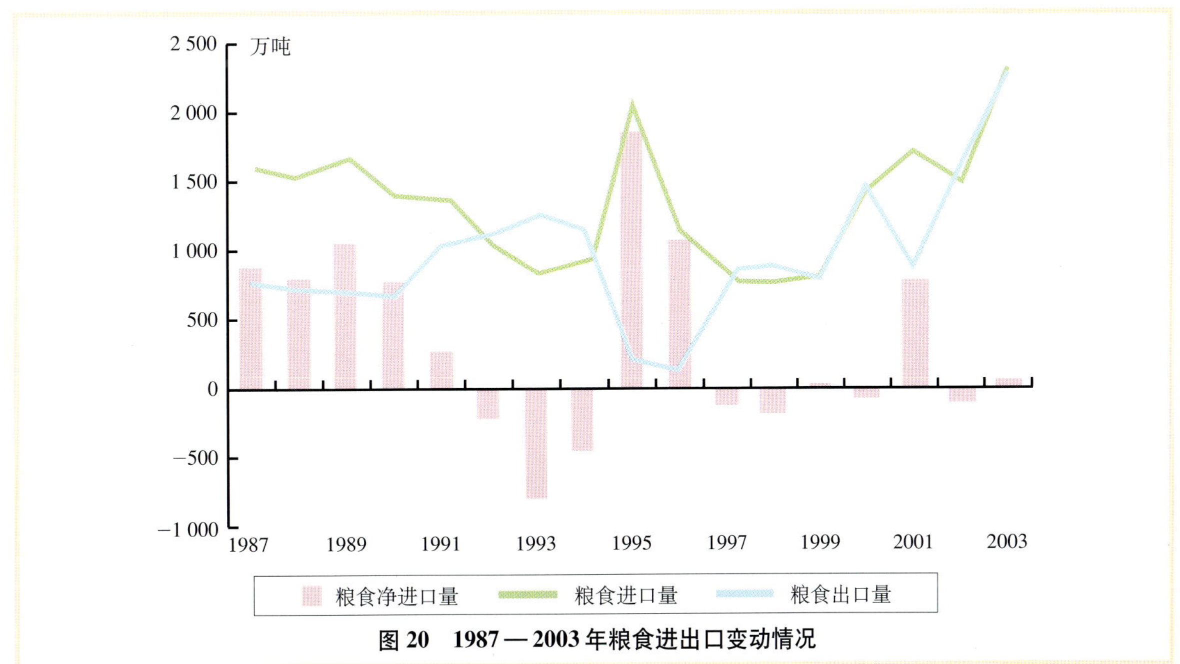

图 20　1987—2003 年粮食进出口变动情况

（二）油料（主要是大豆）和食用植物油（主要是豆油和棕榈油）进口猛增

油料　2003年进口量2 097.6万吨，比上年增长75.6%；进口值55.1亿美元，增长109.1%。出口量124万吨，增长2.4%；出口值7.7亿美元，增长24%。净进口1 973.6万吨，增长83.9%。其中，大豆进口量2 074万吨，增长83.3%，进口值54.2亿美元，增长118.1%；出口量29.5万吨，下降3.5%，出口值1亿美元，增长11.9%；净进口2 044.6万吨，增长85.7%。油菜籽进口量16.7万吨，下降73%；进口值0.47亿美元，下降68%。

食用植物油　2003年进口量574.4万吨，比上年增长67%，进口值27.4亿美元，增长93.9%。出口量8.1万吨，下降34.3%，出口值0.9亿美元，增长9.1%。净进口566.3万吨，增长70.7%。其中，豆油进口188.4万吨，增长116.5%，出口1万吨，下降77.5%；菜籽油进口15.2万吨，增长94.8%；花生油出口2.5万吨，增长129%；棕榈油进口332.5万吨，增长49.7%。

（三）棉花出口下降，进口剧增；食糖进出口均大幅度减少；蔬菜、水果出口继续保持增长势头；畜产品进口增长快于出口，贸易逆差扩大；水产品进口减少，贸易顺差增加

棉花　2003年出口量为11.7万吨，比上年下降26%；出口值1.3亿美元，下降21.9%。进口量达95.4万吨，增长3.6倍；进口值11.9亿美元，增长5.2倍。净进口83.7万吨，增长16倍。

食糖　2003年出口量为10.3万吨，比上年下降68.3%；出口值0.3亿美元，下降62.9%。进口量77.5万吨，下降34.5%；进口值1.74亿美元，下降27%。净进口67.2万吨，下降21.6%。

蔬菜　2003年出口量为552.7万吨，比上年增长18.7%；出口值30.7亿美元，增长16.5%。进口量9万吨，下降1.1%，进口值0.72亿美元，增长2.1%。净出口543.7万吨，增长19%。

水果　2003年出口量266.8万吨，比上年增长33.8%；出口值13.7亿美元，增长39.6 %。进口量101.9万吨，增长7.8%；进口值5亿美元，增长31.9%。净出口164.9万吨，增长57.3%。

畜产品　2003年受“非典”疫情影响，全年畜产品出口值仍达到27.2亿美元，比上年增长5.7%；进口值33.6亿美元，增长16.3%；贸易逆差扩大到6.4亿美元，增长103%。

水产品　2003年出口量213.8万吨，比上年增长1.4%；进口量233.2万吨，下降6.4%；净进口19.4万吨，下降49.3%。出口值54.9亿美元，增长17%；进口值24.8亿美元，增长9.5%；贸易顺差30.1亿美元，增长24%。

（四）一般贸易和加工贸易方式的进出口明显增加　一般贸易方式出口168.3亿美元，比上年增长20.2%，占农产品出口总值的78.6%；进料加工方式出口28.4亿美元，增长6.3%，占农产品出口总值的13.3%；来料加

工贸易方式出口8.9亿美元，增长10.2%。易货贸易和补偿贸易方式出口减少，边境小额、国际援助和其他贸易方式出口增长较快。

一般贸易方式进口135.9亿美元，比上年增长57.9%，占农产品进口总值的71.8%；进料加工方式进口29.4亿美元，增长38.3%，约占农产品进口总值的15.5%；来料加工方式进口10.2亿美元，增长19.5%。

（五）农产品进出口市场份额发生较大变化 2003年对亚洲出口增长13.6%，但市场份额减少到69.3%，比上年下降2.7个百分点。对欧洲、北美洲和非洲出口增幅较大，分别达到28.9%、25.4%和45.9%，市场份额上升到14.3%、10.9%和3%。对北美自由贸易协定组织、东盟和欧盟分别出口24.2亿美元、23.6亿美元和20.4亿美元，增幅达27%、19%和27.5%。2003年出口前十位国家和地区及其增（减）幅依次是：日本60.5亿美元，增长5.7%；韩国25.7亿美元，增长25.3%；我国香港22.7亿美元，增长9%；美国21亿美元，增长25.2%；马来西亚6.7亿美元，增长17.5%；德国6.1亿美元，增长24.4%；俄罗斯5.7亿美元，增长28.6%；印度尼西亚5.4亿美元，增长1.5%；荷兰3.6亿美元，增长20.3%；越南3.2亿美元，增长66.3%。

除大洋洲外，我国从各大洲农产品进口值均大幅度增长。由于从美国、阿根廷和巴西进口大豆数量激增，从北美洲和南美洲农产品进口总值分别增长72.5%和80.9%，市场份额上升到29.4%和26.5%，比上年提高3.5和4.2个百分点。从亚洲和欧洲进口值分别增长49.4%和25.3%，市场份额减少到20.9%和11.2%，从大洋洲进口下降3.7%，市场份额减少到9.3%，比上年下降5.4个百分点，从非洲进口值虽然不大，但增幅显著，达到83.9%，占我国农产品进口市场份额的2.7%。从北美自由贸易协定组织、东盟和欧盟分别进口55.7亿美元、26.4亿美元和12.3亿美元，增幅达71.8%、44.5%和44.2%。2003年进口前十位国家及其增（减）幅依次是：美国50.1亿美元，增长84.2%；阿根廷22.6亿美元，增长153%；巴西21.1亿美元，增长84.7%；澳大利亚12.3亿美元，下降15.3%；马来西亚11.5亿美元，增长59.2%；俄罗斯7.1亿美元，增长5.6%；印度尼西亚5.4亿美元，增长63.3%；新西兰5.4亿美元、增长38.8%；泰国5.3亿美元，增长22.2%；加拿大5.2亿美元，增长6.9%。

（六）东、中、西部地区进出口均有不同程度的增长，但东部地区进出口市场份额减少，中部地区增长 2003年我国东部地区农产品出口比上年增长14.6%，进口增长50%；出口份额为75.1%，进口份额为92.6%，分别比上年减少2.3和1.3个百分点。中部地区出口增长40.6%，进口增长68.8%；出口份额为18.2%，进口份额为5.2%，分别比上年提高2.9和0.5个百分点。西部地区出口增长8.1%，进口增长130%；出口份额为6.7%，减少0.6个百分点；进口份额为2.2%，提高0.8个百分点。

2003年出口前5位的省（直辖市）及其增（减）幅依次是：山东50.8亿美元，增长23.3%；广东28亿美元，增长6.2%；浙江18.2亿美元，增长14.5%；辽宁17.2亿美元，增长19.5%。进口前5位的省（直辖市）及其增（减）幅依次是：广东40.9亿美元，增长34.9%；山东34.8亿美元，增长74%；江苏24.7亿美元，增长67%；上海13.9亿美元，增长53.6%；辽宁12.2亿美元，增长52%。

专栏3

中国国际农产品交易会

首届中国国际农产品交易会于2003年11月11日至16日在北京全国农业展览馆举行，是由农业部主办，国家发展和改革委员会、财政部、商务部、海关总署、国家质量监督检验检疫总局、北京市人民政府、中国国际贸易促进委员会等部门协办的农产品交易和技术交流盛会，也是新世纪和中国加入世界贸易组织后举办的第一个大型的国家级、国际性的农产品贸易营销促销盛会，主题是“展示成果，推动交流，促进贸易”。

首届中国国际农产品交易会，全面展示了我国农业和农村经济发展取得的新成就，展示了农业结构战略性调整取得的新成果，展示了实施优势农产品区域布局规划和“无公害食品行动计划”取得的新进展，推进了农业的国际交流、区域交流和贸易、科技交流，推动了农产品产销衔接，进一步扩大了农业对外开放领域，树立了中国农业“精品、开放、务实”的形象，成为推动中国农业和农村经济对外开放的一个新的起点和窗口。

首届中国国际农产品交易会展出面积约3万平方米，室内展出面积约1万平方米，分为综合馆、养殖业馆和种植业馆三个展区及室外农机展区和销售广场，同时还在互联网上建立了中国国际农产品交易网，集中发布参展企业和农产品信息，开展网上交易。参展企业主要是国家农业产业化龙头企业、出口创汇骨干企业及外资、合资企业；参展的产品有11大类3 000多个品种，都是经过认证的无公害农产品、绿色食品、有机农产品和名特优产品，充分体现了我国农产品的最高水准、最优品牌和最强竞争力。

首届中国国际农产品交易会成效显著。交易会期间，共签订贸易合同项目1 692项，合同金额达170亿元，其中，境外贸易额7.5亿美元。签订意向性贸易协议3 289项，协议金额231亿元。现场销售额达4 535万元。共有551家企业的1 218种产品在网上发布了信息。据对境外采购商调查统计，47%的境外采购商找到了理想的供应商，确立了合作关系，27%的采购商找到了合作伙伴，另有20%的采购商收集到了大量信息。农交会期间举办的20多场贸易日、推介会、发布会等贸易促销活动。

首届中国国际农产品交易会引起了国内外企业及采购商、销售商以及社会各界的广泛关注和积极参与。国内有1 100多家企业报名参展，345家企业进场展示，600多家企业进场销售。境外有乌克兰、智利、意大利、泰国、瑞士、美国、菲律宾等国家和机构，以及我国台湾地区的30多家企业参加。亚欧农业高官会的100多位与会代表专程参观了农交会，三十多个展团参与了交易会的各种活动，来自44个国家和地区的20多万观众参观了交易会。

农村收益分配

据全国30个省、自治区、直辖市（除西藏）农村经济收益分配统计汇总结果，2003年农业和农村经济继续平稳发展，农民收入仍保持恢复性增长。

（一）总收入 2003年农村经济总收入达131 719.2亿元，比上年增长12.9%（当年价，下同），增速比上年提高3个百分点。

从各经营层次看，农民家庭经营、乡镇办企业和村组集体经营收入均呈增长态势，村组集体经营自1998年以来首次出现增长。2003年农民家庭经营收入为64 908.8亿元，比上年增长8.2%，占总收入的比重为49.3%，下降2.1个百分点；乡镇办企业收入为34 560.2亿元，比上年增长17.2%，占总收入的比重为26.2%，提高0.9个百分点；村组集体经营收入为15 225.7亿元，比上年增长8.9%，占总收入的比重为11.6%，下降0.4个。

从各产业看，第二产业增幅较大，比重上升，第一、三产业增幅相对较小，比重下降。第一产业为24 572.8亿元，比上年增长4.5%，占农村经济总收入的比重为18.7%，比上年下降1.5个百分点；第二产业为82 006.6亿元，比上年增长16.7%，占农村经济总收入的比重为62.3%，比上年提高1.9个百分点；第三产业为25 319.8亿元，比上年增长8.6%，占农村经济总收入的比重为19.0%，比去年下降0.4个百分点。

（二）总费用 2003年农村经济总费用为104 795.5亿元，比上年增长14.3%，高于总收入增长速度1.4个百分点，占农村经济总收入的79.6%，比上年提高1个百分点。其中，生产费用为86 512.8亿元，比上年增长14.7%。

（三）净收入 2003年农村经济可分配净收入总额为30 780.8亿元，比上年增长8.9%，增速提高了3个百分点。农村各经营层次上缴国家税金2 896.2亿元，比上年增长14.2%，占可分配收入总额的9.4%。

农民收入与消费

（一）农民收入稳步增加 2003年一季度农民收入增长开局良好，人均现金收入增幅高达7.5%，是多年没有过的；二季度受“非典”疫情影响，农民收入出现负增长；三季度农民现金收入增速回升。据对全国31个省（自治区、直辖市）6.8万个农村住户的抽样调查，2003年全年农民人均纯收入为2 622元，比上年增加146元，增长5.9%，扣除价格因素的影响，实际增长4.3%。其中，工资性收入增加79元，占当年农民收入增加额的53.9%，比上年下降8.6个百分点；家庭经营收入增加53元，占当年农民收入增加额的36.3%，比上年提高10.5个百分点；财产性收入比上年增加15元，占当年农民收入增加额的10.3%，比上年提高7个百分点。

2003年农民人均纯收入中，现金纯收入人均2 135元，比上年增加235元，增长12.4%，占纯收入的比重达81.4%，比上年提高4.7个百分点，是1999年以来提高最快的年份；实物收入人均487元，比上年减少89元，减少15.5%，占纯收入的比重为18.6%，下降4.7个百分点，是近年来下降幅度最大的年份。

2003年影响农民增收的重要因素有三个：一是4月中旬到6月中旬突发的“非典”疫情；二是部分地区遭受严重自然灾害；三是下半年农产品价格回升。2003年农民增收呈现新的特点：

1. 农民外出务工收入继续保持快速增长。突发“非典”疫情使2003年农民增收遇到了前所未有的困难。据调查，受“非典”疫情影响，农村外出务工劳动力有700万~800万人返乡，近千万未返乡农村劳动力暂时失去工作或收入减少，农民外出务工收入大量损失。据统计，由于受“非典”疫情的影响，第二季度农民的外出务工收入比上年同期减少了17元。

“非典”过后，国务院及时下发了《关于克服非典型肺炎疫情影响，促进农民增加收入的意见》，各级政府积极组织农村劳动力外出务工，农村外出务工劳动力人数迅速增加。据统计，2003年农村外出务工劳动力占农村劳动力的比重达到18.5%，比上年提高1.8个百分点，外出务工人数比上年增加约830万人，增长10.3%。2003年农民的外出务工收入人均346元，比上年增加48元，增长16.1%，增速比上年提高4.1个百分点。

2. 农业生产经营收入增速继续回升。2003年农民从事农业生产经营得到的纯收入人均881元，比上年增加26元，增长2.9%，增速比上年回升2.5个百分点。农业生产经营收入增加主要受价格回升因素的影响。2003年农民种植粮食得到的纯收入比上年增加7元；种植棉花得到的纯收入比上年增加13元。

3. 农民的税费负担继续大幅度下降。2003年农民人均税费负担为67.3元，比上年减少11.4元，减少14.5%。税费负担占当年农民人均纯收入的比重为2.6%，比上年下降0.6个百分点。受灾较重地区的农民税费负担大量减少。如黑龙江省农民人均税费负担为198.8元，比上年减少42.6元，减少17.7%；安徽省农民人均税费负担为83.9元，比上年减少11.7元，减少12.2%；河南省农民人均税费负担为76.6元，比上年减少11.7元，减少13.3%。

4. 粮食主产区农民收入增速仍低于全国平均水平。2003年13个粮食主产省（自治区）农民人均纯收入为2 669元，比上年增加138元，增长5.4%，扣除价格因素的影响，实际增长3.8%，增速比全国平均水平低0.5个百分点。粮食主产区农民收入将近一半是来自农业生产经营，虽然2003年农产品价格回升，有利于主产区农民增收，但由于部分地区遭受严重自然灾害，农业生产遭受重大损失。其中，黑龙江农民收入比上年增长3.3%，大大低于全国平均水平，安徽、河南的农民收入则分别比上年下降了1.2%和0.4%。

5. 低收入农户的收入增长缓慢，农户之间的收入差距继续扩大。近3年来，虽然低收入组农户的收入持续增长，但增速缓慢。按农户人均纯收入5等分分组，2003年低收入组农民人均纯收入为866元，仅比上年增长1.0%，不及全国平均水平的1/3。与高收入组农户相比，1997年收入差距（低收入组=1）为4.3∶1，2003年扩大到7.3∶1。2003年农民收入的基尼系数为0.368 0，比上年提高0.034。

（二）农村居民生活消费平稳增长，消费结构改善，消费质量提高 2003年农村居民生活消费支出人均为1 943元，比上年增加109元，增长5.9%（图21），扣除价格因素的影响，实际增长4.3 %，生活消费各项支出全面增长。2003年农村居民生活消费支出的恩格尔系数为45.6%，比上年下降0.6个百分点。

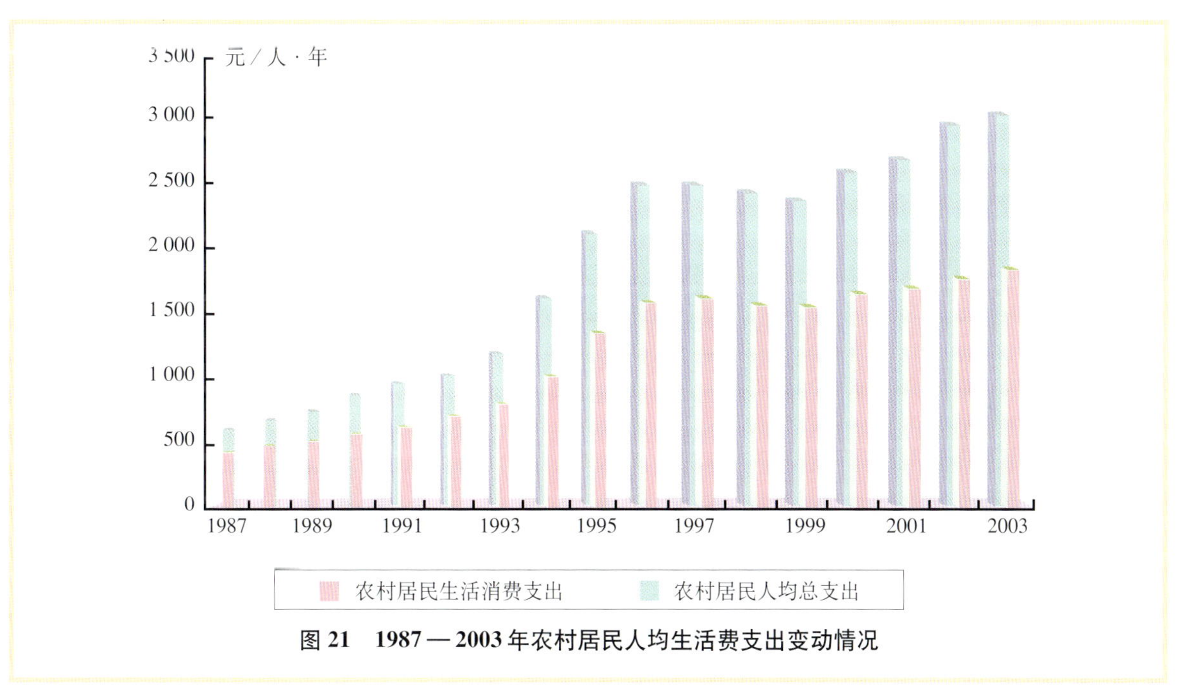

图21 1987—2003年农村居民人均生活费支出变动情况

1. 食品。2003年农村居民食品支出人均886元，比上年增加38元，增长4.4%，增速比上年提高2.5个百分点。其中，购买食品支出人均777元，增加33元，增长4.4%；在外饮食消费支出人均为99.3元，增加9.7元，增长10.8%。2003年人均粮食消费224千克，比上年减少11.9千克，减少5%；而人均肉类消费19.7千克，增长8.1%；禽蛋人均消费4.8千克，增长6.9%；奶类人均消费1.7千克，增长44%；水产品消费人均4.7千克，增长7.6%。人均每天摄入蛋白质63.6克，比上年增加1.1克。

2. 居住。2003年农村居民居住支出人均为308元，比上年增加8元，增长2.7%，增速比上年下降4.9个百分点，主要是由于住房维修支出比上年减少较多所致。在居住支出中，购建房屋人均支出增速加快。其中，建房人均支出131元，增加13元，增长11%；购买住房人均支出25元，增加4元，增长19.3%；住房装修支出人均21元，增加11元，增长1倍。2003年，农民人均住房面积27.2平方米，比上年增加2.7%。其中，钢筋混凝土结构人均住房面积8.5平方米，比上年增长10.9%。从居住条件看，卫生设备、取暖设备、饮用水等各方面情况都有所改善。

3. 家庭设备用品及服务。2003年农村居民用于购买家庭设备用品及服务的支出人均为82元，比上年增加1.3元，增长1.6%。其中，购买机电设备支出人均17.5元，增加4.5元，增长35.2%。2003年平均每百户农村居民家庭拥有彩色电视机68台，比上年增长12.2%；洗衣机34台，增长7.8%；电冰箱16台，增长7.2%；摩托车32辆，增长13.3%；移动电话24部，增长73.2%；影碟机23台，增长26.4%。

4. 文教娱乐。2003年农村居民用于文教娱乐用品及服务支出人均236元，比上年增加25元，增长12.1%，增速比上年提高2.9个百分点。其中，农村居民的学杂费支出人均为165元，比上年增加5元，增长3.3%，增幅下降6.9个百分点。

5. 交通及通讯。2003年农村居民交通及通讯支出人均163元，比上年增加34元，增长26.5%，增速比上年提高8.4个百分点。

6. 医疗保健。2003年农村居民用于医疗保健的支出人均为116元，比上年增加12元，增长11.4%，增速比上年提高3.8个百分点。医疗保健支出增速加快主要是由于医疗费增加较多，2003年农村居民人均医疗费支出57元，比上年增加18元，增长45.7%。

虽然农村居民生活消费支出总体上保持了平稳增长，但纯农户的生活消费支出增速减缓。2003年纯农户生活消费支出人均1 590元，比上年增加62元，增长4%，增速比上年下降0.7个百分点，增速低于全国平均水平1.9个百分点。

农业投资

2003年，国家发改委和国务院机关事务管理局共安排农业部农业基本建设投资59.60亿元，较上年的56.43亿元增加3.17亿元，增长5.6%。其中，国家发改委正常预算内投资11.59亿元，国债投资48.01亿元。

当年农业部实际下达基本建设投资为53.3亿元，主要用于以下方面建设：

1. 种养业良种体系8.7亿元，占农业部实际下达基建投资的16.39%。重点安排了种植业种子工程、畜禽良种工程、水产良种工程等项目建设。

2. 农业科技创新与应用体系2.5亿元，占农业部实际下达基建投资的4.74%。重点安排了中国农业科学院、中国水产科学院、中国热带农业科学院、中央农业广播电视学校等项目建设。

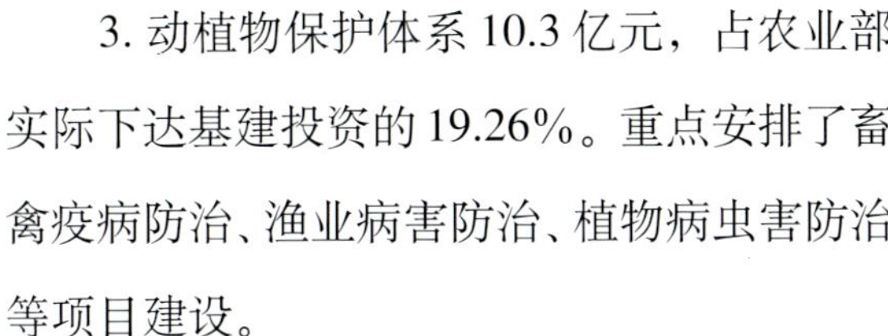

3. 动植物保护体系10.3亿元，占农业部实际下达基建投资的19.26%。重点安排了畜禽疫病防治、渔业病害防治、植物病虫害防治等项目建设。

4. 农产品质量安全体系3.2亿元，占农业部实际下达基建投资的6.06%。重点安排了农牧渔业产品质量监督体系、饲料安全工程和饲料监测体系、商品粮、棉、油、糖基地、“粮经饲”三元结构种植示范、农垦现代化示范基地建设、黑龙江农垦大型商品粮基地、农垦天然橡胶基地等项目建设。

5. 农业信息和农产品市场体系0.4亿元，占农业部实际下达基建投资的0.79%。重点安排了农业信息体系及办公自动化、农业部定点批发市场大屏幕和农产品产地批发市场、资源经济信息监测分析体系等项目建设。

6. 农业资源与生态保护体系19.6亿元，占农业部实际下达基建投资的36.68%。重点安排了中部天然草原恢复和建设、草种基地、西部天然草原退牧还草、草原防火设施、沃土工程、旱作节水农业、农村户用沼气等项目建设。

7. 农业社会化服务与管理体系8.0亿元，占农业部实际下达基建投资的15%。重点安排了国家重点渔港、渔政基础设施、农垦公检法设施、直属直供垦区基础性、公益性设施、部机关及直属单位、农牧渔技术推广综合服务等项目建设。

8. 其他农业设施建设0.6万元，占农业部实际下达基建投资的1.07%。重点安排了武陵山区扶贫、三峡库区移民、支持西藏建设以及产业化示范等项目建设。

2003年农业部基本建设项目和投资计划总体执行情况良好。通过这些项目建设，进一步加强了农业基础设施建设，推进了农业结构的战略性调整，推动了农业科技进步，促进了农产品竞争力增强、农业增效和农民增收，对农业和农村经济持续、快速、健康发展起到了积极作用。

专栏4

农村“六小工程”建设

农村“六小工程”包括节水灌溉、人畜饮水、乡村道路、农村沼气、农村水电、草场围栏等小型基础设施建设。这些工程与农民生产生活息息相关，具有投资规模小、建设周期短、见效快、覆盖千家万户、促进农民增收效果明显等特点。各地的实践证明，加强农村“六小工程”建设，对改善农民生产生活条件，降低农业生产成本，推进农业结构调整，直接增加收入，开拓农村市场，加快农村小康建设，促进农村经济社会全面发展，都具有十分重要的意义。

20世纪90年代后期，面对农业和农村经济发展进入新阶段后出现的新形势和新问题，党中央、国务院从统筹城乡经济社会发展的高度，加强对“三农”的政策倾斜，加大资金投入，强化农业和农村基础设施建设。2002年的中央农村工作会议明确提出，要把农村小型基础设施建设放在更加重

要的位置，重点支持节水灌溉、人畜饮水、农村沼气、农村水电、乡村道路和草场围栏等项目。2004年的中央1号文件又明确要求，对"六小工程"建设项目，要进一步增加投资规模，充实建设内容，扩大建设范围。

几年来，国家对农村"六小工程"的投资大幅度增加。2003年用于农村"六小工程"的中央投资达到275亿元，比2001年增长约1.8倍，比2002年增长了1倍。通过中央补助投入，也调动了地方各级政府和广大农民投入农村"六小工程"建设的积极性，全国农村小型基础设施建设进入了前所未有的发展时期。经过几年的建设，长期困扰一些地区农民群众的饮水、交通、用电、燃料问题得到解决，农业生产条件明显改善，农民居住环境和生活质量有所提高，农村整体面貌有所改观，广大农民从中得到了看得见、摸得着的实惠。农民由衷地称赞"六小工程"是党和政府为人民办实事的"民心工程"、"德政工程"。而且，广大农民通过直接参与"六小工程"建设，还从中获得劳务报酬，增加了收入，这也是近两年来农民收入实现恢复性增长的一个重要因素。

农业综合开发

2003年，中央财政安排农业综合开发资金81亿元（不含由中央财政统借统还、安排用于农业综合开发的世界银行贷款），其中用于土地治理项目55.53亿元，多种经营项目22.91亿元，科技示范项目2.56亿元。完成改造中低产田1 124.11千公顷，其中新增节水灌溉面积891.99千公顷，新增旱作农业面积111.97千公顷；建设优质粮食基地659.1千公顷，优质饲料作物基地152.49千公顷；重点扶持农产品加工及产地批发市场等农业生产服务项目668个，其中扶持了农业重点产业化龙头项目273个；扶持科技示范项目36个。

为适应新阶段农业发展和农村改革的要求，2003年农业综合开发工作继续深入贯彻落实"两个着力"、"两个提高"的方针，按照"深化改革，加强管理"的要求，进一步改革和完善了相关政策措施，调整和出台了一系列规章制度，改进和加强了资金与项目的管理，以实现国家农业综合开发的战略性转变。

（一）界定了农业主产区及粮食主产区的范围　依据各地主要农产品的产量等指标，确定了黑龙江（含农垦总局）、吉林、辽宁（不含大连）、内蒙古、河北、河南、山东（不含青岛）、江苏、安徽、四川、湖南、湖北、江西、新疆、广西、云南、新疆生产建设兵团等17个省级单位作为农业综合开发的农业主产区，其中前13个省级单位为粮食主产区，新疆、新疆生产建设兵团为棉花主产区，广西、云南为糖料主产区。

（二）明确了农业主产区特别是粮食主产区农业综合开发的任务　明确农业综合开发

以中低产田改造为重点，特别是要加强基本农田保护区范围内的中低产田改造，着力加强农业基础设施建设，改善农业生产条件和生态环境，建设优质、高产、稳产、节水、高效农田，增强农业抗御自然灾害的能力，坚定不移地提高农业综合生产能力特别是粮食生产能力，保证国家粮食安全。以市场为导向，发挥农业区域比较优势，积极培育和壮大优势特色产业，大力扶持辐射带动作用强的产业化龙头企业和与农民建立起紧密的利益联结机制的专业合作经济组织，积极推进产业化经营，促进农业和农村经济结构的战略性调整，提高农业的综合效益，不断增加主产区农民特别是种粮农民的收入。

（三）完善了扶持产业化龙头企业、农民专业合作经济组织的政策　按照龙头企业发展的实际需要、农民直接受益程度等因素，分别采取贴息、补贴、投资参股、借给有偿资金等灵活多样的方式予以扶持；同时，土地治理项目也要紧密围绕龙头企业进行优势农产品基地建设。坚持民办、民管、民受益的原则，重点扶持以产品或产业为纽带组织起来的农民专业合作经济组织，允许有法人资格的农民专业合作经济组织作为项目主体申报农业综合开发项目；对农产品专业协会，重点扶持其开展科技推广、技术培训、营销服务等，允许用项目科技推广费给予相应补贴。

（四）规范了农业综合开发中农民筹资投劳的政策　2003年国发12号文件对农业综合开发中农民筹资投劳做了明确规定，即“农业综合开发中农民筹资投劳，应纳入村级‘一事一议’范畴，实行专项管理”。国家农业综合开发办公室根据国务院文件精神，并经国务院农村税费改革办公室同意，研究制定了《国家农业综合开发农民筹资投劳管理暂行规定》，对农民筹资投劳的原则、程序及筹集、使用、管理和监督等做出具体规定，并将中央财政资金与农民自筹的比例，由1∶1调整为不超过1∶0.7。

（五）改进了对农业综合开发项目的科学管理　控制了新增项目县，2003年全国新增项目县比上年减少了一半；制定了项目评审办法，将专家评审和实地考察相结合，严格组织对产业化龙头项目和科技示范等项目的评审；制定了《农业综合开发项目调整、变更和终止有关事项的规定》，明确这些事项的审批权限、程序和条件、相关要求；制定了关于多种经营项目的指导意见，明确了指导思想、基本原则和扶持重点；提出了加强农业综合开发生态项目建设的意见，强调生态项目要与国家重点生态建设工程有所区别、有所侧重，要突出农业综合开发特色，避免与其他生态项目重复规划、重复投资、重复建设；总结了科技示范项目建设经验，清理整顿了农业现代化示范项目，制定了专项科技示范项目管理暂行办法；下发了关于加强部门项目管理工作的通知，明确提出要优化部门项目建设区域布局，实行集中投入、连片开发，采取有效措施保证落实地方配套资金，切实提高项目建设的成效等要求。

（六）创新了农业综合开发投入机制 为逐步完善农业综合开发自我积累、滚动开发的机制，研究提出了农业综合开发产业化经营项目进行投资参股试点的初步意见。组织开展了对投入同一个县的农业综合开发资金与扶贫资金、生态建设资金统筹安排使用的试点，初步探索了农业综合开发与扶贫开发、农业生态建设、农村中小型基础设施建设等统筹规划、相互配合的做法。

（七）加大了对资金和项目的监督检查力度 在全国布置开展了对2000—2002年农业综合开发项目和资金管理的大检查活动，在地方自查的基础上，委托财政部监督检查局，组织驻地方专员办对部分地区进行专项检查。同时，严格开展项目中期检查和竣工项目验收。对检查中发现的问题，除通报批评外，还采取了取消或暂停项目县资格，扣减中央财政投资控制指标等方式予以从重处理。为建立起项目和资金管理的监督约束机制，国家农业综合开发办公室还制定了《关于暂停或取消农业综合开发项目县资格的暂行规定》。通过上述措施，全面查找和整改了农业综合开发项目和资金管理中存在的问题，加大了管理力度，强化了管理职责，对确保农发资金的安全运行和有效使用，起到了重要作用。

扶贫开发

2003年全国的扶贫开发取得了积极进展。592个国家扶贫开发工作重点县的农民人均纯收入达到1 406元，比上年增加101元，提高了6%，增幅比全国高出1.7个百分点，这是扶贫开发进入新阶段后贫困地区农民收入增长幅度首次高于全国平均水平。农村人均纯收入低于882元的贫困人口从上年的8 645万人减少到8 517万人，减少了128万人。

（一）继续加大扶贫开发投入 中央财政预算安排的扶贫资金114亿元（不含国债部分），比上年增加8亿元；安排扶贫贴息贷款指导性计划185亿元。地方各级政府安排的扶贫资金总量超过30亿元。各部门用于贫困地区的投入也有增加。同时注重发挥市场对资源的配置作用，吸引各种资源尤其是企业和民营资本投入扶贫开发，并加强扶贫领域的国际合作，形成多元化的投入格局。

（二）稳步推进扶贫开发规划的实施 各省区市按照《中国农村扶贫开发纲要（2001—2010年）》和已经制定的扶贫开发规划的要求，集中人力、物力、财力，继续采取整村推进的方式，全面促进扶贫开发进程。据不完全统计，2003年正在实施规划的贫困村共新增基本农田11.73万公顷，新增及改扩建道路18.6万公里，新增及改良人工草场面积33.33万公顷，新增教育、卫生用房228.9万平方米，解决了643.1万人、593.9万头大牲畜的饮水困难，完成扶贫移民42万人。扶贫规划的实施，改善了当地的基本生产生活条件，为农民增加收入奠定了重要的物质基础。

（三）进一步开展社会扶贫工作 水利部印发了《全国水利扶贫规划纲要》，重点指导贫困地区改善水利设施，解决人畜饮水困难。科技、教育、卫生、民委等部门在安排资金时积极向贫困地区和少数民族地区倾斜。国家外专局充分利用引智优势，推广引进的新技术，对定点帮扶地区的农业结构调整产生了积极作用。机关定点扶贫工作的领域不断拓宽，援助规模进一步扩大。据不完全统计，2003年中央单位为定点县派出487名挂职干部，调研4 741人次，投入7亿多元，引进资金超过31亿元，引进技术282项，资助贫困学生4.1万人，举办培训班1 780期，培训18.8万人次。在中央国家机关的示范带动下，各地党政机关的结对帮扶工作也蓬勃发展，为贫困群众办了大量好事、实事，解决了许多生产生活的实际困难。东西扶贫协作也有新的进展，双方干部相互交流考察4 654人次，东部提供财政支持3.4多亿元，签订企业合作项目640个，实际投资35.4亿元。组织劳务输出16万人，举办行政专业干部培训班70期，培训6 672人次，举办农民专业技术培训班720期，培训16万人次。

（四）继续组织不同层次的扶贫培训活动 国务院扶贫办直接组织了五期县级党政干部培训班，培训了592个国家扶贫开发工作重点县和部分东部省扶贫任务较重县的主管领导和扶贫办主任，以及各省区市扶贫办有关负责同志，参训总人数达到1 562人，是近年来规模最大、人数最多、学员分布最广的一次扶贫培训。此外直接举办了定点帮扶、民族干部和统计监测三期专题培训班，并与全国妇联联合举办了西部地区处级妇女干部培训班。各省区市扶贫部门围绕规划项目的实施，采取专家授课、经验交流、现场观摩等多种方式，直接组织培训的干部群众达5万多人次。通过开展有针对性的培训，提高了基层干部的政策水平和组织扶贫开发的能力，增强了贫困农户掌握先进适用技术、实现增产增收的本领。

（五）采取综合措施促进贫困地区社会事业发展 2003年中国政府召开的全国农村教育工作会议，通过《国务院关于进一步加强农村教育工作的决定》，明确提出到2007年，在西部地区基本普及九年义务教育和基本扫除青壮年文盲（简称“两基”）的任务。为了实现这个目标，中央财政在未来4年投入100亿元，专项用于新建、改扩建6 400多个以农村初中为主的寄宿制学校；安排专项资金改造农村中小学危房增加对农村义务教育的投入；每年安排2亿元专款，逐步建立义务教育阶段家庭贫困学生资助制度；加快推进教育信息化，实施贫困地区远程教育工程。同时，继续实施“东部地区学校对口支援西部贫困地区学校工程”和“西部大中城市对口支援本省区市贫困地区学校工程”。

为了解决广大贫困农民看病难、看不起病的问题，政府采取了两项基本措施：一是建立以农村贫困家庭为对象的医疗救助制度。二是建立农村新型合作医疗制度，对贫困地区和贫困人口给予特殊政策。中央财政对中西部参加合作医疗的农民，平均每人每年补助10元。

（六）扶贫领域的国际合作进一步发展 世界银行贷款的中国西南扶贫项目完成最终竣工报告；秦巴山区扶贫项目进入验收阶段；西部扶贫项目实施已进入中期，进展顺利。亚洲开发银行援助的“人口较少民族参与式扶贫规划项目”正式签字实施。世界银行/英国国际发展部援助的“贫困农村社区发展项目”前期准备工作完成，进入评估阶段。中国政府与德国政府“中德技术合作江西贫困监测试点项目”已完成两国政府间换文，将于2004年4月30日正式启动实施。此外，与联合国开发计划署等联合国机构、香港嘉道理基金会等非政府组织的合作项目也在进展中。

农业机械化

（一）农业机械装备总量不断增长 2003年，全国农业机械原值达到3 362亿元，比上年增长4.92%。农机总动力达到6.04亿千瓦，增长4.39%（图22）。拖拉机保有量达到1 494.06万台，增长3.32%，其中大中型拖拉机达到97.26万台，增长7.65%；小型拖拉机达到1396.8万台，增长3.03%。拖拉机配套机具达到2 292万部，增长5.77%，其中节本增效配套农机具增幅较大，秸秆粉碎还田机、精量半精量（包括免耕）播种机、化肥深施机、机引铺膜机分别增长7.68%、6.66%、6%和10.94%。联合收割机拥有量达到36.22万台，增长16.05%。农用运输车达到1 028.59万辆，增长7.62%。田园管理机达到4.06万台，增长46.4%。农副产品加工机械总动力达到6 488.1万千瓦，增长2.2%；加工作业机械达到709.49万台。排灌动力机械达到10 988.18万千瓦，减少0.13%。机动喷雾（粉）机达到194.95万台，增长7.03%。随着农业结构调整，畜牧业机械增长较快，达到317.23万台，增长7.68%。其中牧草播种机达到2.31万台，减少27.81%；牧草收割机达到5.06万台，增长33.16%；牧草打捆机达到3 800台，增长17.14倍。农机装备结构进一步优化。

（二）农业机械化发展水平稳中有升 2003年全国完成机耕面积60 943.64千公顷，比上年减少0.57%；机播面积40 714.41千公顷，略减1.19%；机收面积27 360.94千公顷，增长0.77%。机械化耕地、播种、收获水平分别为46.84%、26.71%和19.02%。其中小麦机播和机收水平分别达到了74%、72.79%，比上年分别提高1和2.79个百分点；水稻机械栽植和机收水平分别为6%、23.04%，水稻机收水平比上年提高3.4个百分点；玉米机播和机收水平分别为46.85%和1.89%，发展相对比较缓慢。农机作业范围不断扩大，特别是在畜牧饲草、大豆、棉花和油菜等作物方面，生产机械化发展较快。机收大豆面积2 163.72千公顷，增长9.11%；机收油菜332.08千公顷，减少14.66%；机械采摘棉花9万吨，减少25%；机械化青贮秸秆4 522.94万吨，增长18.14%；机械播种牧草面积698.57千公顷，减少3.2%，机收牧草1 484.22万吨，增长1.55%。另外，机械植保面积36 043.92千公顷，增长1.49%；精量半精量播种面积22 814.82千公顷，减少2.04%，占农作物播种面积的15%；机械免耕播种面积4 048.79千公顷，减少1.7%；农田机械节水灌溉面积8 151.79千公顷，减少1.87%（图23）。

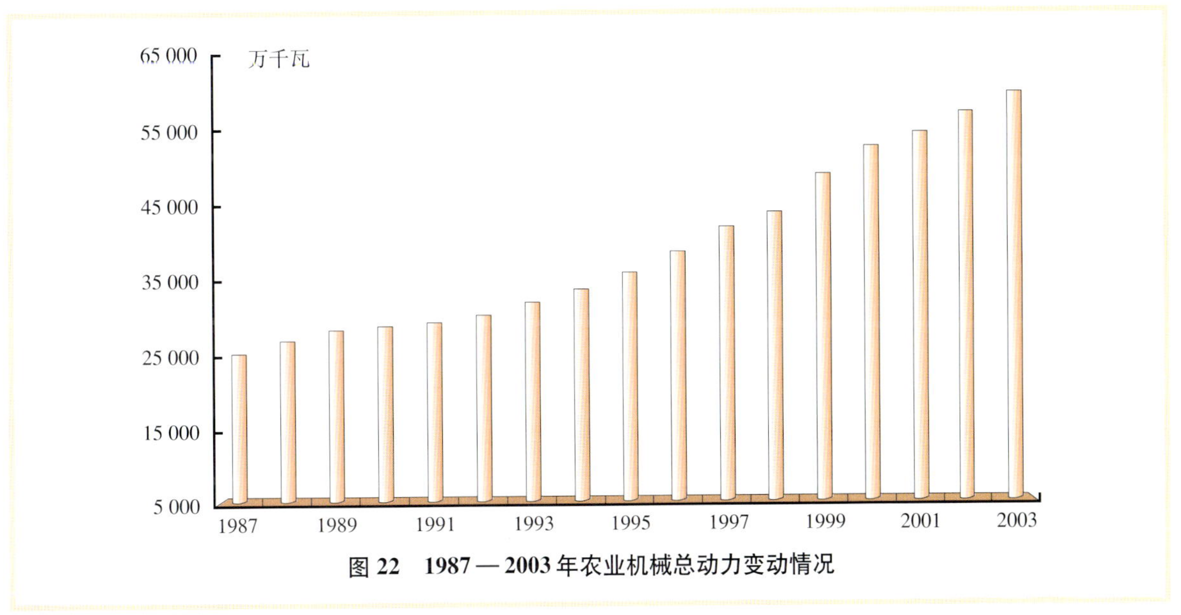

图22　1987—2003年农业机械总动力变动情况

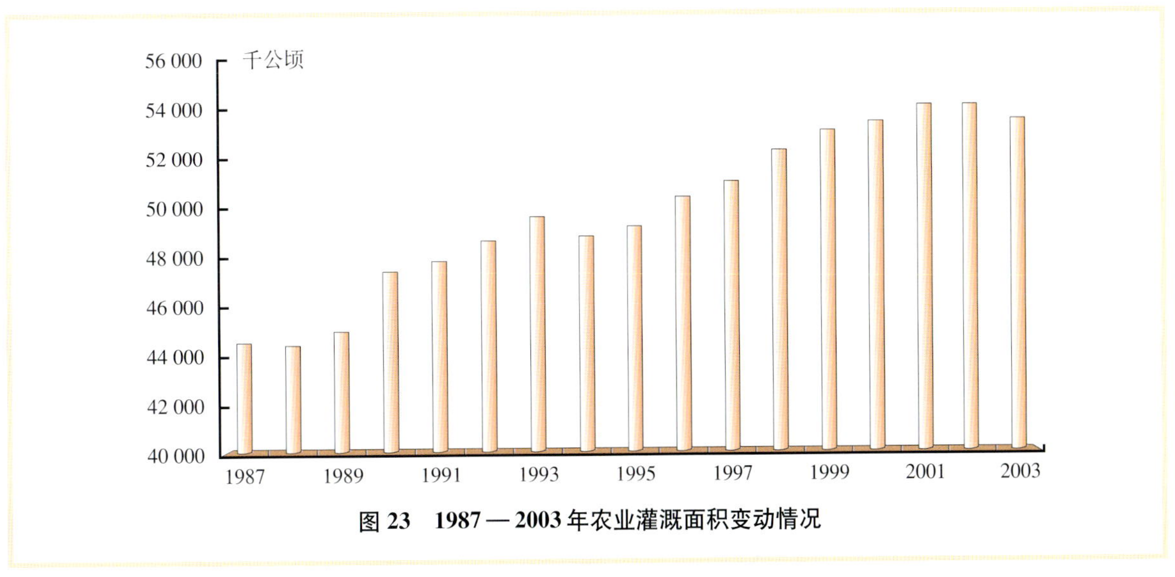

图23　1987—2003年农业灌溉面积变动情况

（三）农机跨区作业服务稳步推进 2003年“三夏”期间，正值全国防治“非典”疫情的关键时期，联合收割机跨区转移受阻，外出务工农民不能及时返乡，麦收机械供需矛盾十分突出。“三秋”期间，大部分地区又遭遇了严重的旱、涝灾害，致使腾茬整地和播种难度加大，秋冬种的进度普遍推迟。为此，农机管理部门进一步加大了农机跨区作业组织管理和服务力度，坚持一手抓“非典”防治，一手抓跨区机收，统一监测，严格消毒，加强调度，搞好服务，确保机车和人员安全，为跨区作业营造了良好的服务环境，促进了省内跨区作业的发展和农机帮扶作业的开展，大大缓解了麦收机械的供需矛盾。农机、公安、交通部门相互配合支持，对跨区作业的联合收割机继续实行免收过路、过桥费等优惠政策，减轻了机手负担。供需协调、信息服务、机手培训、机械维修和零配件供应等工作得到了进一步加强。2003年全国参加小麦跨区作业的联合收割机达到14.5万台，其中跨省作业的联合收割机6.1万台，完成跨区机收小麦面积8 667千公顷；参加水稻跨区作业的联合收割机达到4.9万台，比上年增加1.9千台，完成跨区机收面积水稻570千公顷。农机跨区作业服务范围不断扩大，并向机耕、机播以及经济作物领域扩展。

（四）农机社会化服务蓬勃发展 2003年全国各类农机作业服务组织达到3 082万个，比上年增长3.87%，其中农机户3 055万户，增长3.9%。在农机户中，有农机专业户360万户，增长9.21%。全国从事农机作业服务人员达到3 686万人，增长3.71%。农机作业服务以市场为导向，不断创新服务模式，扩大服务范围，从产中扩展到产前、产后，从种植业扩展到畜牧业、农副产品加工业，并按照农业产业化经营的要求，开始组合农机作业项目，上联龙头企业，下联经营农户，开展农机社会化服务“一条龙”作业，初步形成了“农户＋农机服务组织＋龙头企业”的产业化服务链条。农机社会化服务的发展，推进了农业标准化作业、专业化生产、产业化经营，促进了农业效益和农产品质量的提高，增强了优势农产品竞争力。

饲料工业

2003年是我国饲料工业起步以来面临问题最多的一年。“非典”疫情一度造成饲料物流受阻，原料短缺，市场萎缩。2003年10月份之后，饲料工业遭遇罕见的原料价格暴涨，豆粕和赖氨酸涨价幅度创历史最高水平。各级饲料管理部门积极落实国家对饲料企业的优惠税收政策，降低生产成本；努力协调增加大豆进口配额，保证豆粕原料的有效供应，抑制了豆粕价格的恶性上涨；广大饲料从业人员以市场为导向调整产品结构，压缩一般性饲料品种，加快发展浓缩饲料和精料补充料，开发新型饲料资源和饲料品种，促进饲料产品的更新换代，满足不同饲养品种、饲养方式对饲料产品的需求。通过全行业积极努力，克服影响行业发展的难题，保持和促进了饲料工业稳定发展。

（一）饲料生产持续增长 2003年，全国饲料工业产品总产量达8 712万吨，比上年增长4.7%。其中，配合饲料6 428万吨，增长2.8%；浓缩饲料1 958万吨，增长11%；添加剂预混合饲料326万吨，增长3%。全年饲料加工业实现产值2 077亿元，增长6%。我国配合饲料占世界总产量的份额达到10.5%，居世界第二位。

配合饲料比重继续呈现下降趋势。2003年，配合饲料占全部饲料的比重由上年的75%调减到73%，下调2个百分点，比上年下降1个百分点；浓缩饲料比重由上年的21.2%上升到2003年的23.3%，上升2.1个百分点，比2002年增幅减少0.9个百分点；添加剂预混合饲料的比重为3.7%，比2002年下降0.1个百分点。

2003年全国大部分企业处于亏损状态，同时约有30%左右的中小型企业停产或倒闭，大型企业和有一定实力的中型企业勉强维持生产或限产。据调查统计，全国亏损的企业约有80%，行业亏损接近100亿元。

（二）饲料产品价格基本稳定 2003年，饲料产品价格继续保持在较低价位上运行。猪配合饲料平均价格为1.59元/千克，与上年相比，增长2.5%。肉鸡配合饲料平均价格为1.86元/千克，增长1.6%。蛋鸡配合饲料平均价格为1.70元/千克，增长2.4%。配合饲料价格变化幅度总体很小，基本保持相对稳定的态势。

原料价格大幅度上涨。2003年，全国玉米产量为1.159亿吨，比上年下降4.5%；豆粕总供应量为2 050万吨左右，其中饲用豆粕供应量约为1 800万吨，缺口在300万吨左右；鱼粉产量40万～45万吨，比上年有所下降。饲料原料市场价格变化较大，饲料原料价格总体平均上涨10%左右，第四季度上涨幅度更大，超过20%，饲料加工企业成本上升，利润继续下滑。

玉米价格持续上升。2003年玉米减产541万吨，但由于出口有利可图，全年玉米出口达1 639万吨，增长40.4%。受玉米产量下降和出口增加的影响，全年玉米价格稳步上升，平均价格为1.14元/千克，比上年增长5.6%；2003年12月份玉米价格达1.27元/千克，比1月份上涨18.7%。

豆粕价格急剧上扬。2003年1月份价格同比增长12%，2月增长7.5%，“非典”期间的3—6月份豆粕价格仍然扑朔迷离，升降交替。第三季度之后，豆粕价格持续攀升，特别是“十一”之后，南方个别销区一度升至3 800元/吨的历史高价，平均价达3 300元/吨，上涨幅度超过2003年前9个月平均价的60%，比上年同期上涨77%。受豆粕价格影响，其他饼粕蛋白原料价格也出现了大幅攀升，平均涨幅

200～300元/吨，饲料行业遭受重创。全年豆粕平均价为2.43元/千克，比上年增长14.6%。

鱼粉价格比较平稳。在豆粕价格上涨的同时，鱼粉价格却未随之上扬，一直保持稳定的态势。2003年进口鱼粉平均价格为5.60元/千克，与上年持平。

饲料添加剂价格总体稳定，个别品种价格狂升。2003年，大多数饲料添加剂品种价格稳定，但饲料级赖氨酸价格极为反常，特别是10月中旬之后，赖氨酸市场成交价格迅速从每千克28元上升至50元的历史高价位，该价位持续一个月时间，与2003年初和2002年平均价格相比，涨幅达100%，带动了饲料生产成本的上升。

（三）蛋白质饲料原料严重匮乏，饲料产品安全卫生状况仍不容乐观 我国是蛋白质饲料资源短缺的国家。目前，主要蛋白质饲料原料仍然依靠进口，如鱼粉约70%需要进口，生产豆粕的大豆约70%需要进口，构成蛋白质的基本单元——合成氨基酸50%以上需要进口。我国蛋白质饲料原料加工业发展严重滞后，不仅抑制了饲料工业的快速发展，而且由于营养失衡造成了其他饲料粮的浪费。几年来，全国饲料产品质量监督检测结果显示，我国饲料产品质量合格率一直保持在90%以上，饲料添加剂产品合格率一直保持在85%以上，饲料质量情况总体是好的。但饲料产品安全卫生状况仍不容乐观，如动物源性饲料产品质量较低，添加违禁药品的现象仍未杜绝等。

草原保护与建设

（一）草原生态保护工程建设取得显著成效 近年来，国家先后启动了天然草原植被恢复与建设、牧草种子基地、草原围栏、退牧还草工程等重大草原保护建设项目。此外，还有育草基金项目、草原防火项目以及京津风沙源草原治理项目等。2003年，国家共投入国债资金17.5亿元，用于草原项目建设。其中，投资3亿元在61个县，继续实施天然草原植被恢复与建设项目，计划建成人工饲草料基地66.5千公顷，围栏改良144千公顷，棚圈18.635万平方米，鼠虫害治理16.8千公顷；投资2亿元，安排22个牧草种子繁育基地建设，建成种子扩繁田14.6千公顷；投资12.5亿元，在7个省区83县安排了退牧还草工程项目，计划围栏6 670千公顷。

草原生态保护建设项目的实施，有力地促进了草原生产力的提高、农牧民收入的增加和畜牧业生产方式的转变，取得了良好的生态效益、经济效益和社会效益。①草原植被得到恢复，草原生态环境明显改善；②项目区产业结构调整步伐加快，畜牧业生产经营方式开始转变；③草原建设项目的示范和带动作用日益显现，农牧民保护建设草原的积极性不断提高。

（二）贯彻实施草原法，推进依法行政 2003年3月1日，新修订的《中华人民共和国草原法》正式施行。为做好贯彻实施工作，农业部采取了一系列有效措施。①下发《关于做好农业法和草原法学习宣传贯彻工作的通知》，对《中华人民共和国草原法》宣传贯彻工作进行了总体部署。②通过中央电视台访谈，在《人民日报》专版宣传，在《农民日报》举办讲座，召开专家座谈会，开展送法下乡等活动，深入开展了《中华人民共和国草原法》的宣传工作。③加强草原法配套法规建设，在深入调查研究和总结各地经验的基础上，起草了《草种管理办法》、《草畜平衡管理办法》、《基本草原保护管理办法》和《禁牧休牧管理办法》等配套法规。④针对目前我国草原监理体系不完善和执法手段落后等问题，进一步配备和完善了草原监理监测设施。全年查处破坏草原案件8 000多起，乱开、乱占、乱搂、乱挖等破坏草原的行为得到了有效遏制。

（三）召开全国草原工作会议，明确了草原工作的重点　2003年4月，农业部在北京召开了全国草原工作会议。会议以贯彻落实《中华人民共和国草原法》和《国务院关于加强草原保护与建设的若干意见》为主题，总结了近年来草原保护与建设工作的经验，明确提出了我国草原工作的战略重点已由经济目标为主，转变为“生态、经济目标并重，生态优先”。研究部署了今后的草原保护与建设工作的主要任务是，突出一个中心环节，重点推进两大还草工程，认真落实三项主要制度，切实采取四项关键措施。①以实施《中华人民共和国草原法》和《国务院关于加强草原保护和建设的若干意见》为中心环节。②推进退牧还草工程和已垦草原退耕还草工程。③认真落实基本草原保护制度、草畜平衡制度和禁牧休牧制度。④全面推行草原承包制、加强草原基础设施建设、转变畜牧业生产方式和落实草原工作目标责任制。

（四）加强机构建设，成立农业部草原监理中心　2003年4月，《关于印发农业部草原监理中心职能配置内设机构和人员编制规定的通知》，对农业部草原监理中心的职能配置、内设机构和人员编制做出了规定。农业部草原监理中心是农业部直属事业单位，主要职责有8项：①依法承担全国草原保护的执法工作；负责查处破坏草原的重大案件；负责对地方草原监理工作的指导、协调；负责草原法律、法规的宣传和全国草原监理系统的人员培训。②协助有关部门协调和处理跨地区的草原所有权、使用权争议。③组织协调、指导、监督全国草畜平衡工作，拟定草原载畜量标准，组织核定草原载畜量。④组织编制全国草原资源与动态监测规划和年度计划，组织、协调、指导全国草原面积、生产能力、生态环境状况及草原保护与建设效益的监测、测报；组织国家级草原资源与生态监测和预警体系的建设、管理工作；组织编制草原资源与生态监测报告；承担全国草原资源的调查和普查工作。⑤组织协调、指导、监督全国草原防火及其他草原自然灾害预警和防灾、减灾工作，承担农业部草原防火指挥部办公室的日常工作。⑥受农业部委托承办草原野生植物资源的保护和合理开发利用工作，承办草原自然保护区的管理工作。⑦受农业部委托组织草原保护和建设项目执行情况的监督检查。⑧承办农业部交办的其他事项。中心下设办公室、草原监理、草原保护与监测、草原防火、草原建设指导5个职能处室。农业部草原监理中心的成立，是草原执法体系建设的重要突破。

渔业资源与环境保护

2003年，围绕加强渔业资源和生态环境保护、促进渔业可持续发展的目标，国家渔业行政主管部门编制了《渔业资源与生态环境保护工程规划》、《渔业水生动物保护工程》(二期)规划，各级渔业行政主管部门克服“非典”疫情对渔业资源与环境保护工作的影响，积极开展渔业资源增殖放流、人工鱼礁和自然保护区建设，推进水生野生动物保护工作，加强渔业生态环境监测、渔业污染事故调查处理、涉渔工程环境影响评价等工作，渔业资源环境保护工作取得新的成效。

(一)编制保护性规划 按照农业部的统一安排，以及农业资源与生态保护体系建设规划编制的要求，渔业主管部门编制完成了《渔业资源与生态环境保护工程规划》。规划旨在通过渔业资源恢复、渔业生态环境监测、珍稀濒危水生野生动植物保护等工程建设，逐步建立比较完善、科学、规范的保护管理体系，增强渔业资源与生态环境保护能力，充分发挥建设项目的生态、社会和经济效益，使渔业资源逐步得到恢复，水域生态环境逐步得到改善，珍稀濒危水生野生动植物种及其栖息环境得到保护，水产品质量得到提高，国际市场竞争力得到增强。同时，在水生动物保护工程一期建设的基础上，编制完成《渔业水生动物保护工程》二期建设规划。规划主要包括重要渔业水域“荒漠化”治理与资源恢复体系、水生野生动植物保护体系、渔业综合检测体系、渔业生产质量保证体系、渔业水生动植物保护技术体系等内容。

(二)渔业资源增殖放流和人工鱼礁建设 渔业行政主管部门发布《关于加强渔业资源增殖放流活动工作的通知》，科学指导和统一规范渔业资源增殖放流活动，组织近海、内陆湖库等水域渔业资源增殖放流活动，扩大天然水域鱼类种群规模，增殖渔业资源，保护水生生物多样性，维护水域生态平衡。据统计，黄渤海、东海、南海共放流对虾、扇贝、大黄鱼、真鲷、黑鲷、乌贼等海水经济品种15.3亿尾（只），长江流域、珠江流域、黑龙江流域及内陆其他水域共放流四大家鱼(青、草、鲢、鳙)、胭脂鱼、大鲵、中华绒螯蟹等淡水鱼、虾、蟹类经济品种及珍稀濒危水生野生动物44.1亿尾（粒）。同时，进一步推进人工鱼礁建设的试点工作。据不完全统计，2003年全国共投

放人工鱼礁30余万立方米。

（三）自然保护区建设 为进一步加强自然保护区建设，规范保护区管理行为，农业部与国土资源部、国家环境保护总局等部门联合发布《关于进一步加强自然保护区管理工作的通知》。渔业主管部门结合重点工程建设，开展长江合江—雷波段珍稀鱼类国家级自然保护区调整，妥善处理经济建设与生态保护之间关系，加强与建设部门的沟通协调，通过保护区的调整、扩展，对保护对象实施抢救，落实补偿经费等措施，减少资源生态损失。各地渔业主管部门加大对自然保护区的投入，新建各类水生生物自然保护区。截至2003年底，全国各类水生生物自然保护区已达到200余个。

（四）水生野生动物保护 农业部与国家工商行政管理总局、海关总署、公安部联合发布《关于严厉打击非法捕捉和经营利用水生野生动物行为的紧急通知》，加强了水生野生动物保护，严厉打击非法捕捉和经营利用水生野生动物行为。各级渔业行政主管部门开展对水生野生动物救护工作，救护的物种包括：蓝鲸、抹香鲸、斑海豹、江豚、中华鲟、白鲟、大鲵、海龟等多种国家一、二级重点保护水生野生动物，特别是组织了四川误捕白鲟的救治和跟踪研究工作，为探寻白鲟产卵场、索饵场和生活习性等提供了依据。

（五）渔业生态环境监测 渔业生态环境监测体系逐渐完善，截至2003年底，全国从事渔业生态环境监测保护的技术单位已达100余家，其中被纳入全国渔业生态环境监测网的有32家。2003年，全国渔业生态环境监测中心（站）对分布于黄渤海区、东海区、南海区、黑龙江流域、黄河流域、长江流域、珠江流域等82个重点渔业水域进行了监测，监测的渔业水域类型主要包括鱼、虾、贝类产卵场、索饵场、洄游通道、养殖区等。监测结果表明，2003年我国渔业生态环境总体状况仍保持良好状态，但局部水域污染比较严重、部分监测项目超标。在监测工作的基础上，农业部渔业生态环境监测中心编制完成了《中国渔业生态环境状况公报（2003）》。

（六）渔业污染事故调查处理 国家渔业行政主管部门委托全国渔业污染事故技术审定委员会，对第二批申请渔业污染事故调查鉴定资格证书的单位和申报渔业污染事故调查鉴定上岗证人员进行了考核、评审。截至2003年底，已有82家单位通过了渔业污染事故调查鉴定资格证书。2003年共调查渔业污染事故1 273起，涉及的直接经济损失7.07亿元。

（七）涉渔工程环境影响评价 针对当前各类涉渔工程建设项目对渔业水域生态环境及渔业资源造成较大影响的情况，各级渔业部门依据《中华人民共和国环境评价法》，加大了涉渔工程环境影响评价工作，并重点就工程建设对周边渔业水域生态环境的影响、对渔业资源尤其是对底栖生物和仔鱼的危害程度、渔业损失估算、渔业补偿方式、补偿资金落实等方面进行了评估。据统计，2003年渔业行政主管部门及渔业生态环境监测单位共参与涉渔生态环境影响评价工作40多项，主要参与宜昌—万州铁路建设项目、金沙江一期工程建设、海洋石油工程、海洋倾倒区等环评项目。

农业产业化经营

据调查，2003年全国各类产业化经营组织总数达9.4万个。按产业类型划分，种植业产业化经营组织4.4万个，占46.8%；畜牧业产业化经营组织2.3万个，占24.1%；水产业产业化经营组织7 781个，占8.2%；林特产品产业化经营组织9 786个，占10.4%；其他9 871个，占10.5%。按组织类型划分，龙头企业带动型4.2万个，占44.4%；中介组织带动型3.2万个，占34%；专业市场带动型9 163个，占9.7%；其他1.1万个，占11.9%。

（一）中西部地区发展较快 各地把培育壮大龙头企业和组织作为工作的着力点，制定政策措施，加大扶持力度，有效地促进了各类产业化经营组织的发展。以一批重点龙头企业的迅速成长壮大为标志，农业产业化经营形成了组织数量增多、规模扩大、领域延伸、区域竞相发展的新格局。尤其令人可喜的是，中西部地区的产业化组织发展加快，东中西部地区分布差距逐步缩小。东部地区的产业化经营组织4.3万个，占45.2%；中部地区2.9万个，占31.2%；西部地区2.2万个，占23.6%。与上年相比，2003年中西部比重上升了3个百分点，还涌现了一批像新疆屯河、内蒙古蒙牛、四川新希望等行业排头兵，显示了中西部产业化经营发展的巨大潜力。

（二）利益联结方式出现新特点 目前，在全国各类产业化经营组织与农户的联结方式中，合同方式占51.9%，合作方式占12.6%，股份合作方式占13.3%，其他方式占22.2%。合同、合作、股份合作三种较为稳定的利益联结方式所占比例达到了77.8%。各地的产业化经营组织及其与农户的利益联结方式更加多样，出现了许多创新：①丰富了订单内涵，稳定了企业和农户的关系。新型订单除了包括定购产品数量、质量外，有的还制定了最低保护价、提供系列化服务，有的还加入了“企业担保、银行贷款、政府贴息，解决农户资金不足”等新内容。②引入保险机制，提高共御风险能力。有的龙头企业建立风险基金、有的通过参加商业保险方式降低风险。③发展专业合作经济组织，培育利益联结载体。浙江、江苏、山东、北京等地积极开展农民专业合作组织试点，通过发展农民专业合作经济组织，提高了农民的组织化程度，提高了农民在农产品贸易中的谈判地位，降低了企业收购农产品的交易成本，改善了公司与农民之间的利益联结关系。

（三）辐射带动能力进一步增强 近年来，各类产业化经营组织依靠自身实力，在市

场竞争中不断发展壮大，总体规模和平均规模都有所增强。据调查，2003年全国各类产业化组织的固定资产总额达6 056亿元，比2000年增加了43.3%，其中龙头企业的固定资产总额达4 693亿元，比2000年增加了52.8%，销售收入达9 461亿元，平均每个企业为2 258万元，比2000年增长4.4%。龙头企业中销售收入1亿元以上的龙头企业1 972个，比2000年增加了66.3%。以专业合作经济组织为主体的中介组织规模也有明显扩大，销售收入为2 809亿元，平均每个组织876万元，比2000年增长了一倍。专业市场交易额5 597亿元，平均每个专业市场交易额为6 108万元，比2000年增长14%。各类产业化经营组织整体规模扩大，带动能力明显增强。目前各类产业化经营组织带动农户7 265万户，占全国农户总数30.5%，比2000年增加了5个百分点，平均每户从事产业化经营增收1 000元，比2000年净增100元。

专栏5

农民专业合作经济组织建设

农民专业合作经济组织是我国农村新型的农业生产经营组织，是以从事同类产品生产的农民为主体，在家庭承包经营的基础上，按照合作制或股份合作制方式进行生产经营、分配和管理的互助经济组织。近年来，我国政府和有关部门高度重视农民专业合作经济组织的发展，支持农民按照自愿、民主的原则发展多种形式的专业合作组织，取得了可喜的成效。2003年底，我国农民专业合作经济组织总数超过15万个。其中，从事种植业生产经营的专业合作组织占专业合作组织总数的40%，养殖业占27%，加工运输业占18%，其他业占15%；乡范围内组建的专业合作组织占84%，县内组建的占10%，跨县的专业合作组织占6%。专业合作组织涉及的领域已从果蔬业、畜牧业、水产业、林业，发展到农机服务、运输、粮油作物、水利建设、资源开发、手工业品生产等诸多方面。

为了指导农民专业合作经济组织健康发展，农业部起草了《农民专业合作社示范章程（试行）》，2003年开始在部分省（自治区、直辖市）农民专业合作组织示范点内试行。一些省也制定了本地区农民专业合作社示范章程，以指导专业合作组织建立规章制度，规范专业合作组织管理。目前，我国还没有制定农民专业合作经济组织法，专业合作经济组织在注册登记、信贷、税收优惠等方面遇到了一些难以解决的问题，农民专业合作组织不能依法保护自己的权益。为了解决这些问题，浙江、江苏、山东、北京等省市制定出台了扶持政策，安排专项资金支持农民专业合作组织发展，取得了较好的效果。

2002—2003年期间，农业部组织开展了农民专业合作经济组织试点示范建设，在全国确立了100个农民专业合作经济组织试点，6个地市级农民专业合作经济组织综合试点，确定浙江省作为农民专业合作经济组织试点省。通过农民专业合作经济组织示范建设，指导专业合作组织健全制度，增强生产、技术、加工、贮藏、运销等服务能力，提高农民进入市场的组织化程度，带领农民走共同富裕的道路。在指导农民专业合作组织试点工作中，各地都比较好地做到了不搞行政干预和强迫命令，不包办代替。而是采取制定扶持政策、开展培训与服务的方式，鼓励农民自愿开展互助合作，努力为专业合作组织创造良好的发展环境。

2003年底，十届全国人大已将《农民专业合作经济组织法》列入“十五”立法计划。全国人大农业与农村委员会组织有关部门开展了立法调研，成立了法律起草领导小组和工作小组，农业部等有关部门参加了《农民专业合作经济组织法》起草工作。浙江省人大也组织省级有关部门和专家开展了农民专业合作组织立法调研，积极推进省级农民专业合作组织立法进程。通过立法，加强对农民专业合作经济组织的宏观管理，依法保护农民专业合作组织的合法权益。

农产品加工

2003年全国规模以上农产品加工企业达到6.5万个，比上年增加0.9万个；从业人员1 608万人，占全部工业从业人员的28.2%。吸纳农村富余劳动力935万人，比上年增加355万人，占全部从业人员的58.2%。

（一）农产品加工发展较快，经济效益逐步提高　2003年，全国规模以上农产品加工企业实现产值3.2万亿元，比上年增长28%，占全部工业产值的12.2%，增长速度快于全部工业的增长速度。出口交货值7 097亿元，占我国出口总额的19.3%。我国小麦、玉米、水稻加工制品、纺织品以及食用植物油、食糖、果蔬等产品产量已居世界前列。全国规模以上农产品加工企业实现利润1 451亿元，比上年增长30.5%；上缴税金2 173亿元，比上年增长13.5%。企业年均利润223.4万元，比上年增长12.5%；年均税金334.3万元，比上年增长6.2%。

（二）企业规模不断扩大，科技创新能力显著增强　2003年，全国规模以上农产品加工企业年均产值5 028万元，比上年增加852万元，增长20.4%；固定资产净值平均余额达到1.1万亿元，比上年增长10.8%。全国农产品加工企业技术贡献率由上年的28%提高到31%，世界同期先进水平的物质装备比例由上年的5%提高到6.8%，其中纺织行业60%以上的物质装备达到了世界先进水平，饮料、乳品行业已接近20世纪末的世界先进水平。生物工程、信息技术等高新技术，已成为企业提高质量效益和市场竞争力的重要手段。

（三）产业结构进一步优化，区域发展格局初步形成　我国农产品加工业初步形成了与市场需求相适应的产业体系。在农产品加工业的12个行业中，纺织、服装、皮革、食品、饮料和烟草是主导行业，其产值占全部产值的80%以上，其中，纺织、服装和皮革占42.6%，食品、饮料和烟草占40.9%，其他几个行业占

16.5%。各地根据优势农产品区域布局规划，围绕本地优势农产品、特色产业发展农产品加工业，优势农产品加工产业带已现雏形，如东北地区的玉米、大豆和大米加工，河南、河北的优质专用小麦加工，内蒙的乳品加工和牛羊肉加工，浙江、山东的水产品加工，新疆的棉花、葡萄和番茄加工，陕西的苹果加工，长江中下游的柑橘、油菜加工，浙江、安徽、福建等省的茶叶加工，山东的蔬菜加工等。

农村市场信息体系建设

（一）农产品监测预警工作得到明显加强 农产品市场预警系统的数据、分析、会商、发布四个工作平台得到不断完善，开发了比较成熟的数据平台支持软件，培养和建设了一支分产品的信息分析和会商队伍，形成了规范的发布程序和顺畅的发布渠道。监测的产品覆盖粮棉油糖中的7种主要农产品，每月形成预警监测报告为政府决策提供参考，并适时对外发布，引导农业生产。农业部制定了农产品监测预警方案，对每个产品的监测指标体系、核心警情指标、警级、警线、警情判断方法等进行了划分和界定，使农产品监测预警工作进入科学化和规范化轨道。

（二）信息发布工作迈上新台阶 农业部建立了信息发布联席会议制度，形成了以“信息发布日历”为主要表现形式的信息发布工作制度，健全和完善了信息发布的协调、指导工作。信息发布数量比往年有大幅度增长，时效性增强，质量不断提高，影响不断扩大，社会反响良好。中国农业信息网成为国内农业信息网站的龙头。2003年共编发各类信息6万条，比上年增加50%。农民日报社信息发布版面由《农业信息之窗》每周1版扩充为《产经资讯》每周4版，整合信息，集中发布。全年共出版《产经资讯》48期，近200个版面。中央电视台七频道多栏目联动发布农业信息。重新整合了现有的栏目，拓展了信息发布的形式，强化了信息的时效性，收到了良好的效果。《农产品市场周刊》全年共出刊50期，每期6万字，每期发布各类市场动态信息200余条。农广校发挥自身优势强化信息发布。中央人民广播电台“致富早班车”栏目是农广校发布信息的主要窗口，全年共制作汉语农产品市场信息节目80集，农业科技信息节目300集，面向全国播出。农广校还通过中国教育电视台、中国农村远程教育网、农广校卫星网和中国教育卫星宽带传输网，以及《农业广播电视教育报》、《农民科技培训》杂志等媒体，开展农业信息的立体化发布工作，取得了很好的效果。

（三）信息服务网络延伸步伐加快 农业部扶持20个地（市）和95个县农业部门建设信息服务平台，760个乡镇建立农村信息服务站。设立财政专项资金扶持各省以农产品优势产区为重点，开展农村信息员的培训和考核认证。截至2003年底，全国已有72%的县市建立起农业信息服务平台，47%的乡镇建立起农村信息服务站，发展农村信息员近11万人，超额完成了年初提出的目标任务。地方农业部门普遍加大了农业信息网络建设的步伐，信息服务范围有了较大拓展。据农业部对全国农业部门信息服务网络覆盖范围进行的定期调查结果显示，到2003年底，全国共有3.4万个产业化龙头企业、16万个农村合作及中介组织、93万个农业生产经营大户、185万个农村经纪人、59万个行政村通过计算机网络、信息资料或其他有效形式，定期得到农业部门的信息服务，服务网络范围覆盖全国84%的行政村。这些服务对象中，有计算机且可以上网的比例分别占55%、12%、9%、6%和5%。

农产品质量安全管理

2003年，通过全面推进“无公害食品行动计划”，农产品质量安全水平得到大幅度提高，农产品质量安全管理工作取得了实效。

“无公害食品行动计划”由京、津、沪、深4个城市扩大到全国37个省会城市和计划单列市。2003年，农业部对全国37个城市蔬菜中的农药残留进行了5次监测，按照国际食品法典委员会（CAC）标准，全年总体平均合格率为91.1%；对16个城市畜产品中的“瘦肉精”进行了5次监测，全年总体平均检出率为2.6%，比2001年4城市试点时有大幅度下降。

（一）农产品质量安全例行监测制度正式建立 2003年，农业部制定并实施了全国37城市蔬菜中农药残留监控计划、16城市畜产品中“瘦肉精”污染监控计划以及种植业产品中农药残留监控计划、畜产品中兽药残留及饲料质量监控计划、水产品药物残留监控计划、优势农产品环境质量监控评价计划等。正式建立了农产品质量安全例行监控制度，有力地推进了农产品安全管理工作的深入开展，为推行农产品质量安全追溯、健全市场准入制度提供了科学依据，为积极扩大农产品出口提供了官方监控数据。

（二）农业投入品专项整治工作取得明显成效 按照从源头入手、抓过程控制的思路，开展“种植业产品中农药残留”、“畜产品中违禁药物及兽药残留”、“水产品药物污染”等三个专项整治，农产品源头污染得到有效控制。

种植业以植物产品农药残留超标整治为重点，开展无公害生产基地农药残留监测，对蔬菜用农药混配产品进行专项抽检；严格农药管理和市场监督检查，吊销5个农药临时登记证，取消一批临时登记，加快削减甲胺磷等5种高毒有机磷农药；对第一批100个无公害农产品示范基地县农药使用情况进行问卷调查，初步掌握了农药购买人、购买情况和使用情况；开展农药残留检测技术基础研究和培训等工作；开展第二批无公害农产品（种植业）生产示范基地县和出口示范基地县创建活动，并加强对第一批无公害农产品（种植业）生产示范达标基地县的管理。

畜牧业以畜产品违禁药物滥用和兽药残留超标整治为重点，整顿和规范兽药、饲料市场；完成了饲料质量安全监督检查任务，重点抽查外调生猪主产区规模养殖场（户）和大城市屠宰场，整顿了一批不规范饲料企业和养殖场（户），督查了3起大案要案，依法严惩了生产经营“瘦肉精”等违禁药品的不法之徒；严格执行兽药和饲料添加剂的安全使用准则，规范养殖生产；制定发布了《出口肉禽养殖用药规定》和《兽药停药期规定》，加强安全用药管理；推动“瘦肉精”速测卡的研发和推广，完善配套规章和政策，建立长效监管机制。

渔业以水产品药物残留超标整治为重点，狠抓出口原料养殖厂登记和捕捞渔船登记等“两项登记”，推动生产厂和出口加工企业建立健全生产日志、水域环境监测、科学用药、标签制度和加工企业的原料监控制度等“五项制度”；出台了《水产养殖质量安全管理规定》，草拟了《出口水产品原料生产场（船）注册管理办法》；清理整顿渔药市场，加大宣传培训力度，将标准、技术和规范“上船下乡”，并派检查组对重点渔业省份专项整治工作进行检查；启动了贝类产品中有毒有害物质残留监控工作，建设了13个重点渔业市级渔业质检中心，渔业质检体系初具规模。

（三）技术性贸易措施官方评议工作开始启动 农业部作为全国技术性贸易措施部际联席会议成员单位之一，2003年组织农业部农药检定所、中国兽药药品监察所、中国农业科学院、中国农业大学等单位，对各国即将出台的技术性贸易措施开展官方评议。主要评议的内容有：欧盟《化学品、评估、许可办法（草案）》，美国《建立与保持纪录管理条例（草案）》和《扣留人类或动物消费的食品的管理条例（草案）》，日本《种苗法修正案》和农药残留限量标准，加拿大农药残留限量标准等国外法规和技术标准，为打破国外技术性贸易措施限制、扩大农产品出口提出了我国的官方意见和科学依据。

（四）农产品质量安全法规制度逐步完善 完成了《农产品质量安全法》（征求意见稿）的调研工作，征求了各省农口厅局和各有关部门的意见，并经农业部农产品质量安全领导小组会议审查修改，形成了《农产品质量安全法（送审稿）》报送国务院。同时，加大了与农产品质量安全密切相关的农药、兽药、饲料和饲料添加剂管理法规的修订力度。

（五）农业质量标准体系进一步健全 加大了标准清理和制修订工作力度，截至2003年底，共清理农业国家标准482项、行业标准1 242项；参与和组织制定农业国家标准560项、行业标准1 462项、地方标准7 000余项，并组织制定和发布了294项无公害食品行业标准、63项绿色食品行业标准和4项有机食品行业标准。与国家标准委共同起草了《关于进一步加强农业标准化工作的意见》。负责5个农业专业标准化技术委员会的组建工作。2003

年新创建全国农产品标准化生产示范区60个；无公害农产品（种植业）生产示范基地县100个，无公害农产品（种植业）出口示范基地县20个；农垦无公害农产品示范基地农场100个。在23个畜产品主产省（自治区、直辖市）实施了动物保护工程，建立了5片无规定疫病区，农产品生产过程应用标准范围逐步扩大，质量控制工作逐步加强。

（六）农产品质量安全检验检测体系建设步伐加快 制定印发了《农业部关于建立健全农产品质量安全检验检测体系的意见》。组织制定《农产品质量安全检验检测体系规划（2003—2007）》，正在编制可行性研究报告。在中国农科院成立了农业质量标准与检测技术研究所，加强了农产品质量安全科学研究力度。组织编制并下达了农业部第四批89个部级质检中心筹建计划。截至2003年底，已在全国规划建设了国家级、部级农产品质检中心共280个，有近一半的地市和1／3的县（市、区）建立了综合性农产品质量安全检测站。完成了23个农业部部级质检中心的“双认证”评审工作。

（七）农产品认证体系建设有突破性进展 健全了机构，正式成立了农业部农产品质量安全中心和三个专业分中心，负责无公害农产品认证工作。加强了农产品认证的规范化管理，印发了《关于做好无公害农产品认证工作的通知》和《关于进一步规范无公害农产品产地认证和产品认证有关工作的通知》，会同国家质检总局、国家认监委印发了《无公害农产品标志管理办法》、《无公害农产品产地认证和产品认证程序公告》和《首批无公害农产品认证产品的公告》等文件。加快地方认证的无公害农产品向全国统一标志的无公害农产品认证的转换，起草拟定《无公害农产品地方认证向全国统一认证转换的办法》。无公害食品、绿色食品、有机食品等优质品牌认证农产品获得迅速发展，以无公害农产品认证为重点，绿色食品认证为先导，有机食品认证为补充，形成了“三位一体、整体推进”的发展格局。截至2003年底，全国已有1 563个单位生产的2 671个产品获得了全国统一的无公害农产品认证证书，认定产地2 081个，地方认证产品7 119个，认定产地7 758个；绿色食品生产企业总数达到2 047家，有效使用绿色食品标志的产品总数达到4 030个，产品实物总量3 260万吨；有机食品认证企业102家，产品231个，实物总量13.5万吨。

（八）农业转基因生物安全管理工作顺利进行 ①开展执法大检查，标识取得突破性进展。2003年，在全国范围内开展了执法大检查，并进行了大量宣传报道，促进了标识，保障了消费者的知情权。②加强了技术支撑体系建设和人员培训，提高管理人员素质。筹建农业转基因生物环境安全、食用安全、产品检验检测机构21个，制订了检测标准10个，培训执法和管理人员200人次。③开展安全检测试验受理、审批等日常工作。截至2003年底，在转基因农产品安全管理方面，农业部审查并先后发放了2 253个境外公司进口用作加工原料的转基因农产品临时证明，1 534个国内贸易公司的进口标识审查认可批件。在国内研究试验的转基因生物安全管理方面，发放了235个用于中国境内生产的转基因生物批件，包括2个试验研究审批书、99个中间试验安全审批书、64个环境释放安全审批书、61个生产性试验安全审批书、9个安全证书。

农业科技、教育与技术推广

2003年，农业部印发《关于做好科教兴农工作的意见》，并决定2003年为“全国农业科技年”。一年来，以实施《优势农产品科技竞争力提升行动》计划为核心，以激发农民学科技用科技热情、提高科技意识为宗旨，重点开展农业科技创新、技术引进、成果转化推广、农民科技培训等工作，取得明显成效，为农民增收、农业增效、农产品竞争力增强和全面建设农村小康社会提供强大的科技支撑。

（一）农业科技

1. 继续深化农业科技体制改革。按照国家科技体制改革的总体部署，启动实施了直属69个科研机构的体制改革工作，按照组建为非营利性科研机构、转制为科技型企业、转为农业事业单位和进入大学4种类型进行分类改革。通过优化结构、调整学科、创新机制，改革工作取得了实质性进展。科技资源配置进一步优化，人才队伍建设得到加强，科技创新能力得到提升，“开放、流动、竞争、协作”的运行机制正在逐步形成，为加快国家农业科技创新体系建设奠定了良好的基础。

2. 农业科研工作取得新进展。①继续争取和组织实施“十五”国家科技重大专项、“973”和“863”项目，开展农业科技攻关。②实施农业结构调整重大技术研究专项。共安排经费2 000万元，资助43个项目，重点开展专用小麦、玉米、棉花、大豆、奶牛、水产品等领域的研究，项目安排与区域布局规划中的优势产业带紧密结合，与科研基地建设相结合，与具有研究优势的科研力量相结合。③继续开展“中国超级稻研究”，为粮食安全提供技术支撑。安排1 000万元，组织十几家研究单位联合攻关，初步实现了亩产800千克的中国超级稻研究第二期目标。

3. 大力开展农业技术引进工作。2003年度共安排引进计划项目105个，经费11 000万元。①区域优势农产品重大技术引进项目9个。启动小麦、玉米、大豆、油菜、棉花、苹果、甘蔗、饲料添加剂检测、水产品等系列先进技术引进项目，分三年滚动实施。②出口创汇型特色农产品系列技术引进项目18个。启动蔬菜、水果、花卉、花生、芝麻、燕麦、向日葵、马铃薯、食用菌、辣椒、茶叶、亚麻、中药材等特色农产品系列先进技术引进项目，分三年滚动实施。③自由申报项目78个。重点引进农业高新技术和可持续发展的相关技术。

4. 植物新品种保护工作取得新进展。①发布了第五批新品种保护名录，新增保护植物属、种11个，使受保护的植物属、种达到41个。②新品种保护试点工作取得成效，促进了黑龙江、山东、江苏、四川、云南、陕西等六个试点省植物新品种保护制度的建立和执法工作的加强。③植物新品种保护事业不断发展壮大。2003年申请量为567件，比上年增长了约96%，授权量为261件。截至2003年底，农业部共受理品种权申请1 311件，授予品种权428件。

5. 农业科技取得丰硕成果。2003年，农业领域共获得国家技术发明二等奖1项，国家技术进步奖19项（其中，一等奖2项、二等奖17项），全国农牧渔业丰收奖200项。

6. 科学技术研究条件不断改善。2003年，农业部推荐的中国水稻所水稻生物学实验室列入国家重点实验室建设计划，总投资2 000万元，其中科技部投资500万元。农业部安排500万元，用于84个重点实验室的运行补助。向科技部推荐了“国家科技基础平台”建设农业项目59个，国家投资5 000万元。批准9个国家农作物改良中心、分中心立项，总投资8 230万元，其中央投资6 050万元。

（二）农业技术教育

1. 实施新型农民培训工程，大力开展农民培训。2003年，紧紧围绕农业部“五大产业行动计划”、“优势农产品区域布局规划”和“科教兴农和可持续发展”战略示范县建设等开展培训工作。①继续实施“跨世纪青年农民科技培训”，在212个县共培训青年农民70万人。②深入开展绿色证书培训，有66.6万人获得绿色证书。同时，已经开发出“家政服务、养猪、饲料和保护地蔬菜”等4个新的绿色证书岗位培训的规范，并进行试点培训。

2. 大力开展农村劳动力转岗培训，促进农村劳动力转移就业。国务院办公厅转发了农业部、劳动保障部、教育部、科技部、建设部和财政部共同制定的《2003—2010年全国农民工培训规划》。2003年安排了50个县开展农村劳动力转移培训试点，并召开了农村劳动力转移培训经验交流会，为下一步开展大规模的农村劳动力转移培训工作奠定了基础。

3. 开展形式多样的活动，掀起农民学科技用科技的热潮。①兴建村级农民科技书屋。为建立农民自觉吸纳新技术的新机制，首批在西部12个省和湘西、鄂西两个自治州以及西柏坡、井冈山、延安、瑞金、遵义等5个革命老区投资建设了625个农民科技书屋，并向每个“农民科技书屋”赠送500册农业科技书刊、100张科技光盘。其中对革命老区的科技书屋赠送图书和光盘的数量加倍，并配备了电视机、VCD等设备。目前，农民科技书屋逐步发展成为宣传农村政策法规、提供市场信息、传播农业科技知识的信息扩散中心。②举办全国农民科技知识大奖赛。大奖赛采取书面竞赛和现场竞赛两种方式。书面竞赛共发出了18.7万份试题，收到全国各地农民寄来的答卷2.1万份。现场竞赛分6大区预赛和总决赛两个阶段，来自全国30个省（自治区、直辖市）的代表队参加了比赛。

4. 农业远程教育培训。以中央农业广播电视学校为主，组织各级农广校，通过媒体远程传播技术，重点推广先进适用技术，发布信息。2003年，中央农业广播电视学校在中央人民广播电台播出科教广播节目364小时，在中央电视台、中国教育电视台播出科教电视节目728小时；全国各级农广校共播出广播节目14 116小时，播出电视节目23 130小时。

（三）农业技术推广

1. 继续组织实施了优势农产品重大技术示范推广计划。2003年，优势农产品重大技术推广示范专项共安排38个项目，经费1 260万元，在重点支持12种优势农产品生产技术规范制定的基础上，积极开展了相关技术示范推广工作，即选择一批优势作物、优势产品，由技术力量雄厚的项目单位特别是中央技术单位在优势区域内组织跨省区、大规模、模式化技术示范推广，开展了“千亩方”（养殖业为一个乡）示范推广和农民培训活动，并取得了积极成效。据统计，在12个优势农产品的38个产业带，共建立核心示范区3.3千公顷，培训农民20万人次，推广优良品种100多个，先进适用技术50项，为促进农业增效、农民增收做出了积极贡献。如中国农科院棉花所和新疆、江苏、江西农科院承担的2003年优质棉技术推广项目，共建立棉花高产、优质、高效生产示范点9个，示范面积达253.3公顷。示范推广抗虫棉新品种10个，推广棉花促早发技术、麦棉两熟高产栽培技术、棉花病虫害综合防治等先进植棉技术12项，示范田皮棉产量比对照棉田增产10%～58.9%；开展技术培训和现场咨询30场次，培训3万人次，发放“明白纸”4 000多份。

2. 继续组织实施农业科技跨越计划。2003年支持23个项目，经费4 000万元，重点支持中国超级稻开发、双价转基因抗虫棉、优质苹果生产、高产奶牛饲养等30多项核心技术的熟化、中试和开发。通过项目实施，可使30多项核心技术得到熟化，并形成一系列配套技术。

3. 大型集中科技下乡活动开展。2003年，农业部在全国范围内组织开展了大型集中科技下乡活动，本次下乡活动实行部、省联动，是近年来农业科技下乡活动中规模最大、针对性更强、内容丰富、声势浩大的一次全国性农业科技下乡活动，农业部在安徽省金寨县设立了科技下乡主会场，其他省（自治区、直辖市）农业厅（局）同时在当地设立了分会场。据不完全统计，全国参加这次农业科技下乡活动的技术专家超过万人，通过设立“科技大集”、“专家小分队”、“专题培训班”和“座谈会”等多种形式，深入农村，深入农户，开展专家现场技术咨询、专题讲座、技术培训和赠送科技图书、光盘等多种形式的送科技下乡活动，参加农民超过300万人，共赠送价值1 000多万元的物品、科技图书、音像资料等。

专栏6

全国农业科技年

为全面提升优势农产品竞争力，农业部将2003年定为“全国农业科技年”，目的在于通过组织开展农业科学研究、技术引进、成果转化、技术推广与科技培训，调动和激励广大农业科技人员深入到农业生产一线，在全国广大农村形成学科技、用科技、传播科技的热潮，切实使农业科技创新能力有所增强，优势农产品生产、加工等关键技术有所突破，农业标准化生产和科技水平得到提升，农民科技文化素质得到提高，为依靠科技全面推进农村小康社会建设提供有力的科技支撑。

全国农业科技年活动以实施“优势农产品竞争力提升科技行动”为核心，主要内容包括：

1. 重点开展八项工作。实施“优势农产品竞争力提升科技行动”；大力推广先进技术，促进成果转化；推进农业高新技术产业化；实施新型农民科技培训工程；发展生态农业，保障农产品安全；加快技术引进，实施“走出去”战略；加强科研基地建设，提高科技创新能力；加大农业科技执法力度，促进和保护科技创新。

2. 开展八项标志性活动。召开“全国农业科技年”新闻发布会、召开全国农业科教工作会议、建设农民科技书屋、开通致富早班车“科技年快车”、举办农民科技知识大奖赛、组织科技下乡、开办网络信息服务、召开全国农业科技年工作表彰大会。

3. 围绕种植业、畜牧业、渔业、农垦和农机等五大行业，组织开展优势农产品节本增效、农产品标准化生产与加工、资源保护与生态农业等技术的推广示范和培训。

4. 中国农业科学院、中国水产科学研究院、中国热带农业科学院和农业部规划设计研究院，开展农业科技综合示范县建设、科技扶贫、交流与合作；开展农产品优质高效关键技术的示范推广活动。

5. 各省（自治区、直辖市）农业行政主管部门和农业科研、教学、技术推广、农民教育等事业单位，分别制定了农业科技年活动方案，层层部署，广泛发动，积极参与。

农业部确定了“势、事、实”的指导思想和“统一部署、广泛发动、务求实效、开拓创新”的工作原则，建立了农业科技年联席会议制度，设立了全国农业科技年工作办公室。先后下发《关于开展全国农业科技年活动的通知》、《全国农业科技年宣传指南》、《全国农业科技年活动方案》，对科技年活动进行总体部署。同时，种植业、畜牧业、渔业、农机化、农垦五大行业（系统）以及地方农业行政部门和农业科研、教学、技术推广、农民教育等事业单位，分别制定了农业科技年活动实施方案，成立了领导小组和科技年工作办公室，层层部署、广泛发动。

经过各方面的努力，农业科技年活动取得了初步成效。据不完全统计，各级农业行政部门、科研事业单位和广大农业科技人员，按照统一部署，通过“科技大集”、“专家小分队”、“农民科技知识大奖赛”、“新技术、新品种展示”等多种形式，共组织送科技下乡等活动613场次；通过技术指导、咨询和培训等形式，推广了552项实用技术，发送技术资料（书籍、光盘）16 691万册（份、张），建立农民科技书屋625个，培训农民3 943万人次，参与的专家达万人次。

农业技术推广体系改革

经过多年的努力，我国已基本形成了包括种植业、畜牧兽医、农机化、水产、经营管理等在内的专业门类齐全的农技推广体系。截至2003年底，农业部所属种植业、畜牧业、水产业、农机化、经营管理五大系统的县乡两级政府推广机构15.1万个，其中县级推广机构2.37万个，乡镇农业“五站”12.76万个；县乡两级推广机构实有人数100.78万人，其中县级推广机构实有人数33.39万人，乡级推广机构实有人数67.39万人。同时全国还有40多万个村设立了农技服务组织，有10多万个农村专业技术协会和数百万个科技示范户（场）。一个以政府农业技术推广机构为主体，以农民自办服务组织为重要补充的中央、省、市、县、乡、村多层次、多功能的农业技术推广体系逐步建立起来。

根据中发[2002] 2号文件和中发[2003] 3号文件中关于推进农业科技推广体制改革的精神，近年来，农业部会同中央编办、科技部、财政部等部门，在深入调研和广泛征求意见的基础上，研究制定了《关于基层农技推广体系改革试点工作的意见》，报经国务院同意后，于2003年4月联合下达承担试点任务的10个（后增至12个）省（直辖市）人民政府。这次基层农技推广体系改革试点工作的主要任务是，推进国家的农技推广机构改革，发展多元化的农技服务组织，创新农技推广的体制和机制。逐步形成国家兴办与国家扶持相结合，无偿服务与有偿服务相结合的新型农技推广体系。具体改革试点内容有以下七个方面：

1. 创新农技推广体制与机制。大力培育多种成分、多种形式的农技服务组织，逐步形成政府与市场互动发展、互为补充的农技推广新格局。加强农业科研、教育、推广部门之间的联合，推动跨地区、跨专业推广机构之间的横向协作，拓宽科技下乡的渠道，加速科技成果转化。

2. 明确国家的农技推广机构职能。国家的农技推广机构要切实承担好法律法规授权的执法和行政管理、重大技术推广、监测防治以及检疫防疫等公益性职能。目前国家的农技推广机构承担的经营性服务，如农资供应、动物疾病诊疗、产后加工、运销等，要采取市场化方式运作。对于动植物良种繁育、技术咨询等一般性的推广服务，要积极探索按照市场化方式运作。

3. 科学设置国家的农技推广机构。各试点县可以根据本地农业产业发展的要求和地方财力实际，选择设置乡镇国家农技推广机构的适宜形式。要将相近行业的农技推广机构进行适当综合。县级各行业农技推广机构也要相对综合，在具备条件的地方，可以按行业试办服务于几个乡镇的农技推广区域站，原有乡镇农技推广机构在国家扶持下逐步改制为技术推广、生产经营相结合的实体。积极探索乡镇国家的农技推广机构的管理方式。

4. 优化农技推广队伍。乡镇国家的农技推广机构人员编制精简幅度为20%～30%。规范定员工作，实行竞争上岗和聘用制，改革后专业农技人员占总编制的比例不低于80%。建立健全农技推广工作的考核评价制度，把深入农业生产一线开展工作的实绩作为考核的主要内容。妥善安置分流人员。

5. 保证必需的财政供给。承担公益性职能的国家农技推广机构，其经费由财政供给。对于由国家的农技推广机构以外的其他机构承担、且符合政府扶持范围的一般性农技推广服务工作，政府可通过多种形式给予适当支持。

6. 多种形式兴办经营性农技服务实体。从国家的农技推广机构中分离出的一般性技术推广工作和经营性服务项目，要在各级政府的扶持下，通过兴办农业科技示范场、进行技物结合的连锁经营、开展多种形式的技术承包等方式，把技术推广和生产经营有机结合起来。

7. 推动多元化农技服务组织的发展。鼓励更多的企业和市场中介组织参与农技服务。要推动推广队伍多元化、推广行为社会化、推广形式多样化。

农业人才队伍建设

2003年，中央召开了全国人才工作会议。中共中央、国务院下发了《关于进一步加强人才工作的决定》，为农业人才队伍建设提供了难得的机遇。农业部党组认真贯彻落实中央人才工作会议精神，把人才兴农战略作为人才强国战略的重要组成部分，把人才队伍建设与推动农业和农村经济发展结合起来，与实现农民增收、农业增效、农产品竞争力增强的工作目标结合起来，以人力资源能力建设作为依托和保证，扎实推进农业人才队伍建设，取得了显著成效。

（一）农业部系统农业行政管理人才队伍进一步优化 通过竞争上岗，选拔近百名司处级干部上岗任职，一批优秀年轻干部脱颖而出，进一步改善了司局级领导班子和干部队伍的结构。召开了司局级领导班子建设工作会议，总结分析了农业部司局级领导班子建设取得的成绩和存在的问题，并就今后一个时期加强领导班子建设工作进行了部署。加大了干部教育培训的工作力度，选送了多名领导干部到中央党校和国家行政学院学习培训，举办了10期政策理论和业务工作培训班，进一步提高了干部队伍的思想政治素质、政策理论水平和业务工作能力。完善了干部考核测评办法，建立了由分管部领导、相关司局级干部和本单位干部职工分别作出评价的“三级综合测评体系”，在探索建立干部能上能下的机制方面迈出了积极的步伐。

（二）以高层次人才为龙头的农业专业技术人员队伍不断壮大 围绕农业部确定的人才培养目标，2003年重点抓了“两院”院士、国家级专家、享受政府特殊津贴专家、“百千万人才工程”人选的推荐选拔和农业部有突出贡献的中青年专家的选拔，继续开展农技推广研究员评审。截至2003年底，农业部有“两院”院士15人，有突出贡献的中青年专家321人，享受政府特殊津贴专家1 842人，入选国家“百千万人才工程”和“神农计划”的专家26人。基本形成了以院士为塔尖，以国家级和部级专家、政府特贴专家为主体的高层次专业技术人员队伍。高层次人才的选拔培养，带动了整个农业科技人才队伍建设。到2003年底，全国农业系统国有单位共有专业技术人员112.7万人，具有高级专业技术职称的6.3万人，其中推广研究员3 499人。

（三）农村实用人才队伍初具规模 启动了农村劳动力转移培训“阳光工程”，试点工作扩大到50个县（市），全年外出务工人数增加了830万人，增长10.3%。开展了农民科技教育培训，在13个粮食主产区选择了100个粮食生产大县，每县选择了1万个粮食生产大户，以推广50个主导品种和10项主推技术为主要培训内容，实施为每户培训一个明白人的计划。加大了农民科技书屋建设力度，以粮食主产区为重点，继续向革命老区和西部地区倾斜，在全国选择1 000个行政村，向每个农民科技书屋赠送价值4 000元的农业科技书籍和1 000元的光盘，积极组织实施“大喇叭”工程，有效地解决了农业科技知识入户难的问题。继续推进农民技术员评定试点工作，有86个县列入试点示范县。通过试点示范，带动了农民科技队伍建设。积极开展农业行业职业技能鉴定工作，制定标准，完善制度，加快鉴定站建设。到2003年底，取得农民技术职称的人员共有100万人，其中，农民高级技师1万人，农民技师15万人，农民助理技师25万人，农民技术员59万人，农民的科学文化素质显著提高。参加农业行业特有工种职业技能鉴定培训，并获得国家职业资格证书的人数已达50万人左右，农村高技能人才的领军作用逐步显现，在推进农村富余劳动力转移就业和促进农村经济发展中发挥了重要作用。

此外，还配合开展了农村党员干部现代远程教育试点工作，充分利用农业技术推广体系、农业广播电视教育网络，加强对接收站点广大党员和农民的学习辅导和技术服务。

农业行政能力建设

按照建立“行为规范、运转协调、公正透明、廉洁高效”管理体制的要求，农业部以深化农业行政管理体制改革，优化事业单位结构布局为重点，狠抓行政能力建设，取得了一定的成效。

（一）按照“精简、统一、效能”的原则，积极推进农业部机关的机构改革 制定和完善了行政管理业务工作规范，加快了职能转变步伐。开展了“我国农业行政管理职能转变”和“国外农业行政管理体制”等课题研究，提出了我国转变农业行政管理职能的指导思想和分步实施的构想；起草了《关于推进农业部机构改革的若干意见》、《关于农业部主要职责、内设机构和人员编制调整的建议》，提出了农业部机构改革的指导思想、原则和重点；组织举办了“农业行政管理体制改革国际研讨会”，学习和借鉴了国外先进的政府管理经验，探索了我国农业管理体制改革的模式和途径；完成了兽医管理体制改革的前期论证和规划工作，为逐步建立起能够有效控制动物疫病发生和传播的兽医管理体制打下了基础。

（二）进一步优化事业单位结构布局 完成了农产品质量安全中心、草原监理中心的组建工作，充实了依法行政的力量；完成了中国农垦经济发展中心与南亚热带作物开发中心、农业部财会服务中心和中华农业科教基金会的合并工作，整合了资源，增强了服务功能；启动了农业贸易促进中心组建以及外经中心与中欧中心的合并工作，为入世后的农业谈判、促进国际合作与交流提供了依托。调整了部分事业单位的机构编制，为建立高效的行政支持体系奠定了基础。

（三）加大社团建设和管理力度 完成了中国大豆协会、中国苹果协会、中国农药协会、中国农产品加工业协会等行业协会的筹备工作；启动了重要出口农产品协会的筹建；加强了对社团的管理，积极引导社团真正发挥其行业自律、保护业者、协调价格、引导生产、应对诉讼和处理纠纷等方面的作用。

农业灾害

（一）农业自然灾害 2003年，全国农作物受灾面积54 506千公顷，比上年增加7 387千公顷（图24）。其中，成灾32 516千公顷，增加5 197千公顷（图25）；绝收8 546千公顷，增加1 987千公顷。受灾、成灾和绝收面积均大于20世纪90年代以来的平均值。因灾损失粮食5 400万吨、棉花92万吨、油料289万吨，分别比上年增加825万吨、增加28万吨和减少57万吨；因灾造成农业直接经济损失1 320亿元，比上年增加390亿元。

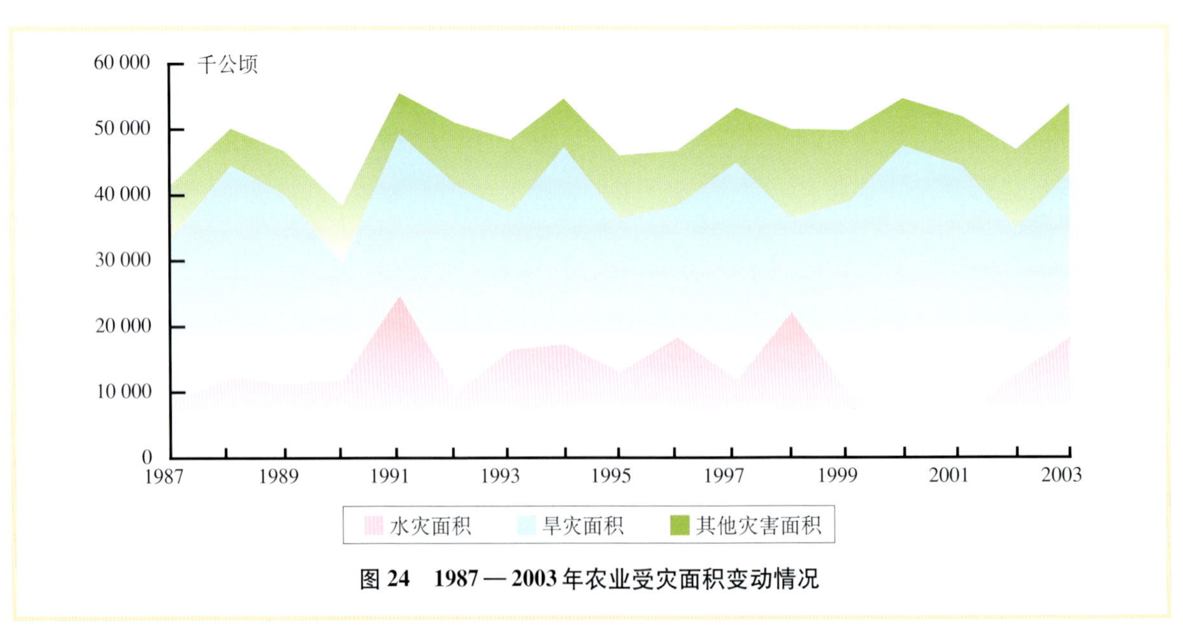

图24 1987—2003年农业受灾面积变动情况

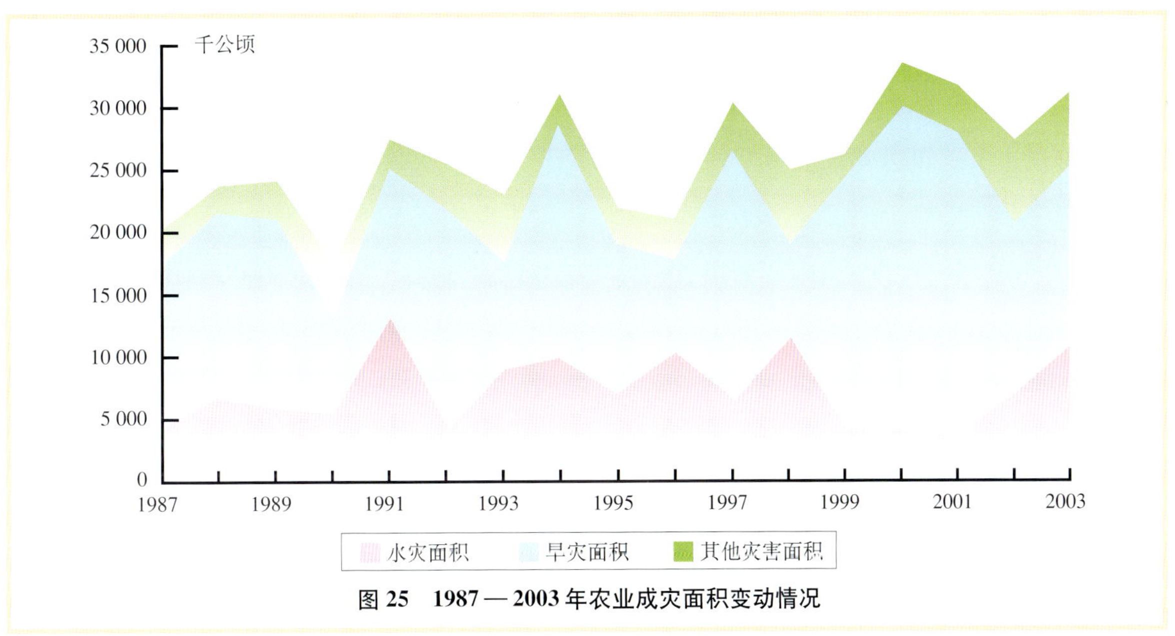

图 25　1987—2003 年农业成灾面积变动情况

1. 干旱。2003 年干旱对农业生产的影响较重。据统计，全国农作物受旱面积24 852千公顷，比上年增加 2 645 千公顷。其中成灾14 470千公顷，增加1 223千公顷；绝收2 980千公顷，增加412 千公顷。与 20 世纪 90 年代以来的平均值相比，受灾、成灾、绝收面积分别减少 2 827 千公顷、144 千公顷和 119 千公顷。因旱损失粮食 2 450 多万吨，比上年增加600 万吨，与 20 世纪 90 年代的平均值相当。

2. 洪涝（阴雨渍涝）。2003 年洪涝（渍涝）灾害对农业生产影响严重。据统计，全国农作物因洪涝（渍涝）受灾面积19 208千公顷，比上年增加6 830千公顷。其中成灾 12 289 千公顷，增加4 815千公顷；绝收4 288千公顷，增加 2 037 千公顷。与 20 世纪 90 年代以来的平均值相比，受灾、成灾、绝收面积分别增加5 241 千公顷、4 204 千公顷和 1 853 千公顷。

3. 风雹（台风）。2003 年大风、冰雹等强对流天气出现较多，灾害损失较重；6 个登陆台风给华南南部部分地区造成较重损失。据统计，全国有 27 个省（自治区、直辖市）不同程度地发生了风雹灾害，农作物因风雹受灾5 963千公顷，比上年减少2 359千公顷。其中成灾 3 647 千公顷，减少 658 千公顷；绝收899 千公顷，减少 306 千公顷。受灾、成灾和绝收面积分别比20世纪90年代以来的平均值增加 458 千公顷、739 千公顷和 200 千公顷。

4. 低温冻害。2003 年全国农作物因低温冻害受灾面积4 483千公顷，比上年增加271千公顷。其中成灾2 110千公顷，减少183千公顷；绝收 379 千公顷，减少 156 千公顷。受灾、成灾和绝收面积分别比 20 世纪 90 年代以来的平均值增加691 千公顷、431 千公顷和46千公顷。

（二）农作物病虫草鼠害　2003年全国农作物病虫草鼠害偏重发生，尤其是小麦条锈病、蝗虫、草地螟、赤霉病、稻纵卷叶螟、水稻螟虫、棉铃虫、农田鼠害等重大病虫草鼠害对农业生产造成严重危害。据统计，全国农作物病虫草鼠害发生面积401 154.41千公顷次，比上年减少40 791.82千公顷次。其中，病虫害发生299 866.63千公顷次，农田草害74 209.19千公顷次，农田鼠害27 078.59千公顷次，分别比上年减少29 539.92千公顷次、13 195.28千公顷次和增加1 933.38千公顷次。全国农作物病虫草鼠害防治面积403 239.47千公顷次，挽回粮食损失6 063.42万吨，棉花115.52万吨，油料266.77万吨，蔬菜3 086.10万吨。

2003年农区蝗虫发生面积6 566.83千公顷次，比2002年增加608.61千公顷次。其中飞蝗发生面积4 079.49千公顷次，土蝗发生面积2 487.34千公顷次。飞蝗新发区增多，除常发区外，在广西北海、辽宁盘锦出现了高密度群居型东亚飞蝗，在西藏阿里出现了高密度群居型西藏飞蝗，在吉林大安出现了高密度群居型亚洲飞蝗。全国蝗虫防治面积3 212.77千公顷次，挽回粮食损失22.33万吨。

2003年小麦条锈病在西南、西北和黄淮部分麦区大发生，发病区域涉及15个省（自治区、直辖市），发生面积4 967.06千公顷次，比2002年减少615.62千公顷次。全国小麦条锈病防治4 602.33千公顷次，挽回粮食损失87.68万吨。

（三）草原灾害　2003年全国共发生草原火灾387起。其中火警318起，一般草原火灾60起，重大草原火灾6起，特大草原火灾3起。受害草原面积89.7千公顷，扑火中伤2人，死伤牲畜129头（只）。受害草原面积和重特大草原火灾次数均为1994年以来较少的年份，没有发生死人的恶性事故。火灾涉及内蒙古、新疆、黑龙江、青海、四川、甘肃、河北、吉林、辽宁、宁夏、陕西、山西12个省（自治区）和新疆生产建设兵团。

2003年全国草原鼠害成灾面积近40 000千公顷，其中严重危害面积近20 000千公顷。多年被鼠类危害造成的“鼠荒地”或叫“黑土滩”面积达8 000千公顷，占北方可利用草原总面积的3.64%。通过无鼠害示范区建设项目的带动，全年完成防治面积超过6 666.7千公顷，挽回经济损失7亿多元。

2003年全国草原虫灾发生面积25 000多千公顷，占北方可利用草原的11.6%，是1996年的3.5倍。其中草原蝗灾19 200千公顷。虫灾以内蒙古、新疆、青海、甘肃等地尤为严重。全年防治面积为4 800千公顷，挽回经济损失4亿多元。

（四）渔业灾害　2003年，全国共发生渔业船舶海上事故597起，失踪（死亡）535人，沉船231艘，直接经济损失8995万元。海上事故和沉船比上年分别减少12.2%和54.1%，但失踪（死亡）人数和经济损失比上年分别增长了4.3%和26.9%；受灾养殖面积674.9千公顷，损失水产品数量98.3万吨，直接经济损失74.1亿元，比上年分别增加567.9千公顷、58.4万吨和36.1亿元。

2003年水产养殖病害造成的直接经济损失为105.8亿元，比上年减少35.3亿元。其中鱼类86.0亿元，增加9.5亿元；甲壳类12.6亿元，减少37.4亿元；两栖、爬行类0.6亿元，减少0.7亿元；贝类2.8亿元，减少9.9亿元；藻类3.8亿元，增加3.3亿元。病害发生的特点是发病的品种多，疾病种类、综合发病多，发病时间长、面积广，病害控制、治理、消灭难度大，死亡率高，经济损失大。病原以生物源性疾病为主，在生物源性疾病中又以细菌性疾病为重。

2003年渔业污染事故共发生1 274次，直接经济损失约7.1亿元，环境污染造成可测算天然渔业资源经济损失36.4亿元，比上年分别增加19次、3.3亿元和0.2亿元。

农业可持续发展

（一）生态农业建设向纵深发展　在全国公开筛选生态农业技术和模式的基础上，组织制定《全国生态农业发展规划》和《2004年生态农业示范工程建设计划》；启动了《全国生态农业发展纲要》起草工作；制定了《农业资源保护和生态环境建设规划》；积极开展国家级生态农业示范县的无公害农产品生产、防治农业面源污染等工程。2003年是全国第二批生态农业示范县全面完成建设任务的一年，各县认真执行生态农业建设规划和任务合同，不断加快生态农业工程、模式和配套技术的推广力度，示范区面积已达4 660千公顷，直接受益农户1 176多万户，受益人口4 200多万人。

（二）农业环境保护工作进展顺利　①农业野生植物资源保护取得新进展。通过近3年的努力，基本完成了《第一批国家重点保护野生植物名录（农业部分）》中的农业野生植物资源的调查，初步建立了农业野生植物资源普查数据库和图像数据库、种质资源鉴定评价数据库和地理数据库。截至2003年底，已收集574份野生大豆、稻和小麦野生近缘植物，并入国家库（圃）保存。进一步强化对濒危珍稀物种及其生境的保护力度，全国已建野生植物原生境保护区（点）17个。②加强农业环境质量监测。配合《优势农产品区域布局规划》的实施，对黑龙江、辽宁、吉林、河北、河南、山西、山东、陕西、江苏、安徽等10个省76万公顷的强筋小麦、东北高油大豆优势农产品基地的环境质量状况进行了监测与评价，初步掌握了部分基地的环境质量状况，建立了优势农产品基地环境质量监测预警数据库。

（三）外来入侵生物防治取得突破　①摸清情况，初步掌握了外来有害生物的种类、分布、危害等情况和国外防治工作动态。②突出重点区域，开展灭毒除害试点。③加强科技攻关，开展综合治理。

（四）农村可再生能源开发与利用工作成效显著　农村沼气项目坚持以“一池三改”为基本单元，在建沼气池的同时，与改圈、改厕、改厨结合，鼓励与改路、改水相结合，因地制宜开展“四位一体”、“猪沼果”和“五配套”

等生态家园模式建设，引导农民改变落后的生产、生活方式，使土地、太阳能和生物质资源得到更有效地利用，形成农户生产、生活的良性循环，实现家居温暖清洁化、庭院经济高效化和农业生产无害化。2003年，国家安排了10亿元国债资金用于农村沼气建设，项目涉及24个省540个县，受益农户达到103万户。截至2003年底，农村地区使用沼气的农户达到1 309万户，总产气量46.3亿立方米，建设“四位一体”能源生态模式43.42万户，“猪沼果”能源生态模式391.27万户，大中型畜禽养殖场沼气工程2 355处，年处理畜禽粪便5 801万吨。城镇生活污水净化沼气池达13.15万个，池容量522.85万立方米，年处理生活污水4.633 9亿吨，秸秆气化集中供气工程525处，供气10.66万户，利用秸秆10万吨。推广省柴节煤炉灶1.89亿户。

（五）开展农业生态环境与农村能源建设的国际合作 2003年主要参加了在意大利米兰举行的《气候变化框架公约》第九次缔约方大会，参与相关谈判。组织开展了有关土地利用变化和碳汇问题的研究，拟制订相关对策建议，使其在保护全球气候、坚持我国可持续发展原则的国际谈判和国内行动中发挥更大作用；参加“《蒙特利尔议定书》不限名额工作组第二十三次会议对案准备会”，会议确定了我国关于甲基溴淘汰的时间表。积极开展甲基溴替代技术的研究，为我国履行国际公约、按时间淘汰甲基溴做好技术准备；参加了贸易与生物多样性国际论坛，会议探讨了有关WTO规则和《生物多样性公约》下的资源贸易、资源保护、知识产权保护和惠益共享问题，并组织了履约对策研究。2003年已有国际合作项目进展顺利，效果良好。中国/GEF“中国乡镇企业节能与温室气体减排”二期项目，成立了为乡镇企业节能技术改造及市场服务的弘远环能科技有限公司，建立了循环资本基金；中德GTZ合作“华北地区集约化农业环境战略”项目，对6个县120个示范户开展了多项生态环境保护技术示范与培训；与世界银行学院合作举办的“生态农业与无公害农产品培训班”，又完成了60人次培训。利用GEF援助的“农作物近缘野生植物原地保存和持续利用”PDF-B项目，已通过专家审批。中德合作“农业生物多样性保护与持续利用”350万欧元项目已获批准，正积极准备实施。

农业国际合作与交流

（一）积极参加和主办重要国际会议 2003年，农业部领导先后出席了国际农发基金（IFAD）第26届管理大会、联合国粮农组织（FAO）第32届大会、WTO第五届部长级会议、东盟＋中日韩第三次农林部长会议。此外，农业部还先后组团参加了FAO第124、125、126届理事会及计划委员会第89、90届会议，世界粮食计划署（WFP）执行局2003年年会，FAO渔业委员会第25届会议，第23届亚太地区植保大会，第6届热带地区植物保护国际会议等。

2003年11月，第一次“亚欧会议农业合作高级别会议”在北京举行，来自亚欧会议26个成员的农业部长或高官率团出席会议，与会外宾100多人。2003年11月，农业部与亚洲开发银行在云南共同举办了大湄公河次区域（GMS）农业投资与合作研讨会，这是GMS农业工作组成立以来举行的第一次大型活动。来自GMS成员国的政府官员、农业企业、有关国际机构的代表以及国内相关领域的专家约130人参加了研讨会。2003年9月，中国和澳大利亚两国农业部在北京共同举办了“中澳农业创新论坛”，与会代表共200人，其中外宾40多人。本次论坛交流了双方农业发展的经验，探讨了进一步拓展农业合作领域的新途径。本次论坛的召开，对进一步促进中澳双方的农业合作具有十分重要的作用。

（二）农业利用外资外援成效显著 2003年，农业部引进无偿援助约3 300万美元。引进的项目主要有：①甘肃粮援项目。世界粮食计划署（WFP）将援助90 000万吨粮食（约折合1 278万美元），用于改善当地农村基础设施、教育水平、卫生状况和农业生产条件等；②贵州5181和青海5717扩展项目。WFP将援助14 000吨粮食（约折合198万美元），用于改善当地农村教育水平、卫生状况等；③中德农业生物多样性保护项目。项目点主要在湖南张家界和海南的五指山区及三亚市。德方将无偿提供350万欧元，用于保护当地特有的农业资源；④中德农产品质量标准体系建设项目。双方主要开展在食品安全领域的合作，德方将无偿提供350万欧元；⑤中荷促进中国西部农村可再生能源综合发展应用项目。荷方将无偿提供533万欧元，用于改善农村生态环境，解决农民生活用能，促进农民增收，减少贫困；⑥中国—加拿大小农适应全球市场项目。项目总金额2 000万加元，农业部约受益700万加元；⑦联合国粮农组织（FAO）技术合作项目。2003年，FAO共批准“加强青海省畜牧生产风险能力建设”、“‘三北’防护林天牛综合防治技术合作项目”、“西藏间套作”、“江苏秸秆利用”等6个技术合作项目，项目总金额超过200万美元。这是我国历年来获批准项目最多的一年。另外，四川省执行的“鼠害控制技术”合作项目在FAO第32届大会上获得萨乌马奖，这也是在我国实施的项目首次获得此奖。

（三）多双边农业合作进一步深化 2003年，农业部在确保传统合作方式和效果的基础上，积极拓展多双边农业合作领域和渠道，使多双边农业合作得到进一步深化。

1. 多边农业合作工作局面进一步拓展，在国际舞台上的作用继续发挥。2003年，中国在FAO的理事国和计委席位、在WFP的执行局席位和在IFAD的席位都得到进一步巩固和加强。农业部利用占据这些席位的有利条件，充分发挥了中国在国际粮农领域的影响力和作用，积极维护中国与广大发展中国家的权益，受到了国际社会的广泛关注和尊重，也为中国整体外交战略的实施作出了积极的贡献。

由于中国在多边领域的工作局面日益拓展，对外影响力不断扩大，FAO、WFP等国际机构十分重视中国的声音和作用，多次邀请中国介绍南南合作的情况和经验，主持有关南南合作的国际会议。

2. 双边合作进一步深化。截至2003年底，中国已与29个国家建立了双边农业工作组（或联合委员会）。2003年，农业部在双边合作中重点加强了农业经、科、贸的合作，例如为推动中国与美国的农业合作进一步深化，提升了双方合作的级别，扩大了合作的领域。同时，还针对中美两国转基因农产品贸易问题建立了生物技术工作组，专门研究和解决两国转基因农产品贸易中出现的问题；为了配合中泰双边果蔬零关税协议的实施，与泰国农业部在泰国曼谷共同举办了果品企业家圆桌会议。会议期间，中泰双方共签署了贸易合同10份，其中中国苹果、梨和枣出口1.2万吨，价值1亿元人民币。

（四）与发展中国家的农业合作与交流进一步加强

1. 与联合国粮农组织合作开展的南南合作项目继续进行。根据2002年温家宝总理在世界粮食首脑会议5年回顾会议期间与联合国粮农组织总干事就开展南南合作所达成的共识，2003年，农业部向尼日利亚派遣了144名农业专家和技术员，帮助该国发展农业生产、解决粮食安全问题。该项目的顺利实施在尼日利亚产生了非常积极的影响，也为今后与非洲其他发展中国家拓展南南合作的领域进行了成功地尝试。此外，农业部和联合国粮农组织联合在毛里塔尼亚、马里、加纳、孟加拉国、埃塞俄比亚等国开展的南南合作项目进展顺利。2003年，中方共向上述国家派出了36名农业专家和技术人员，向当地人员传授农业实用技术，帮助其发展农业生产。

2. 与东盟各国的农业合作全面展开。根据中国—东盟农业合作谅解备忘录精神，2003年，农业部先后为东盟各国举办了一系列培训班和研讨会，内容涉及生态农业、食用菌生产、种子管理、动物营养、信息农业、动物疫病防治、马铃薯丰产栽培和热带作物种植技术等，东盟各国共派出200多名农业技术和管理人员参加了上述活动。2003年，农业部还着重加强了与缅甸、印度尼西亚的农业合作。

3. 与非洲有关国家的农业合作进一步加强。中国—埃塞俄比亚农业职教合作不断深入。由埃塞俄比亚政府出资，中方选派农业专家和技术人员赴埃塞俄比亚从事职教工作的合作项目，截至到2003年底已进行了四期，中方共向埃塞俄比亚派出146名农业专家和技术人员。中方所选派农业专家和技术人员在当地的优秀表现得到埃塞俄比亚政府的高度评价。为配合外交部落实中非论坛后续行动，农业部组织有关专家赴埃塞俄比亚和马里为非洲部分国家举办了玉米种植技术培训班，受到了非洲有关国家的高度赞赏。

2003年

农业政策

2003年农业政策

总体评价

2003年1月召开的中央农村工作会议，根据党的十六大提出的全面建设小康社会的要求，针对我国农业和农村经济发展进入新阶段和加入世界贸易组织以后的新形势，在调整和完善已有政策措施的同时，又制定和实施了一些新的政策措施，并要求各地区和各部门认真贯彻落实农村各项政策措施。

贯彻落实《农村土地承包法》、加强农村集体资产和财务管理、坚持不懈地做好农民负担监管工作、全面推进农村税费改革试点，是完善农村基本经营制度、调整农村经济利益关系、保护农民积极性、促进农村经济发展的根本举措。从政策落实情况看，农村土地承包法规得到了全面落实，延长土地承包期的工作已纳入规范化管理，稳定和完善了农村土地承包关系。2003年，各地根据中央的要求，加强农村集体资产和财务管理工作，维护了农村集体经济组织和农民的利益。围绕全面推进农村税费改革试点，强化农民负担监督管理，各地狠抓中央政策的落实，全面推进农村税费改革试点工作，使农民的税费和劳务负担进一步减轻。

继续推进粮棉流通体制改革、深化农村信用社改革试点、积极履行入世的农业承诺义务，对于深化农业和农村经济结构战略性调整、促进粮棉和农业生产发展、实现农业增效和农产品竞争力增强具有重要意义。各地和有关部门按照党中央、国务院的统一部署，积极推进粮棉流通体制改革，做了大量的工作，取得了明显成效。2003年8月，国务院决定在吉林、浙江、山东、江西、贵州、陕西、重庆、江苏8个省市率先进行农村信用社改革试点。试点省市加强组织领导，按照中央的总体要求，重点进行产权制度和管理体制改革，为农村信用社改革试点工作的开展提供了经验。认真履行入世的农业承诺义务，积极参与新成员加入谈判和WTO新一轮农业谈判，既为改善我国的农产品贸易条件提供了机会，也为我国农业和农产品贸易的发展争取了利益。

推进农业结构战略性调整、加快农村小城镇建设、促进农村劳动力转移，是多渠道增加农民收入的有效措施。2003年，各地和有关部门以推进优势农产品区域布局为重点，加快优势农产品产业带建设，大力发展特色农业，初步形成了各级政府、有关部门、龙头企业和广大农民共同推进的态势。各地按照突出重点、完善功能的要求，加快小城镇建设步伐，促进小城镇继续健康发展。各地按照“公平对待、合理引导、完善管理、搞好服务”的要求，加强领导，采取措施，努力做好农民进城务工就业管理和服务的各项工作，使农村劳动力转移保持了较快的增长速度。

2003年，我国新制定和修改了三部重要的涉农法律，这是我国农业法制建设的一件大事，对于促进“三农”问题的解决具有重大意义。经过各地和有关部门的努力，宣传贯彻“三法”工作成效显著，农业综合执法试点取得新进展。

农村土地承包管理

（一）政策背景和主要内容 《农村土地承包法》正式颁布并实施后，农村土地承包工作开始迈入法治管理轨道。《农村土地承包法》明确了对土地承包经营权的保护，禁止承包期内发包方收回和调整承包地；明确规定了发包方和承包方的权利和义务、承包原则和程序、承包期限和承包合同；规定了土地承包经营权的流转、其他方式承包、争议的解决和法律责任等。认真贯彻落实《农村土地承包法》，维护农民土地权益，稳定和完善农村土地承包关系，推进土地承包管理的规范化、制度化建设，是新时期农村土地承包工作的重心。

（二）政策执行情况和效果评价 全国各地围绕贯彻实施《农村土地承包法》，高度重视维护农民土地权益工作，采取了多种方式稳定和完善农村土地承包关系，巩固农户家庭承包经营制度。总的看，农村土地承包法律政策正在得到全面落实，农村土地承包工作已转入规范化管理，农村土地承包经营权流转总体发展平稳，土地承包关系稳定。

1. 认真学习和宣传贯彻法律精神，增强依法维护农民土地权益的意识和能力。《农村土地承包法》颁布后，有关部门和各省（自治区、直辖市）政府高度重视，把贯彻实施法律作为实践“三个代表”重要思想，坚持执政为民，维护农民权益的具体实践，通过抓宣传、抓培训、抓配套制度建设等办法，对学习宣传和贯彻落实工作做出全面安排。据不完全统计，全国各地张贴宣传标语143万张，发放宣传材料2 507万份，全国组织培训11 400多班次，培训县乡村干部564万人，经管系统土地承包管理干部普遍受到了一次教育，许多农民知道了《农村土地承包法》的主要规定。

2. 落实二轮土地承包政策，做好确权发证工作。二轮土地承包工作基本完成后，各地采取多种方式做好扫尾工作。一是继续坚持不懈地全面落实二轮承包政策。截止目前，全国已有99%的村组完成了二轮承包工作，比2000年提高了1个百分点，农户普遍获得了30年不变的土地承包经营权和承包土地。二是强化土地承包档案管理。许多地方全面推行了“一户两证、一组一卷、一村一档、一乡一柜”的土地承包档案管理模式，实行县、乡、村、户四级建档和县、乡、村三级管理。

3. 规范农村土地流转，完善流转机制。一是规范农村土地流转。各地认真贯彻落实规范土地流转的有关规定，继续纠正一些地方违背农民意愿强行流转和侵害农民合法流转权益等问题。二是积极探索土地流转的多种形式。目前，转包、出租、入股和互换仍是农村土地流转的主要形式，在数量上仍以农户间的转包为主，出租、入股的比重在逐步上升。一些地方为适应农业产业化经营的发展需要还进行了一些新的探索。三是一些地方建立中介组织提供土地流转服务，在坚持依法、自愿、有偿原则的基础上，积极探索完善农村土地流转机制。

4. 全面加强对农村土地承包工作的指导。农业部围绕全面贯彻落实农村土地承包法律政策，加强了对土地承包工作的指导。一是组织农村土地承包法规和相关政策的宣传培训。以《农村土地承包法》正式实施为契机，组织开展了宣传月等活动；组织指导对各级干部特别是对基层干部的培训。二是高度重视有关农民土地问题的信访。农业部建立了部领导定期接待农民群众信访的制度，直接重视督办近30起严重侵害农民土地权益的信访事件。三是组织开展农村土地承包法律政策贯彻执行情况的检查。在部署各地对农村土地承包法律政策贯彻执行情况开展自查自纠的同时，组织力量对12个省（自治区、直辖市）贯彻农村土地承包法律政策的情况进行了重点抽查；直接参与了全国人大常委会组织的农村土地承包法执法检查。四是推进土地承包管理的规范化、制度化建设。督促各地加快农村土地承包法实施办法的制定，已有22个省（自治区、直辖市）列入了立法计划。组织制定了《农村土地承包经营权证管理办法》，开展了《农村土地承包经营权流转办法》起草调研工作。指导江苏、吉林等省开展了农村土地承包纠纷仲裁试点工作。五是积极参与农用土地保护工作。组织开展了深化农村土地制度改革问题研究，提出了保护基本农田、规范土地流转、加快征地制度改革的意见和建议。

从各地反映的情况看，目前一些地方仍存在以下几个方面的问题：一是至今仍有1%的村组没有开展延包工作，有近24%的农户没有领到土地承包经营权证；二是有的地方仍在随意调整和收回农户承包地；三是土地承包档案管理工作还不很规范；四是有的地方仍然存在强行流转农民承包土地或侵占农民合法流转收益的问题。同时，流转还有待进一步规范；五是有的地方妇女土地承包权益受到侵害问题仍存在，但纠正难度较大；六是征占承包土地侵害农民土地权益问题突出。土地征用制度不合理，征地范围过大、补偿偏低、缺乏有效安置，农民反映强烈。

做好农村土地承包管理工作，事关维护农民根本利益，事关农村社会稳定大局。要进一步贯彻实施《农村土地承包法》，切实维护农民承包土地权益。

 农村集体资产与财务管理

（一）政策背景和主要内容 做好农村集体资产与财务管理工作，是维护农村集体经济组织和农民利益的重要保障。党中央、国务院对此项工作非常重视，中央领导多次讲话和批示，明确任务和责任，要求加强农村集体资产与财务管理工作。

2003年，由农业部、民政部、财政部、审计署联合下发了《关于推动农村集体财务管理和监督经常化规范化制度化的意见》，要求在农业和农村经济发展进入新阶段后，更要明确农村集体资产性质，强化农村集体财务管理工作，建立和完善财务公开和民主管理的各项制度，切实维护好集体经济组织及其成员的合法权益。凡关系集体经济组织各成员切身利益的重大财务活动和财务事项，都必须经农村集体经济组织成员大会或成员代表大会讨论决定。

管好农村集体资产和财务，关键要发挥好农民群众的民主监督作用，实现民主管理经常化、规范化、制度化，保护和维护好农村集体经济组织成员的民主权利。按照农业部、监察部颁布的《村集体经济组织财务公开暂行规定》，村集体民主理财小组要对村集体经济组织的所有财务活动进行监督，代表农民检查审核财务账目、否决不合理开支、对账目提出质疑和要求当事人对财务问题作出解释。凡是集体经济组织成员普遍关心的财务活动，都要及时逐项逐笔进行公布。

强化核算单位管理，防止集体资产流失。为了更好地适应农村税费改革的需要，防止机构撤并过程中集体资产的流失和管理失控，农业部、财政部提出要尽快修订完善《村集体经济组织财务制度》和《村集体经济组织会计制度》。在撤村并乡的过程中，各集体经济组织的资产应当分别管理，按照会计核算主体独立设账，杜绝打乱集体经济组织界限，归并、平调集体资产，混淆集体财务会计账目的现象。在加强集体资产管理方面，要求搞清底数，搞

好清产核资，明确集体资产的归属，科学评估确认资产价值，建立资产台账，完善集体资产的监管办法。当集体土地、厂房、设施、设备等发生产权转移时，必须经过农村集体资产管理部门和具有评估资质的单位按照程序科学评估；当集体的土地、企业、设施、设备出租时，出租方案必须经农村集体经济组织成员大会或成员代表大会讨论通过；集体建设项目、购置大型或大批设备，必须公开招标。

规范财务工作流程，发挥农村集体经济审计监督作用。农村集体经济组织财务事项发生时，经手人必须取得有效的原始凭证，经集体经济组织负责人审批同意，交民主理财小组审核同意，由会计人员审核记账，接受上一级农村经营管理部门的审计监督，进行财务公开。各级农村经营管理部门行使对农村集体财务管理审计监督职责，除组织实施对农村集体经济日常审计监督外，还对农民群众关心的热点问题进行专项审计监督。

启动农村财会人员培训工程，完善持证上岗制度。农村集体经济组织会计人员承担着农村集体资产和财务管理任务，同时还要贯彻落实党在农村的基本政策，承担着土地承包管理、农民负担管理和国家对农民直接补贴的政策落实。按照中央的部署和要求，在3～5年内对村集体经济组织会计人员和民主理财小组成员进行一次轮训，在推进农村财务管理工作上水平的同时，普遍提高农村财务人员的业务素质和工作水平，实行上岗资格培训，凭证竞争上岗。

（二）政策执行情况及效果评价　2003年，农村集体资产与财务管理的基础工作得到明显加强，工作取得较大进展。

1. 各地重视加强农村集体资产与财务管理的规章制度建设。全国有20个省（自治区、直辖市）制定颁发了农村集体资产和财务管理方面的法规和规章，其中有6个省（自治区、直辖市）制定和颁发了农村集体财务管理条例或管理办法，有17个省（自治区、直辖市）制定和颁发了农村集体资产管理条例或办法，有11个省（自治区、直辖市）制定和颁发了农村集体经济审计条例或办法；大部分地方都按照要求，建立和健全了民主管理和财务公开制度、现金银行存款管理制度、债权债务管理制度、资产台账管理制度、财务开支审批制度、会计人员管理制度、“一事一议”筹资筹劳制度和农村干部任期和离任审计制度。

2. 探索和改革农村集体资产与财务管理的体制与办法。在推动农村集体资产与财务管理经常化、规范化、制度化过程中，各地加快了农村财务管理体制改革的探索。很多省市在保持资产所有权不变、资金使用权不变、财务审批权不变的情况下，进行了农村财务会计委托代理制改革；还有些地方探索农村会计委派制，实行凭证上岗，交叉任职；在一些财务管理好的地方，继续按照农村财务管理规定，实行村有村管。这些办法都取得了很好的效果。

3. 提高农村财会人员的素质和业务水平，用先进技术武装农村财务管理工具。近年来，在一些经济发达的地区，随着计算机的应用和农村财务软件的开发运用，农村财务由传统的手工记账、算账转变为依靠计算机和财务管理软件进行管理和控制，促进了农村集体资产和财务管理水平的提高。全国采用农村财务电算化的村已达到2万多个。

4. 调整农村会计核算科目，推动农村财务业务培训。针对改革出现的新情况、新问题，部分省市改革了农村集体经济组织核算办法，修订了农村财务会计核算科目，开展了农村财会人员的培训，全国已按照新的财务会计制度组织编写了培训教材。

5. 积极开展农村集体资产产权制度改革探索，解决农村经济发展中的矛盾。

6. 在推进财务公开和农村干部换届工作中，发挥农村集体经济审计职能。各地结合落实党中央、国务院在农村普遍实行村务公开和农村干部换届选举工作，充分发挥农村经营管理部门的审计监督作用，全面开展了农村干部任期或离任经济责任审计。为进一步准确考核、选拔村干部提供了重要依据，为强化财务公开、民主理财，做好村级换届选举工作打下了坚实基础。

减轻农民负担

（一）政策背景和主要内容 2003年5月29日，国务院办公厅转发农业部等部门《关于2003年减轻农民负担工作的意见》明确指出：2003年减轻农民负担工作的总体要求是，以“三个代表”重要思想为指导，围绕全面推进农村税费改革试点工作，坚持综合治理、标本兼治，狠抓中央政策的落实，强化农民负担监督管理，努力使农民负担进一步减轻，涉及农民负担的突出问题进一步减少，防止农民负担反弹的监督管理机制进一步完善。2003年要重点做好以下六个方面的工作：

1. 确保农村税费改革政策落实到位。2003年开始全面试点的地区，要按照中央的政策着眼于减负做好改革方案的制订和实施工作。已经开展全面试点的地区，严格按照《国务院关于全面推进农村税费改革试点工作的意见》，对减负的实际效果开展检查，切实解决试点中存在的突出问题。各有关部门要加强督查指导，健全督查机制，改进督查方式，确保农村税费改革政策落到实处。

2. 认真清理涉及农民负担的收费项目。按照统一政策、分级负责的原则，在全国范围内开展对涉及农民负担行政事业性收费项目的重新审核工作，取消不合理、过时的收费项目，降低过高的收费标准。财政部、国家发展改革委员会负责对现行的全国性及中央部门涉及农民负担的收费项目和标准进行清理并提出处理意见，对取消和降低收费标准的项目予以公告施行。

清理收费项目要做到“四个一律取消”：

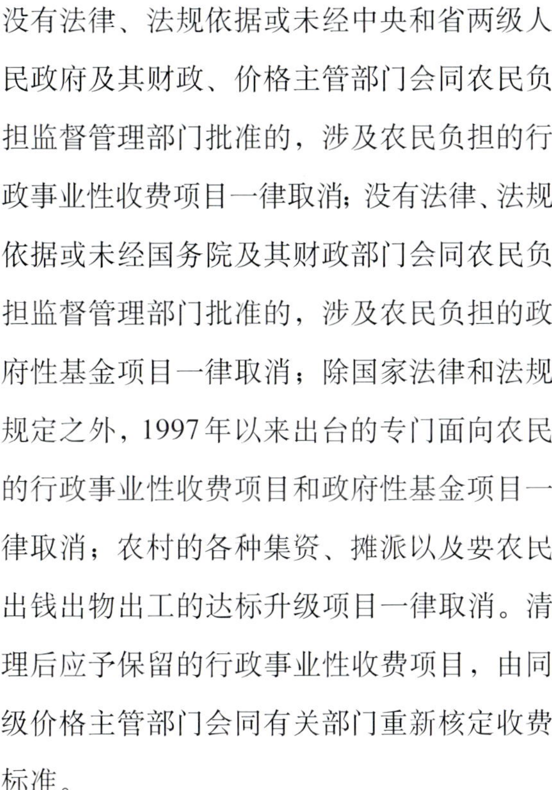

没有法律、法规依据或未经中央和省两级人民政府及其财政、价格主管部门会同农民负担监督管理部门批准的，涉及农民负担的行政事业性收费项目一律取消；没有法律、法规依据或未经国务院及其财政部门会同农民负担监督管理部门批准的，涉及农民负担的政府性基金项目一律取消；除国家法律和法规规定之外，1997年以来出台的专门面向农民的行政事业性收费项目和政府性基金项目一律取消；农村的各种集资、摊派以及要农民出钱出物出工的达标升级项目一律取消。清理后应予保留的行政事业性收费项目，由同级价格主管部门会同有关部门重新核定收费标准。

3. 深入开展农民负担专项治理工作。继续把农业生产性费用中的不合理收费和搭车收费、农民建房乱收费、农村义务教育乱收费和农民进城务工乱收费等，作为2003年专项治理的重点，务求取得明显成效。

(1) 对农业生产性费用中不合理收费和搭车收费的专项治理。治理重点是农业供水、供电、农机管理和服务中的不合理收费和搭车收费。一是农业供水要严格执行“受益缴费，计量收费”的原则，因大面积抗旱、排涝难以做到计量收费的，应按直接受益原则据实分摊。二是农村用电收费要抄表到户，计量收取，坚决纠正乱加价和搭车收费行为。坚决落实城乡用电同网同价政策，尚未实现城乡统一电价的地方要严格执行省级价格主管部门批准的农村到户电价标准。三是要减少农机行政事业性收费项目，降低收费标准，规范收费行为。农机经营服务性收费要尊重农民意愿，合理确定标准，不准借服务之名强行收费，不准超标准收费。

(2) 对农民建房乱收费的专项治理。任何地方、部门均不得自立农民建房收费项目、扩大收费范围、提高收费标准。要全面对农民建房收费进行清理，已经清理的地方要查找死角。今后农民自建住房，除依法发证可按规定收取工本费外，一律不得再向农民收取其他行政事业性收费。

(3) 对农村义务教育乱收费的专项治理。除国家统一规定的杂费、借读费、代收课本费外，学校不得再向学生收取其他费用，也不得提高收费标准。农村义务教育收费实行校长负责制和收费卡制度，凡是出现乱收费行为的，要按照规定追究校长和有关当事人的责任。

(4) 对农民进城务工乱收费的专项治理。除按规定收取有关农民工证书工本费外，其他行政事业性收费项目一律取消。为农民工提供经营性服务，必须坚持自愿原则，不得强行服务、强制收费。对经营性服务收费应进行公示，没有纳入公示范围的，不得收取。

4. 全面落实减轻农民负担“四项制度”。

(1) 进一步提高“公示制”的质量和水平。凡是向农民收取的农业税收、涉及农民负担的行政事业性收费、重要商品及服务价格，都要通过多种形式向社会公示。2003年下半年，由财政部、国家发展改革委员会、农业部对农业生产性收费、农民建房收费、农村中小学收费、农民进城务工收费进行重点公示，公示内容包括文件依据、项目名称、收取标准和对象范围等。各地区应对本行政区域涉及农民负担收费项目的清理审核结果向社会公示。县、乡要及时公示调整后的相关内容。各级人民政府及有关部门要在公示前对税收、价格和收费项目进行严格审核，规范公示的各项内容。凡是将违规的税收、价格和收费项目及标准列入公示范围的，要追究有关人员的责任。凡是按规定应该公示而没有公示的，农民有权拒绝缴纳。

（2）严格执行农村义务教育收费“一费制”。国家扶贫开发工作重点县的农村小学和初中实行“一费制”，任何学校不得以任何借口推迟或拒不执行。有条件的地方应扩大“一费制”的实施范围，让更多的农民受益，有关部门要抓紧制定具体办法。

（3）把农村订阅报刊费用“限额制”落到实处。要采取有力措施，整顿面向农村的报刊发行秩序。任何单位和个人不得以任何形式和名义向乡村基层组织、学校或向农民、学生摊派报刊征订。乡村基层组织、学校也不得替农民、学生代订报刊，不得代扣代缴订阅费用。严禁将农村订阅报刊费用转嫁给农民或学生。

（4）严格执行违反农民负担政策责任追究制。各地区要按照中共中央办公厅、国务院办公厅《关于印发〈关于对涉及农民负担案（事）件实行责任追究的暂行办法〉的通知》规定，结合本地实际，尽快制定实施细则，加大对涉及农民负担案（事）件的责任追究力度。

5. 进一步强化农民负担监督检查。各地区要做好年中和年底的减轻农民负担工作检查。国务院减轻农民负担联席会议和国务院农村税费改革工作小组将在年底联合开展减轻农民负担工作检查。要改进检查方式，把明察与暗访结合起来，把检查与处理结合起来。

各级人民政府及有关部门要高度重视和认真受理农民负担问题的来信来访。对属本部门职责范围内的问题，应查清事实，认真处理。对属其他部门职责的问题，要及时转办。对上级部门责成查处的，要按时限要求报告结果。

6. 建立健全农民负担监督管理机制。要适应农村税费改革的新形势，抓紧建立健全农民负担监测、信访举报、检查监督、案件查处等制度，推动管理工作制度化，监督机制进一步完善。地方各级党政一把手要亲自抓、负总责。农业部门要切实发挥牵头和监督管理作用，监察（纠风）部门要严肃查处涉及农民负担的案（事）件，财政部门要积极指导农村税费改革试点工作，严格管理涉及农民负担的收费项目，价格主管部门要强化农村价格管理，政府法制机构要加强涉及农民负担法规的健全完善工作，教育部门要做好农村中小学收费管理工作。

（二）政策执行情况及效果评价 2003年，各地区、各部门按照中央的部署，围绕全面推行农村税费改革试点工作，狠抓各项政策的落实，强化农民负担监督管理，使农民的税费和劳务负担进一步减轻。据农业部统计汇总，2003年农民人均承担的税费96.6元，比上年减少19.2元，下降16.6%。一年来，各地区、各部门在减轻农民负担方面重点抓了五项工作：

1. 全面推进农村税费改革试点工作。2003年开始全面试点的省份，按照中央的统一部署和要求，精心组织，周密部署，扎实推进。2002年以前先行试点的省份，进一步完善政策措施，积极推进配套改革，巩固改革成果，防止负担反弹。全年试点工作总体进展顺利，农民负担得到明显减轻。据2003年开始全面试点的11个省份上报，试点地区农民减负率一般都在30%以上。

2. 认真开展涉农收费项目清理工作。按照国务院的要求，国务院有关部门对全国性及中央部门涉农收费项目和标准进行了清理，公布了取消、免收和降低标准的收费项目。各省（自治区、直辖市）对本地区出台的涉农收费项目和标准进行了清理。到2003年底，全国30个省（自治区、直辖市，不含西藏）共取消涉及农民负担的行政事业性收费项目3 153项，降低标准1 133项，减轻农民负担47亿元。

3. 深入开展农民负担专项治理和全面推行“四项制度”。2003年，全国范围内重点开展了农业生产性收费、农民建房收费、农村义务教育收费和农民进城务工收费等四方面的专项治理工作，减轻农民负担61亿元。各地区、各部门采取了一些新的措施，全面推行“四项制度”。到年底，涉农税收、价格和收费“公示制”在全国各乡、村已基本实行，国家扶贫开发工作重点县的农村中小学校全部实行了“一费制”，30个省（自治区、直辖市）全部实行了农村报刊订阅费用“限额制”，19个省（自治区、直辖市）制定了涉及农民负担案（事）件“责任追究制”的实施细则。

4. 进一步加大监督检查和案（事）件查处的力度。多数省（自治区、直辖市）组织开展了年中、年底的农民负担检查，并加大了对违规违纪行为的查处力度。国务院减轻农民负担联席会议各成员单位联合开展了年初、年底两次对10个省的农民负担抽查工作，通过明察暗访和督促整改，推动了政策的落实。针对一些地方借防“非典”向农民乱收费、夏征后农民负担出现反弹等问题，国务院有关部门两次发出紧急通知并发出通报。有关部门还对涉及农民负担案（事）件逐一进行了督办。

5. 积极完善农民负担监督管理机制。为适应农村税费改革的需要，各地进一步建立健全了负担监测、监督卡、文件项目审核等项监督管理制度。到年底，有11个省（自治区、直辖市）建立和完善了省级的监测网点，28个省（自治区、直辖市）发放了农民负担监督卡，部分省（自治区、直辖市）制定了村级范围内筹资筹劳管理暂行办法，完善了“一事一议”的筹资筹劳管理制度。

从各地反映的情况看，农民负担问题仍不容忽视，主要表现在：有的地方违规扩大计税面积和提高计税常产，增加税款；有的地方农业税附加和村级转移支付资金不能及时划拨到位，村级负债严重，影响了村级组织的运转；一些地方对村内“一事一议”筹资筹劳管理不规范，将其变成了固定收费项目；农村乱收费、乱集资和各种摊派屡禁不止，形式多样，手段隐蔽；一些地方公示制、限额制和责任追究制落实不到位；涉及农民负担的恶性案件仍有发生。

全面推进农村税费改革试点

（一）政策背景和主要内容 2003年3月27日下发的《国务院关于全面推进农村税费改革试点工作的意见》决定，2003年在进一步总结经验、完善政策的基础上，全面推进农村税费改革试点工作。

1. 全面推进农村税费改革试点工作。2003年农村税费改革试点工作的总体要求是：总结经验，完善政策；全面推进，分类指导；巩固改革成果，防止负担反弹。已先行试点的地方，要进一步落实好各项改革政策，加快推进各项配套改革，建立健全确保农村基层组织正常运转和农村义务教育必要经费投入的保障制度，完善改革后农民负担监督管理约束机制，防止农民负担反弹。尚未以省为单位实施改革试点的省，2003年是否进行全省范围的改革试点，由各省根据本地实际情况自主决定；准备进行试点的省，要按照中央有关文件要求，抓紧做好试点的各项基础工作，认真制定本省试点方案，并报国务院审批。

2. 切实做到“三个确保”。在试点地区，无论是一个省、一个县，还是一个乡、一个村，从总体上计算，改革后的农民负担要比改革前有较大幅度的减轻，做到村村减负，户户受益。对承包土地较多、改革后负担有所增加的农户，要通过减免等办法，把负担减下来。要建立有效的农民负担监督管理约束机制，确保农民负担减轻后保持长期稳定、不反弹。乡镇机构和村级组织要通过精简机构，转变职能，减少财政供养人员，大力压缩开支，确保正常运转。改革后农村义务教育的投入，要确保不低于改革前乡统筹费中的农村教育附加、经国家批准的农村教育集资以及正常财政投入的总体水平，并逐步有所增长，实现“保工资、保运转、保安全”的基本目标。

3. 进一步调整完善有关农业税收政策。试点地区要据实核定农业税计税面积，对因自然灾害、合法征占、长期建设、农村兴办公益事业等因素减少的土地，应先据实核减，不得将这部分面积计算的农业税负担平摊到农民头上。新增试点地区核定常年产量，可依据改革前连续5年实际平均产量，并充分考虑当地实际情况，征求农民意见，得到农民认可。农业税计税价格由各省级人民政府综合考虑本地区粮食市场价、保护价和农民承受能力等因素合理确定，计税价格明显偏高的，应实事求是地进行调减。各地区应结合实际，逐步缩小农业特产税征收范围，降低税率，为最终取消这一税种创造条件。

4. 加强和规范农业税及其附加征收工作。试点地区要实行农业税征收机关负责征税、聘请协税员协税的农业税收征管制度。乡镇政府和村级组织应积极协助征收机关做好农业税及其附加征管工作，但不得代行执法权。非农业税征收人员不得直接收取税款。要加强税收宣传工作，引导农民积极依法纳税，履行应尽义务。农业税附加、农业特产税附加与正税同步征收，实行乡管村用，由乡镇经营管理部门监督管理，只能用于村级组织正常运转需要，任何单位和个人不得截留、平调。

5. 健全和完善农业税减免制度。农业税灾歉减免应坚持“轻灾少减，重灾多减，特重全免”的原则。认真落实农村各项社会减免政策，灾歉减免尽量做到先减免后征收，社会减免必须实行先减免后征收，确保减免政策及时兑现到户。要适应农村税费改革后的新情况，建立稳定的农业税减免资金渠道。

6. 妥善处理农民公平负担问题。各地区在试点过程中，要结合本地实际，制定减免税等优惠政策，把因种地多出现农业税收负担高于改革前的负担部分切实减下来，以调动粮食主产区种粮农民积极性。中央和省两级财政安排的农村税费改革专项转移支付资金，要重点向农业主产区特别是粮食主产区倾斜。结合深化粮食流通体制改革和农村税费改革试点工作，逐步建立和完善直接补贴农民的办法。

7. 严格执行村内“一事一议”筹资投劳政策。各地区要及时制定和完善“一事一议”的议事程序、议事范围和上限标准，决不能把“一事一议”筹资投劳变成农民负担的固定项目。农业综合开发中农民筹资投劳，应纳入“一事一议”范畴，实行专项管理，并逐步降低农民筹资投劳在农业综合开发中的比例。暂停执行对不承包土地并从事工商业活动的农村居民收取资金用于村内公益事业的政策。

8. 切实加强涉农收费管理。各地区和有关部门要进一步清理整顿涉农收费项目，加强对农村中小学就学、计划生育指标审批、农村结婚登记、农民建房、农民外出务工等方面乱收费的专项治理。今后，任何地方和部门一律不得出台涉及农民负担的行政事业性收费和政府性基金、集资项目。

9. 积极探索化解乡村债务的措施和办法。各地区要通过加快发展农村经济、深化农村改革、积极探索通过债权债务抵冲、依法削减高利贷、加强内部控制、节约开支、盘活集体存量资产等有效办法逐步化解乡村债务。要暂停向农民收缴农村税费改革前的税费尾欠。

10. 加强督促检查，严肃改革纪律。各地区要建立健全督查制度，改革督查方式，认真纠正执行政策中出现的偏差，及时解决农民反映的问题。对违反农村税费改革政策特别是顶风违纪行为，必须依法严肃处理。

为确保试点工作健康有序进行，2003 年 9 月 30 日，《国务院办公厅关于进一步加强农村税费改革试点工作的通知》要求：坚持条件，实事求是，积极稳妥地全面推进农村税费改革试点工作；对照检查，纠正偏差，不折不扣地把中央政策落到实处；加大力度，整体推进，积极搞好各项配套改革；规范分配，严格监督，确保农村税费改革专项转移支付资金专款专用；加强领导，严明纪律，确保改革试点工作顺利推进。

（二）政策执行情况及效果评价 各地按照中央的统一部署和要求，精心组织，周密部署，扎实推进，试点工作取得了明显成效，减轻农民负担的幅度基本达到 30%以上，有的高达 50%。从对 19 个省的 740 多户农户的问卷调查看，农民对试点工作的满意度达到 90%以上。

1. 各级党委和政府高度重视。2003 年新增全面试点的 11 个省份都建立健全了领导小组及工作机构，切实加强对试点工作的组织、协调和指导。2002年以前先行试点的省份，在各级党委、政府换届后，及时调整充实了领导小组及办公室力量，坚持实行主要领导亲自抓、负总责，巩固扩大了试点成果。

2. 基础工作比较扎实。新增试点的省份按照中央的要求，结合本地实际，实事求是地核定计税土地面积、常年产量、计税价格等计税要素，精心制定和完善方案，严格政策，规范操作，为试点工作顺利开展打下了良好的基础。先行试点的省份在总结经验、完善政策的基础上，着重在规范上下功夫，狠抓政策落实，防止负担反弹。

3. 宣传培训工作到位。各地通过电视台、电台制作专题节目和开辟报刊专栏解答基层干部和农民群众的疑问，利用地方戏、知识竞赛等群众喜闻乐见的形式，广泛宣传改革政策，加强业务培训，保证了税费改革试点工作的质量和进度。

4. 同步推进配套改革。各地按照“精简、统一、效能”原则，积极改革乡镇机构和调整农村教育布局，在“三个确保”的基础进一步巩固。

5. 在完善农业税制方面进行了有益探索。一些地方还按照中央关于“农业特产税要缩小范围，降低税率，创造条件，最终取消”的精神，取消了农业特产税，有的缓征或免征了农业税。

由于我国农村情况千差万别，经济社会发展水平很不平衡，一些地方和部门思想认识不到位，政策措施落实不彻底，加上突如其来的“非典”疫情影响，农村税费改革试点工作中还存在一些不容忽视的问题。主要表现为：

1. 有些地方基础工作不够扎实，执行政

策走样。一是计税土地面积不实。有的对因自然灾害、长期建设占地、农村兴办公益事业占地等减少的计税土地，没有按政策核减。二是常年产量偏高。一些地方没有按政策规定据实测算，存在虚报高估和简单倒算的问题，确定的常产与实际产量相差很大。三是计税价格偏高，造成农民的实际税赋高于名义税赋。

2. 农业税征收不规范，突击征收农业税费。一是有的纳税通知书发放不及时，填写不具体，存在漏项、错填现象。二是有的不开税票、打白条，个别地方甚至税费混征。三是一些地方存在乡村干部上门催缴代收农业税的现象，征管主体重叠，职能交叉。个别地方甚至组织小分队到农户家突击清收改革前税费尾欠。

3. 配套改革工作进展缓慢，影响了改革成果的巩固。一是乡镇机构和村级组织改革工作滞后，影响了农村税费改革的深入推进。二是没有按照中央规定落实和管好用好专项转移支付资金。有的地方承诺的配套改革转移支付专项资金迟迟不能足额到位；有的地方专项转移支付资金拨付和使用不规范。三是农村义务教育管理体制改革进展缓慢。

4. 村级费用缺口较大。农村税费改革后，村干部报酬、村管理费和五保户供养三项费用主要是通过农业税附加形式筹集。但一些地方农业税附加很难到位，尤其是农村义务教育的管理上收到县之后，而村内学校的维修、办公等费用还是维持过去的办法，由村级组织和农民来承担，导致村级费用缺口较大。

深化农村信用社改革试点

（一）政策背景和主要内容 农村信用社是为农业、农民和农村经济发展服务的社区性地方金融组织，是我国金融体系的重要组成部分。1997年以来，按照党中央、国务院的统一部署，在人民银行的监督管理和有关部门的大力支持下，各地农村信用社改革体制、改善管理、改进服务，各项工作取得明显成效，在支持农业、农民和农村经济发展中发挥了重要作用，已逐步成为农村金融的主力军和联系广大农民群众的金融纽带。但是，也应当看到，当前农村信用社在产权制度、管理体制、风险防范等方面还存在着诸多急需解决的问题，严重制约了农村信用社服务“三农”作用的发挥，需要通过不断的深化改革，在发展中逐步加以解决。

2003年6月27日，国务院印发了《深化农村信用社改革试点方案》的通知，决定选择部分省（自治区、直辖市）进行试点，在认真实践和总结经验的基础上再逐步推开。改革试点方案指出，要以邓小平理论和“三个代表”重要思想为指导，以服务农业、农村和农民为宗旨，按照“明晰产权关系、强化约束机制、增强服务功能、国家适当支持、地方政府负责”的总体要求，加快信用社管理体制和产权制度改革，把信用社逐步办成由农民、农村

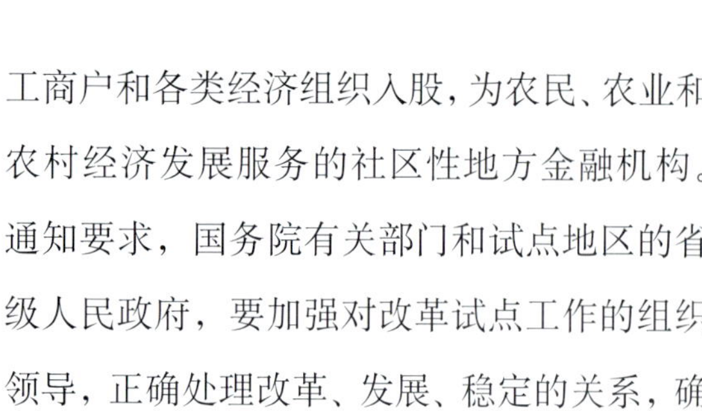

工商户和各类经济组织入股，为农民、农业和农村经济发展服务的社区性地方金融机构。通知要求，国务院有关部门和试点地区的省级人民政府，要加强对改革试点工作的组织领导，正确处理改革、发展、稳定的关系，确保改革试点工作积极稳妥地进行。

深化信用社改革，重点要解决好以下两个问题：

1. 以法人为单位改革信用社产权制度。明晰信用社现有产权，妥善处理历史积累和包袱。构建新的产权关系，完善法人治理结构。按照股权结构多样化、投资主体多元化原则，根据不同地区情况，分别进行不同产权形式的试点。有条件的地区可以进行股份制改造；暂不具备条件的地区，可以比照股份制的原则和做法，实行股份合作制；股份制改造有困难而又适合搞合作制的，也可以进一步完善合作制。在产权制度改革的同时，因地制宜确定信用社的组织形式：一是在经济比较发达、城乡一体化程度较高、信用社资产规模较大且已商业化经营的少数地区，可以组建股份制银行机构。二是在人口相对稠密或粮棉商品基地县（市），可以县（市）为单位将信用社和县（市）联社各为法人改为统一法人。三是其他地区，可在完善合作制的基础上，继续实行乡镇信用社、县（市）联社各为法人的体制。四是采取有效措施，通过降格、合并等手段，加大对高风险信用社兼并和重组的步伐。对少数严重资不抵债、机构设置在城区或城郊、支农服务需求较少的信用社，可考虑按照《金融机构撤销条例》予以撤销。

不论采取何种产权制度和组织形式，都要在原有股权范围的基础上，做好清产核资工作，扩大入股范围，调整股权结构，提高入股额度，广泛吸收辖内农民、个体工商户和其他各类经济组织入股；都要按照现代企业制度的要求，完善法人治理结构，建立决策、执行、监督相制衡，激励和约束相结合的经营机制；都要坚持服务“三农”的经营方向，其信贷资金大部分要用于支持本地区农业和农民，即使是实行了股份制改造的机构，也要根据当地农村产业结构状况，确定一定比例的资金用于支农。

要切实强化约束机制，按照“自主经营、自我约束、自我发展、自担风险”的“四自”原则，建立健全信用社激励和约束机制，切实加强内部管理，进一步健全完善贷款审批、财务收支、风险控制等内控制度，降低不良贷款，压缩人员，减少成本，努力扭亏增盈，防范和控制新的经营风险。

要从农村经济发展和农民的实际需要出发，进一步增强和完善信用社服务功能。拓宽服务领域，创新服务品种，增加服务手段，充分发挥信用社在农村的机构网点优势，积极开办政策性银行和商业银行委托业务，适当增加为农民服务的金融业务品种。

2. 信用社的管理交由地方政府负责。按照“国家宏观调控、加强监管，省级政府依法管理、落实责任，信用社自我约束、自担风险”的监督管理体制，分别确定有关方面的监督管理责任。

省级人民政府对信用社管理的主要职责：一是督促信用社贯彻执行国家金融方针政策，引导信用社坚持为“三农”服务的经营宗旨，地方党委要加强对信用社党的领导和思想政治工作；二是依照国家有关法律法规，指导本地区信用社加强自律性管理，督促信用社依法选举领导班子和聘用主要管理人员；三是统一组织有关部门防范和处置辖内信用社金融风险，今后对高风险机构的处置，在省级人民政府承诺由中央财政从转移支付中扣划的前提下，中央银行可以提供临时支持；四是帮助信用社清收旧贷，打击逃废债，查处信用社各类案件，建立良好的信用环境，维护农村金融秩序稳定。试点地区可本着精简、高效的原则，简化管理层次，结合当地实际情况，成立省级联社或其他形式的省级管理机构，在省级人民政府领导下，具体承担对辖内信用社的管理、指导、协调和服务职能。省级人民政府应坚持政企分开的原则，对信用社依法管理，不干预信用社的具体业务和经营活动，不把对信用社的管理权下放给地（市）和县、乡政府。地（市）级不再设立联社或其他形式的独立管理机构。

银监会作为国家银行监管机构承担对信用社的金融监管职能。主要职责：一是根据国家有关法律法规，制定监管的规章制度；二是审批机构的设立、变更、终止及其业务范围；三是依法组织现场检查和非现场监测，做好信息统计和风险评价，依法查处违法违规行为；四是审查高级管理人员的任职资格；五是向省级人民政府提供监管数据及有关信息，对风险类机构提出风险预警，并协助省级人民政府处置风险；六是对省级人民政府的专职管理人员进行培训；七是受国务院委托，对省级人民政府管理信用社的工作情况进行总结评价，报告国务院。

信用社改革试点地区，要加强组织领导，严格清查资产，追讨债务，分清责任，严惩犯罪。

在信用社管理体制改革完成后，省级人民政府要切实履行对信用社的管理职能，在中央有关部门协助下，运用试点工作的经验，及时指导和组织信用社进行产权制度改革，并承担起对信用社的风险防范和处置责任。

为了帮助消化信用社历史包袱，促进改革试点的顺利开展，在防范道德风险前提下，对试点地区的信用社，国家给予以下扶持政策：

1. 对亏损信用社因执行国家宏观政策开办保值储蓄而多支付保值贴补息给予补贴。具体办法是，由财政部核定1994—1997年期间亏损信用社实付保值贴补息数额，由国家财政分期予以拨补。

2. 从2003年1月1日起至2005年底，对西部地区试点的信用社一律暂免征收企业所得税；对其他地区试点的信用社，一律按其应纳税额减半征收企业所得税；从2003年1月1日起，对试点地区所有信用社的营业税按3%的税率征收。

3. 对试点地区的信用社，可采取两种方式给予适当的资金支持：一是由人民银行按照2002年底实际资不抵债数额的50%，安排专项再贷款。专项再贷款利率按金融机构准备金存款利率减半确定，期限根据试点地区的情况，可分为3年、5年和8年。资不抵债数额按照信用社法人单位计算，以省（自治区、直辖市）为单位汇总，专项再贷款由省级人民政府统借统还。实际资不抵债数额按照“历年挂账亏损+实际资产损失－所有者权益－呆账准备金”的公式计算。实际资产损失按照“呆账贷款+呆滞贷款的40%+逾期贷款的10%+投资资产的10%+抵债资产的50%”计算。二是人民银行按2002年底实际资不抵债数额的50%，发行专项中央银行票据，用于置换信用社的不良贷款，票据期限两年，按不低于准备金存款利率按年付息。该票据不能流通、转让和抵押，可有条件提前兑付。中央银行票据支付必须与信用社改革效果挂钩，以县（市）为单位验收支付，标准为：产权明晰，资本金到位，治理结构完善，由人民银行分支行、银监会分支机构和地方政府监督执行。上述两种方式由试点地区自主选择，具体操作办法由人民银行另行规定。

4. 在民间借贷比较活跃的地方，实行灵活的利率政策。允许信用社贷款利率灵活浮动，贷款利率可在基准贷款利率的1.0至2.0倍范围内浮动。对农户小额信用贷款利率不上浮，个别风险较大的可小幅（不超过1.2倍）上浮，对受灾地区的农户贷款还可适当下浮。

（二）试点开展情况及效果评价 《深化农村信用社改革试点方案》经国务院印发后，各地反响强烈并积极申报作为试点单位。2003年8月，国务院决定在吉林、浙江、山东、江西、贵州、陕西、重庆、江苏8个省市率先进行农村信用社改革试点。2003年底，国务院先后批准了8省市农村信用社改革试点实施方案。确定进行农村信用社改革试点的8省市，根据当地的具体情况明确试点工作的重点，统筹兼顾，区分轻重缓急，分步实施。具体步骤分为：试点准备、会议部署、制定具体实施方案、组建省级联社、改革试点全面实施、阶段性总结验收六个阶段。各地的改革试点主要做了以下几个方面的工作：

1. 提高对深化农村信用社改革试点工作重要性的认识，切实加强对改革试点工作的组织领导。深化农村信用社改革、改进农村金融服务，不仅关系到农村信用社的健康稳定发展，而且事关农业发展、农民增收、农村稳定的大局。国务院关于深化农村信用社改革试点的通知下发后，各试点省市认真学习国务院15号文件，深刻领会精神实质，从战略高度充分认识深化农村信用社改革试点工作

的重要性和紧迫性，明确改革试点工作的任务和要求，切实加强对试点工作的组织领导，保证试点工作顺利进行。

2. 对参与信用社改革试点工作的人员，有针对性地开展政策和业务培训。各地信用社都把加强职工培训作为一项重要工作来抓，采取多种形式进行继续教育和岗位技能培训，提高全系统干部职工的政治业务素质，逐步建立新的用人机制，为农村信用社改革试点工作的开展创造了条件，奠定了基础。

3. 从实际出发，选择合适的产权制度和组织形式，改革信用社管理体制。试点工作开始以来，8省市信用社的管理体制改革已经基本到位。除江苏、重庆在改革前已有联社外，贵州省联社已于2003年底挂牌。其他5个省的省联社也都在2004年5月底之前全部挂牌。在产权制度改革方面，8省市的信用社都已完成清产核资工作，大部分都在增资扩股。已有6家农村商业银行和农村合作银行正在筹备阶段，预计2004年上半年还将有30家批准筹备；有38家信用社统一法人批准开业，39家批准筹备，预计2004年上半年还将有187家筹备。

4. 对信用社改革试点省市，国家给予资金和税收支持。根据国务院[2003]15号文件的要求，在资金扶持政策方面，国家将拿出1 600亿元资金支持信用社改革，其中380亿元定向扶持8个改革试点省市的农村信用社。380亿元扶持资金包括两种方式：中央银行专项票据和专项借款。前者用于信用社置换不良贷款和历年挂账亏损，后者则用来帮助资不抵债的信用社消化历史包袱。8个改革试点省市均申请认购了专项票据，总计360多亿元，其中江苏70多亿元，江西25.91亿元，陕西13.58亿元，贵州7亿多元；专项借款也有吉林、陕西两省申请，但总计不超过20亿元；中国人民银行已向8省市共计492个县（市）出具了首批专项票据承诺书。其中，272家的票据发行申请已经获得批准，占全部拟申请票据县（市）的43%，金额占全部拟申请票据金额的33%。在财税扶持政策方面，财政部和国家税务总局下发了《关于试点地区农村信用社税收政策的通知》。《通知》规定，从2003年1月1日起至2005年底，对西部地区和江西、吉林省实行改革试点的农村信用社暂免征收企业所得税；对其他地区实行改革试点的农村信用社，按其应纳税额减半征收企业所得税。从2003年1月1日起，对改革试点地区所有农村信用社的营业税按3%的税率征收；以前多征收的税款可退库处理或在以后应缴的营业税中抵减。税收减免政策已经兑现，2004年4月底已基本完成保值储蓄利息补贴的数字核实汇总工作。

由于各方面对农村信用社改革试点工作的支持力度不断加大，再加上增资扩股工作的开展，农村信用社的资金实力明显增强。截至2004年3月末，全国信用社实收资本已达

720亿元，比年初增加了88亿元。其中，实收资本增加较多的省是：山东27亿元、吉林22亿元、江苏13亿元、江西9亿元、浙江7亿元。这五省信用社的实收资本增加额占全国实收资本增加额的98.7%。农村信用社资金实力的增强进一步加强了支农信贷服务工作，使2004年春耕资金的供求形势得到了明显改善。到2004年2月末，8省市信用社农业贷款余额3 082亿元，比年初增加310亿元，同比多增112亿元。其中，农户贷款余额2 448亿元，比年初增加257亿元，同比多增70亿元。信用社的社会信誉进一步提高，为信用社下一步改革试点工作打下了坚实的基础。

粮食流通体制改革

（一）政策背景和主要内容 近年来，我国粮食购销政策不断完善，粮食流通市场化程度不断提高，但是，粮食价格持续低迷，农民增收困难。为此，2003年1月16日，中共中央、国务院在《关于做好农业和农村工作的意见》中提出，深化粮食购销体制改革，要着眼于保护主产区和种粮农民的利益，积极稳妥地推进。主要内容包括：已经放开粮食购销的地方，要重点培育和规范粮食市场；粮食主产区要继续坚持保护价收购制度，合理确定保护价水平和收购范围，加快国有粮食企业改革，继续发挥国有粮食购销企业的收购主渠道作用，积极培育多种粮食市场主体参与粮食收购；完善粮食储备调节制度，增强对粮食市场的宏观调控能力；结合粮食流通体制改革和农村税费改革，统筹考虑对农业和农民补贴方式的改革问题，有关部门要尽快研究提出方案，指导主产省选择部分县市先行试点。

为了加强对中央储备粮的管理，保证中央储备粮数量真实、质量良好和储存安全，保护农民利益，维护粮食市场稳定，有效发挥中央储备粮在国家宏观调控中的作用，2003年8月，国务院颁布了《中央储备粮管理条例》，对中央储备粮的计划、储存、动用、监督检查等方面作出了具体规定。这是我国中央储备粮制度建立以来的第一部行政法规，标志着中央储备粮的管理开始步入法制化轨道。

（二）政策执行情况及效果评价 各地区和各有关部门按照党中央、国务院的统一部署，做了大量的工作，在加快粮食购销市场化改革、加强粮食宏观调控、推进国有粮食购销企业改革、加快粮食法制建设等方面，取得了明显成效。

1. 坚持粮食购销市场化改革方向，积极开展探索和试点。沿海粮食主销区的8个省（直辖市）和产销平衡地区的广西、云南、重庆、青海、贵州等5省（自治区、直辖市）都已全面放开粮食收购市场和收购价格，实行粮食购销市场化。粮食主产省（自治区）积极

进行市场化改革的尝试和探索，其中安徽省在全省范围实行对种粮农民直接补贴改革，湖北、湖南、内蒙古、新疆四省（自治区）对部分地区实行保护性收购或直接补贴，同时基本放开粮食收购市场；其他一些主产省逐步缩小保护价收购范围，有的放开省内非主产区收购市场，有的对部分市县实行直接补贴试点。粮食主产省（自治区）的改革试点，为进一步推进粮食购销市场化改革探索了路子，积累了经验。

2. 粮食主产区继续坚持保护价收购制度。2003年5月，国家发展改革委、国家粮食局联合下发了《关于2003年粮食收购价格有关问题的通知》。6月，国家发展改革委、财政部、国家粮食局、中国农业发展银行又联合下发了《关于2003年夏粮收购资金政策有关问题的紧急通知》。这两个文件，都对粮食主产区的保护价收购工作提出了具体的指导意见。粮食主产区在适当调整保护价收购范围的同时，收购保护价基本维持了上年水平，并继续落实优质优价政策，对保护种粮农民利益起到了积极作用。

3. 继续健全中央和地方储备粮垂直管理体系，增强政府调控市场的能力。各地积极做好中央储备粮轮换和陈化粮销售处理工作，大大改善和提高了中央储备粮的品质。对8个主销区的地方储备规模进行安排并督促落实，增强地方政府调控粮食市场的能力。健全全国粮食应急调度系统。继续加强粮食进出口调控。

4. 推进国有粮食购销企业改革，做好扭亏增盈工作。各地努力探索企业产权制度改革和组织形式创新的路子，千方百计分流安置企业富余人员，有步骤地销售库存粮食。国有粮食购销企业通过加强内部管理，降低费用开支，一批企业逐步减亏扭亏，盈利企业继续增加。积极推进粮食产业化经营，促进优质粮食连片种植，提高了粮食产品的市场竞争力，增加了企业和农民收入。加大粮食监督检查力度，完善粮食管理监督检查体系。

随着粮食流通体制改革的不断深入，粮食流通中多年积累的一些深层次矛盾也逐步凸现出来。一是粮食主产区实行保护价收购，主销区实行市场价收购，两种价格机制同时存在，不利于全国统一粮食市场的形成。二是国有粮食购销企业政企不分和吃“大锅饭”的问题仍然没有真正解决，冗员过多，亏损难以根本遏制。三是依靠国家财政补贴和政策贷款支持的粮食收购保护价，在较大范围内保护种粮农民利益的同时，也加重了粮食主产区的财政负担和农业发展银行的信贷资金风险。四是粮食库存的地区分布不尽合理，粮食主产区库存积压严重，沿海经济发达地区粮食库存大幅度下降，粮食安全存在隐患。五是粮食市场体系发育不健全，产销区协作关系脆弱。解决这些困难和矛盾，必须依靠推进改革。

专栏8

优质专用良种补贴

2003年中央财政安排3亿元资金，由财政部和农业部共同组织实施优质专用小麦和高油高产大豆良种推广补贴示范。每亩补贴10元，共计实施3 000万亩。其中优质专用小麦1 000万亩，主要落实在河北、山东、河南、安徽、江苏、黑龙江六省的47个县（市、农场）；高油大豆2 000万亩主要落实在辽宁、吉林、黑龙江、内蒙古四省（自治区）的113个县（市、旗、农场）。各示范省遵循小麦、大豆品质区划和优势区域发展规划，安排示范区域。示范区普遍采取了统一筹划、统一品种、统一供种、集中连片的方式，形成了规模生产，为防止混杂、确保品质和推广普及先进技术奠定了基础。在各级政府的组织协调下，示范区农户在播种前后就与加工企业签订了产销订单。在遭受严重自然灾害的情况下，由于领导重视、工作扎实、技术到位，良种推广补贴示范取得了明显成效，实现了提质、增产、增收的总体目标。

1. 单产提高。1 000万亩优质专用小麦良种推广补贴示范项目平均亩产达到360千克，比全国平均亩产提高97千克，增幅达36.9%。2 000万亩高油大豆良种推广补贴项目平均亩产达到167.6千克，比非示范区增产24.3千克，增幅为16.9%。示范中还涌现了一批优质高产典型。如高油大豆就出现了一批亩产190千克的县（农场）、200千克以上的万亩片和250千克的高产地块。

2. 品质提高。据农业部谷物品质质检中心检测，示范区优质专用小麦的品质明显好于上年，基本达到或超过国际规定指标要求。

3. 成本下降。由于示范区推广了良种和技术，提高了单产，从而降低了斤粮成本。优质专用小麦示范六省上报汇总平均亩成本为238.6元，比上年全国小麦平均生产成本下降9.9%。高油大豆四省示范区成本监测点汇总斤粮成本为0.57元，比非示范区低0.03元。

4. 效益增加。由于单产提高、价格上涨、成本下降及优质优价，示范区亩收益增加。小麦价格特别是优质小麦的价格较好，普遍比上年、比普通小麦价格高10%～15%以上。依此估算示范区优质小麦每亩纯收益比上年增加55元（含良种补贴），示范区大豆比非示范区每亩增收50.8元（不含良种补贴）。

良种推广补贴示范项目的实施，促进了小麦和大豆产业的发展。小麦实现了四大阶段性、历史性的突破，即2002年我国首次成为小麦净出口国；首次实现制粉用小麦的出口；首次进入路透社全球硬质小麦报价体系；在郑州交易市场成功推出强筋小麦的期货交易。大豆示范提高了东北地区大豆生产的科技水平，推进了大豆的区域化种植、规模化生产和产业化经营。实践证明，良种补贴增加了农民收入，加快了优质品种的推广和技术的应用，是推动农产品区域化布局、规模化种植和产业化经营的前提。

棉花流通体制改革

(一) 政策背景和主要内容 为建立适应社会主义市场经济要求的棉花企业经营机制和管理体制，2001年7月，国务院下发了《关于进一步深化棉花流通体制改革的意见》，要求放开棉花收购，鼓励公平有序竞争；实行社企分开，加大供销社棉花企业改革力度；实行储备与经营彻底分开，确保储备棉优质安全、经济合理；加强和改进对棉花市场的宏观调控；加强棉花市场管理和质量监督；改进棉花信贷资金管理；推进棉花产业化经营。2002年9月，国务院办公厅转发了国家经贸委等部门《关于供销社与棉花企业分开的实施意见》的通知，要求棉花企业实行清产核资，产权界定，进行企业改革，供销社与棉花企业实行社企分开。2003棉花年度开始后，有关部门就加强棉花收购工作和深化棉花流通体制改革又采取了一系列措施。9月9日，国家发展改革委等部门下发了《关于做好2003年度棉花收购工作的通知》；9月18日，国家发展改革委等部门召开了全国棉花工作电视电话会议；《棉花质量检验体制改革方案》已报经国务院批准实施，提出力争用五年左右的时间建立起符合我国国情和与国际通行做法接轨的棉花质量检验体制。

(二) 政策执行情况及效果评价 各地区和各有关部门按照国务院《关于进一步深化棉花流通体制改革的意见》及相关政策要求，积极推进改革，棉花市场化改革进展顺利，市场流通秩序较好，市场调控取得成效，有力地促进了棉花和棉纺织业的健康发展。

1. 棉花收购多渠道竞争局面形成，收购资金供应渠道增多。棉花收购放开后，各种所有制企业经资质认定进入棉花收购市场。截止2003年底，全国经资格认定的棉花收购加工企业由原来的3 000多家增加到7 600多家。2003年度，全国非供销社棉花企业收购量占社会收购量的比例已达60%以上。随着市场的放开，其他资金渠道进入棉花收购领域。2003年度，非农业发展银行贷款收购棉花占当年社会收购量的比重上升到75%左右，比上年度提高约20个百分点。

2. 社企分开工作和企业改革积极推进，储备与经营彻底分开。各地供销社按照国务院关于社企分开工作的要求，对棉花企业积极进行改制、改组、改造，探索社企分开途径，推进棉花企业改革。截止2003年底，内地80%以上的轧花厂已完成改制，成为股份制企业或民营企业；省级棉麻公司半数以上完成改制。棉花产业化经营正在逐步发展。有的地区以棉花企业为龙头，下联棉花合作社，上联纺织企业；有的以纺织企业为龙头，吸收棉花收购加工企业、棉花种子公司等组建企业集团，积极探索棉花产业化经营的路子。棉花企业积极开展经营，未出现新的亏损挂账。2003年3月28日，国家成立了中国储备棉管理总公司，专门负责国储棉的购销和管理，解决了储备与经营长期不分的问题。

3. 市场和质量监督管理进一步加强，棉花质量检验体制改革方案开始组织实施。在新棉收购开始后，各有关部门多次派出巡视组，督促落实加强市场和质量监管的措施。各主要产棉区人民政府和有关部门高度重视新棉收购工作，加强市场和质量监管。棉花企业质量意识增强，没有发生恶性质量违法案件，棉花市场秩序总体较好。

4. 棉花市场调控继续得到加强。国家综合运用储备和进出口、抛售库存老商品棉等手段，保持了棉花市场基本稳定和纺织工业用棉的需要。同时，健全棉花预警机制，加强市场监测工作。有关部门及时披露棉花供给、需求及国内外市场变化的信息，完善棉花信息发布制度，引导农民、棉花加工经营企业和纺织企业正常生产经营。

当前，棉花流通中还存在一些问题：一是棉花生产波动大，影响棉农收入和纺织用棉需要；二是放开棉花收购后，棉花质量问题较为突出；三是棉花生产经营组织化程度低、竞争力弱；四是棉花市场体系有待进一步完善。

WTO与中国农业

2001年12月我国正式成为世贸组织成员。入世后我国农产品贸易条件随之发生了变化，农产品管理政策与相应法律法规作了相应的修改，这使得我国农业在更大范围内和更深的层次上参与经济全球化。

（一）积极履行入世的农业承诺义务 截至2003年，我国农产品的平均关税水平（关税配额产品采用配额外税率）已经由加入WTO前的23.2%降至16.8%；关税配额管理的农产品个数从入世时的58个下降至49个，配额外平均关税由84%下降到52%；并且对粮、棉、油、糖等大宗农产品实施了更加透明的关税配额管理方式。根据关税配额执行的情况，2003年9月我国又修订了《农产品关税配额管理暂行办法》，规定：全部关税配额于每年1月1日前发放，不再预留加工贸易配额；关税配额使用统一的配额证；取消关税配额通知书，在每年1月1日前将关税配额证直接发给企业。

（二）积极参与WTO贸易政策的审议通报活动 作为WTO的正式成员，我国既有权参与对其他成员贸易政策的审议，也必须接受其他成员对我国贸易政策的审议；并且当我国颁布或修改贸易政策时，要及时向其他成员通报。2003年9月底，WTO成员对我国进行了一年一度的政策审议，其他成员对我国农业贸易政策的关注主要集中在关税配额透明度、出口补贴、敏感产品贸易等几个领域。截至2003年，我国审议其他成员农业贸易政策的主要议题有农业知识产权、农产品出口技术壁垒、国别歧视性限制等。

（三）积极参与新成员加入谈判 按照WTO规则，在我国入世之后申请加入WTO的国家须与我国举行双边市场准入谈判，达成协议。这为我国提供了改善农产品出口条件的机会。2003年，我国参加的主要新成员加入谈判有中国—俄罗斯、中国—沙特、中国—越南、中国—乌克兰双边谈判等。

（四）积极参与WTO新一轮谈判 WTO“多哈回合”谈判开展以来，农业问题成为谈判的矛盾焦点和谈判重点。我国入世以来，积极利用参与农业谈判的机会，为我国农业产业、农产品贸易的发展争取最大的利益。2003年，我国共参加了5次WTO农业谈判委员会特别会议以及贸易部长会议（坎昆会议）。我国参与新一轮农业谈判的主要立场有：

1. 新成员关注。我国主张，应在新一轮谈判时对部分在加入时做出重大而广泛承诺的发展中国家给予特殊利益关注，即不应再要求这些新成员作出进一步改善市场准入的承诺。

2. 市场准入。核心是关税削减公式。我国所在的G20支持“分层公式”方案，削减关税高峰，大幅度提高市场准入，同时解决发展中成员和发达成员的敏感产品问题。

3. 国内支持和出口补贴。我国认为发达成员应大幅度削减扭曲贸易的国内支持，封顶“蓝箱”，严格限制“绿箱”的使用；平行削减出口信贷、粮食援助和出口国营贸易企业中的出口补贴成分，直至取消所有形式、所有产品的出口补贴，并明确最终取消的日期。

2003年9月，WTO第五届部长级会议在墨西哥坎昆召开，我国第一次以成员身份参加了部长级会议，积极参与了全部议题的谈判和磋商。在农业谈判方面，我国全面阐述了对新一轮农业谈判所持的立场和新成员特殊待遇的关注，得到了有关成员的理解，发挥了积极和建设性的作用。坎昆会议在农业谈判方面的目标是就农业减让模式框架达成一致，但各方立场差异很大，互不妥协。尽管坎昆会议由于分歧严重而失败，但我国农业谈判在这次会议上仍然取得了一定的成果，这体现在我国加入了与农业部分利益相同的“20国协调组”（G20），依托G20整体力量与其他谈判方对话，使得我国提出的关于新成员特殊待遇的4点要求在22成员集团针对主席案文的修改中得到了反映。

在积极参与WTO新一轮农业谈判的同时，我国还积极参与WTO渔业补贴削减问题的谈判（按照WTO规则，农产品的概念中不包括水产品）。目前WTO渔业补贴的谈判还处于初始阶段，焦点问题是各成员对渔业补贴的规范应该在WTO全面的反补贴框架下进行，还是应该单独设立渔业反补贴的实施纪律。我国的立场是设立单独的渔业补贴规则，将各成员实施的各种渔业补贴分类，补贴的留存应视补贴的效果而定，对于渔业、海洋资源有破坏作用的补贴应坚决予以取消，而对资源环保有积极作用的可在约束下保留。

到2003年末为止，我国加入WTO仅有两年的时间，入世的承诺还未最终执行完毕，WTO“多哈回合”的谈判也尚未结束。随着我国继续执行入世承诺，新一轮谈判的继续进行，WTO规则对我国农业的影响将进一步凸现，我国在WTO中也将发挥更大的作用。

农业结构战略性调整

（一）政策背景和主要内容 2003年1月，《中共中央、国务院关于做好农业和农村工作的意见》提出，推进优势农产品和特色农产品向优势产区集中，是农业结构调整的一项战略任务。2003年，农业部以推进优势农产品区域布局作为农业结构调整的重点，全面组织实施了《优势农产品区域布局规划(2003—2007年)》(以下简称《规划》)，启动了11类优势农产品产业带建设。各地按照《规划》的总体要求，结合当地实际，进一步明确发展思路和建设重点，制定配套规划和实施方案，出台一系列扶持政策，引导企业和农民加快优势农产品产业带建设。经过努力，初步形成了各级政府、有关部门、龙头企业和广大农民共同推进的积极态势，使优势农产品产业带建设取得了显著成效，有力地推进了农业结构战略性调整，促进了农产品竞争力增强、农业增效和农民增收。

（二）主要做法与取得的成效

1. 优质专用农产品发展势头强劲。各地适应市场需求，不断优化农产品品种和品质结构，优质专用农产品发展势头强劲。

2. 农业生产结构进一步优化。牛羊等草食牲畜的规模化饲养与经营水平提高，畜牧业保持稳定发展。水产养殖业比例上升，渔业内部结构继续优化。

3. 优势农产品布局区域化进程加快。2003年，各地在实施《优势农产品区域布局规划》过程中，坚持以质取胜和项目带动战略，整合资金，整合投向，加大优势产区的项目建设力度，强化基础设施建设，搞好配套服务，不断促进优势农产品向优势产区集中。湖北省提出要抓好优质水稻、“双低”油菜等9种优势农产品产业带和9种特色农产品基地建设；内蒙古、青海等地以高产奶牛基地和优质肉牛基地为重点，积极开展优质畜牧业产业带建设。

4. 特色农业发展迅速。2003年，农业部把发展特色农业作为西部地区调整农业结构、增加农民收入的重点，发挥区域资源优势，突出地域特点，明确工作重点，全力寻求突破。确定了贵州、甘肃两省为农业部特色农业发展重点联系省，并确定了4个县为重点联系县。甘肃省定西地区根据本地的地理和资源条件，着力培育马铃薯、中药材、食用菌、花卉等特色产业，并注意不断使特色作物向优势产区集中。甘肃省临夏州从高寒阴湿特有的资源出发，推进特色农业发展，2003年药材、百合、油菜面积分别此上年增长154%、114%和50%。

5. 订单农业继续保持良好发展势头。据不完全统计，2003年全国各种类型的订单农业达到24 600千公顷，比上年增加2 800千公顷，增长12.8%。

优势农产品区域布局调整取得明显成效

（一）优质农产品逐步向优势产区集中　据不完全统计，2003年冀、鲁、豫三省优质专用小麦面积达到全国优质专用小麦面积的50%，东北、内蒙古4省区高油、高蛋白等优质专用大豆面积占全国优质专用大豆面积的68%，苏、皖、湘、鄂、川5省“双低”油菜面积占全国的77%。与此同时，各省主要农产品生产的规模化和集中度也进一步提高。河南省2003年优质小麦200公顷以上成方连片种植的达1 150千公顷，占优质小麦总面积的68.3%，已基本形成了以豫北为优质强筋小麦生产基地、以豫中为中筋小麦生产基地、以豫南为弱筋小麦生产基地的区域布局。河北省邯郸、邢台、沧州、衡水四个棉花主产市植棉面积达到480千公顷，占全省棉花播种面积的83%，初步形成了棉花的规模化和专业化生产格局。

（二）优质专用农产品发展步伐加快　各地在推进《规划》实施过程中，把优势突出体现在优质上，通过大力发展优质品种，着力提高产品质量和安全水平，进一步加快优质专用农产品发展步伐。2003年全国优质早稻面积3 870千公顷，占早稻总面积的69%，比上年提高3个百分点，比1999年提高32个百分点；优质专用小麦8 270千公顷，占小麦总面积的38%，比上年提高7个百分点，比1999年提高29个百分点；优质专用玉米6 800千公顷，占玉米总面积的28%，比上年提高4个百分点，比1999年提高10个百分点；“双低”油菜籽5 130千公顷，占油菜籽总面积的70%，比上年提高4个百分点，比1999年提高30个百分点；“双高”甘蔗品种在广西、云南、广东等优势区大面积推广，广西“双高”品种推广率已达90%以上；蔬菜、水果、茶叶等园艺产品的产品质量和安全卫生水平明显提高。

（三）龙头企业开始向优势产区聚集　《规划》实施的一个明显效果是，引导和带动了一批农产品加工企业到优势产区投资建厂。国家重点产业化龙头企业汇源果汁集团，已经在桂北柑橘优势产区的生态示范县恭城县投资建设柑橘加工厂。河南省近年重点扶持了40家粮食加工骨干企业，经过技改扩建和新建后，新增小麦加工能力760万吨。到2003年底，全省小麦加工企业达7 000余家，加工能力1 500万吨，并先后开发出了谷朊粉、胚芽油、淀粉、维生素、酒精、液体二氧化碳等几十个品种，创出了十几个名牌产品。优势农产品加工能力的不断增强，进一步拉动了优势农产品发展，并在带动农民增收方面发挥了重要作用。

（四）优势农产品出口竞争力有所提升　山东省依托当地资源，紧紧瞄准具有出口优势和发展潜力的食用菌等产业，因势利导、精心培育、大力发展。全省食用菌已形成年产80万吨的规模，年出口量超过20万吨，出口竞争力进一步增强。河南省延津县在全国率先实现出口磨粉小麦零的突破后，截止到年底，该省已与中粮集团签订磨粉小麦出口供应合同36万吨，实现出口25万吨，产品远销印度尼西亚、越南、菲律宾、新西兰等国。

农村小城镇建设

(一) 政策背景和主要内容 党的十六大充分肯定了发展小城镇对全面建设小康社会的重大意义。为了进一步促进小城镇健康发展，2003年1月召开的中央农村工作会议对小城镇建设作出了专门部署。明确提出，要突出重点，完善功能，加快小城镇发展。要进一步搞好小城镇发展规划，解决好小城镇布局分散、重点不突出的问题，集中力量建设好县城和少数在建制的中心镇。有关部门要抓紧确定重点发展的小城镇，编制科学合理的规划，严格按规划建设，防止一哄而起。各地要制定鼓励乡镇企业向小城镇集中的政策，通过集体建设用地流转、土地置换、分期交纳土地出让金等形式，合理解决企业进镇的用地问题，降低企业搬迁的成本。要加强小城镇基础设施建设，着力完善小城镇功能，防止盲目扩张。要制定优惠政策，鼓励多渠道、多形式投资兴办小城镇基础设施和公用事业。各级政府对小城镇基础设施建设，要给予必要的支持。

(二) 政策执行情况及效果评价

1. 小城镇继续健康发展。到2003年底，全国建制镇比上年增加400多个，建制镇数量已超过乡的数量。小城镇规模有所扩大，非农就业比重增加。小城镇经济实力增强，成为振兴和繁荣农村经济的重要载体。

2. 进一步推进户籍管理制度改革。各地按照国务院批转公安部《关于推进小城镇户籍管理制度改革的意见》的要求，进一步推进小城镇户籍制度改革。取消“农转非”计划指标管理和“农转非”户口审批。放宽户口迁移政策。对到建制镇（含县城镇）落户的人员，不受居住年限限制，并可以根据本人意愿，保留其承包土地的经营权。许多大中城市相继放宽了落户条件，一些省（自治区、直辖市）还在省级范围内打破了城乡分割的二元户籍管理体制。如河北、重庆等地在全省（市）范围内取消农业户口、非农业户口、自理口粮户口及其他类型的户口性质划分，实行城乡一体化的户口登记制度。江苏取消户口性质和进城人口计划指标，实行户口迁移条件准入制度，浙江、广西、河南等地全面取消了城镇入户限制，实行以实际居住地登记户口的制度。

3. 小城镇社会保障制度改革取得突破。上海市出台了《小城镇社会保险暂行办法》，在全市范围内全面推行小城镇社会保险制度，并纳入全市社会保险范畴，有效保障了小城镇从业人员的合法权益，有力地促进了小城镇的健康发展。一些地方也已开始探索小城镇社会保障制度的改革。

在小城镇发展中，也存在着一些值得注意的新情况和新问题，如：一些地方没有把工作重点放到发展小城镇经济、完善小城镇功能、促进富余劳动力转移上，而是热衷于形象工程、政绩工程建设，甚至不惜举债建设大广场、宽马路、高标准绿地及标志性建筑等；一些地方通过设置开发区，搞乡改镇等，盲目扩大小城镇规模；户籍制度改革存在一定的局限性，一些地方虽然放开了落户条件，但小城镇经济规模和就业岗位有限，对农民的吸引力不够；一些地方在小城镇建设和开发中存在着损害拆迁户及被征地农民利益的现象。

农村劳动力转移

（一）政策背景和主要内容 党中央、国务院高度重视农村劳动力转移问题，近年来出台了一系列推进城乡统筹就业的政策措施，各地区和有关部门也为促进农村劳动力有序流动，采取了多种措施。但是，在一些地方，农民进城务工就业仍然受到一些不合理限制，农民工的合法权益得不到有效保护。同时，农民进城务工就业使社会治安、城市管理等工作也面临着新的问题。为加强对农民进城务工就业的管理和服务，2003年1月5日，国务院办公厅下发了《关于做好农民进城务工就业管理和服务工作的通知》，要求各地区、各有关部门要充分认识做好农民进城务工就业工作的重要意义，把农民进城务工就业工作列入重要工作日程，切实加强领导，采取有效措施，做好农民进城务工就业管理和服务的各项工作。取消对农民进城务工就业的不合理限制，切实解决拖欠和克扣农民工工资问题，改善农民工的生产生活条件，做好农民工的培训工作，安排好农民工子女就学，加强对农民工的管理和服务。各地区、各有关部门要加强协调配合，确保各项政策措施的落实。

为进一步贯彻落实国务院办公厅文件精神，2003年9月，国务院办公厅先后转发了教育部等部门《关于进一步做好进城务工就业农民子女义务教育工作的意见》和农业部等部门《2003—2010年全国农民工培训规划》。教育部等部门的《意见》指出，做好进城务工就业农民子女义务教育工作，是贯彻落实《中华人民共和国义务教育法》的需要，各级政府要以强烈的政治责任感，认真扎实地做好这项工作。农业部等部门制定的《培训规划》，不仅明确了农民工培训的目标和任务，而且提出了推进农民工培训的政策措施。2003年6月20日，国务院发布第381号令，废止了1982年5月12日发布的《城市流浪乞讨人员收容遣送办法》，宣布自2003年8月1日起施行《城市生活无着的流浪乞讨人员救助管理办法》。

（二）政策执行情况及效果评价

1. 进城务工就业农民的权益保障工作取得了明显进展。2003年，许多城市取消了限制农民工进城就业的不合理政策，农民工进城就业的环境有了较大的改善。2003年底，在党中央、国务院的统一部署下，各有关方面积极采取措施清理拖欠农民工工资。据建设部初步统计，经过2个多月时间的努力，已偿付历年拖欠农民工工资215亿元，清欠率68%。其中，2003年发生的欠款已兑付89%。

2. 农村劳动力转移就业培训工作进展顺利。2003年，农业部将农村劳动力转移培训试点工作扩大到了50个县（市），并召开了农村劳动力转移培训经验交流会，为下一步开展大规模的农村劳动力转移培训工作积累了丰富的经验。

3. 农村劳动力转移保持较快增长速度。2003年，全国农村外出务工劳动力占农村劳动力的比重为18.5%，比上年提高1.8个百分点。外出务工人数增加约830万人，增长10.3%。

专栏10

沿海捕捞渔民转产转业工程

2003年，为了更好地实施沿海捕捞渔民转产转业工作，保证预期目标的顺利完成，财政部和农业部针对上一年转产转业工作在资金安排、计划的组织和落实等方面遇到的困难，对转产转业工作中存在的突出问题进行了反复研究，在征求部分省市意见的基础上，对转产转业资金使用管理办法提出调整意见。2003年9月18日出台了《海洋捕捞渔民转产转业专项资金使用管理规定》，对中央减船补助范围和标准进行调整，调整的总原则：一是提高现行补助范围内渔船的中央补助标准；二是扩大中央减船补助范围，增加10～20千瓦渔船和持临时捕捞许可证（纳入管理）的渔船；三是安排地方拆船补助经费。新调整后的补助办法也适用于2002年农业部已批复报废计划的渔船。在转产转业专项资金的安排上，优先满足各地减船补助资金，余下资金用于安排转产转业项目。在转产转业项目安排上增加转产渔民培训类项目，实行项目合同管理，项目承担单位主要是地方水产技术推广部门或是职业技能培训机构，转产项目、培训资金与各地减船数量、转产渔民任务数挂钩。

新办法调动了地方和渔民的减船积极性，虽然"非典"疫情及政策调整延迟了2003年减船计划转产项目的批复下达时间，但各地克服了重重困难，加大了工作力度，充分调动和发挥各方面的积极性，减船工作取得很大进展，截止到2003年12月，累计完成减船计划3 012艘。同时，2003年重点安排了转产渔民生产技能培训项目，计划培训转产渔民2万人，效果较好，受到广大渔民的普遍欢迎。

农业法制建设

（一）基本背景和主要内容 2003年3月1日，新制定的《农村土地承包法》和新修改的《农业法》、《草原法》正式实施。这是我国农业法制建设的一件大事，对于促进农业发展、农民富裕和农村繁荣，推进全面建设农村小康社会，具有重要意义，必将产生深远影响。学习宣传和贯彻实施这三部法律，是2003年农业部的重点工作之一，是农业法制工作的重点。针对近年来因毒鼠强引起的中毒事件时有发生，严重威胁着人民群众的生产安全和社会稳定，2003年7月，国务院办公厅下发了《关于深入开展毒鼠强专项整治工作的通知》，在全国范围内深入开展毒鼠强专项整治，成为2003年农业执法的重要工作。2003年3月，农业部召开全国农业政策法规工作会议，各级农业部门按照农业部的统一部署，继续加强农业立法、执法和综合执法试点，深入开展农资打假工作。

（二）执行情况和效果评价

1. 农业“三法”宣传工作成效显著。各级农业部门高度重视《农业法》、《农村土地承包法》、《草原法》三部法律的宣传贯彻，开展了声势浩大、形式多样的学习宣传活动。

（1）召开座谈会。2003年1月15日，农业部与全国人大农委等部门在北京人民大会堂共同召开了“《农业法》、《农村土地承包法》、《草原法》贯彻实施座谈会”，九届全国人大常委会李鹏委员长、姜春云副委员长出席；3月11日，农业部、司法部联合召开了“学习贯彻农业三法座谈会”。全国有14个省、自治区、直辖市举办了此类活动。

（2）发表署名文章、电视讲话或接受媒体采访。农业部部领导先后6次接受《人民日报》、中央电视台和《农民日报》的采访，并在人民日报发表文章，阐述农业三法的意义和基本精神。全国有23个省、自治区、直辖市人大、政府或农业部门领导也在当地主要媒体上就“三法”的贯彻实施发表了署名文章、电视讲话或接受采访。

（3）在报刊上开辟宣传专栏。农业部分别在《人民日报》和《农民日报》组织了题为“与时俱进，依法治农——学习贯彻《农业法》、《草原法》、“将农业法律送到千千万万农民手中”两个宣传专版，在《农民日报》上开辟了“新农业法系列讲座”、“《农业法》、《农村土地承包法》、《草原法》代表委员专访”两个专栏，并在中央电视台七频道组织了四期专家访谈，协助中央电视台、中央人民广播电台制作有关新闻节目，向社会广泛宣传三部法律。全国有25个省、自治区、直辖市的农业部门也在当地主要媒体上开辟专栏宣传农业“三法”。

（4）编印学习宣传资料。农业部组织编写了《农业法释义》、《农村土地承包法培训讲义》、《农业“三法”问答》。各地农业部门也通过编发法律文本、辅导讲话、宣传手册、宣传单，张挂宣传横幅、标语，制作黑板报、宣传栏，出动宣传车等形式，大张旗鼓地宣传农业“三法”。各地共编发法律宣传资料2 330余万册（份），张挂宣传横幅、标语70余万条，制作黑板报、宣传栏7万余期（个），出动宣传车3万余台（次）。

（5）举办培训班。农业部党组中心组专门学习了《农业法》；农业部先后举办了一期“《农村土地承包法》培训班”和两期“《农业法》培训班”，培训骨干350余人。河北、浙江、广西、江西、海南等省（自治区）还对乡村干部进行了培训。初步统计，各地共培训有关人员220万余人次。

(6) 开展送法下乡活动。8月份，农业部与司法部在湖北、河北、山西、内蒙古、吉林、云南联合举办了送法下乡活动。六省区共发放宣传资料22万份，制作展板231块（幅），有4万余群众直接参加了此次送法下乡活动。其他地方农业部门也组织了"'三法'宣传日(周、月)"活动，采用快板书、小品、话剧、山歌对唱等贴近生活、通俗易懂的方式向农民宣传"三法"，让群众在欢快的氛围中受到法制教育。

(7) 组织法律知识竞赛。农业部与司法部联合举办了"《农业法》、《农村土地承包法》、《草原法》知识竞赛活动"。广东、新疆、山东、湖北、江西、浙江、云南、福建等地也组织了知识竞赛活动。

通过"三法"学习宣传活动，一是在全社会营造了关心农民、关注农村、支持农业的氛围；二是增强了各级党委、人大、政府和有关部门对农业部门工作的理解、重视和支持；三是提高了各级农业部门依法行政、依法治农的水平，加深了农业部门与农民群众的感情；四是增强了农民群众守法用法意识，提高了他们依法维权的能力。

2. 农资打假和毒鼠强专项整治取得阶段性成果。2003年，各级农业部门与公安、工商、质检等部门密切配合，认真开展农资打假和毒鼠强专项整治工作。据不完全统计，全国共出动检查人员120多万人次，检查各类农资企业近35万家，立案查处各类制售假冒伪劣农资违法违规案件4.7万多件，捣毁农资制售假窝点近4 000个，为农民挽回经济损失10亿多元。农业部还直接立案查处了13起农药和饲料违法案件，吊销了5家企业的农药临时登记证和1家企业的添加剂预混合饲料生产许可证。毒鼠强专项整治工作也在摧毁全国毒鼠强生产网络、营销网络和技术源头方面取得了突破性进展，非法制售毒鼠强的行为得到了有效遏制。2003年全国投毒案件发生起数及所造成的中毒死亡、受伤人数与直接经济损失分别比上年下降了29.4%、27.8%、27.9%、58%。

3. 农业综合执法试点取得新进展。截至2003年底，全国有29个省、自治区、直辖市的127个市（地）、1 266个县成立了农业综合执法机构。浙江、福建、贵州、江苏、重庆5个省市还成立了省级农业综合执法机构。全国1/4以上的省农业综合执法覆盖面达到60%，江苏、浙江、湖南三省农业综合执法覆盖面已达到90%。

4. 行政审批综合办公开端良好。2003年11月，农业部率先在国务院部门中成立了行政审批综合办公室，制定了《农业部行政审批综合办公管理办法（试行）》、《农业部行政审批综合办公办事规则（试行）》和《农业部行政审批综合办公办事指南》，规范了行政审批的内容、法律依据、办事条件、办事程序、承诺时限和收费标准，把原来分散在部属各有关司局的30项行政审批项目集中起来，统一受理，统一回复。截至2003年底，共受理行政审批事项832件，办结516件。

5.农业立法取得新突破。2003年6月27日，国务院发布《中华人民共和国渔业船舶检验条例》，2003年8月1日起施行。《中华人民共和国渔业船舶检验条例》规定渔业船舶实行强制检验制度，强制检验分为初次检验、营运检验和临时检验。同时，农业部制定了《远洋渔业管理规定》、《联合收割机跨区作业管理办法》、《农作物种子质量纠纷田间现场鉴定办法》、《农作物种质资源管理办法》、《水产养殖质量安全管理规定》、《中华人民共和国农村土地承包经营权证管理办法》等6项规章，并对《饲料添加剂和添加剂预混合饲料生产许可证管理办法》进行了修改。

2003年

农业发展与国民经济

2003年农业发展与国民经济

总体状况

2003年，面对突如其来的非典型肺炎疫情和复杂多变的国际形势，我国政府沉着应对，继续实行积极的财政政策和稳健的货币政策，采取一切行之有效的措施，促进国民经济稳定增长。当年，国内生产总值实现了9.1%的增长速度，达到116 898亿元，人均国内生产总值首次突破了1 000美元大关。在国内生产总值中，农业增加值17 092亿元，比上年增长2.5%，增速下降0.4个百分点，占国内生产总值的比重由上年的15.3%下降为14.6%；第二产业增加值61 131亿元，比上年增长12.6%，增速上升2.8个百分点，占国内生产总值比重为52.3%，比上年提高1.9个百分点；受非典型肺炎疫情对旅游、交通、餐饮等行业的影响，第三产业增长幅度是近10年来最低的，比上年增长6.6%，增速下降2.1个百分点，增加值为38 675亿元，占国内生产总值的比重也由上年的34.3%下降为33.1%。在投资方面，当年全社会固定资产达到55 118亿元，比上年增长26.7%，是1995年以来增幅最高的一年；在市场消费方面，社会消费品零售总额比上年增长9.1%，增幅下降2.7百分点。受全社会固定资产投资高速增长的影响，原材料价格、工业品出厂价格以及居民消费品价格指数由负变正；在对外贸易方面，全年进出口贸易增长速度高达37.1%，是1995年以来的最高增长速度，进出口贸易总额达到8 510亿美元。在投资、对外贸易和第二产业的带动下，国民经济进入新一轮的高速增长时期。

在此宏观经济环境条件下，党中央、国务

院为了缩小城乡差距，把“三农”问题放到国民经济和社会发展的战略高度统筹考虑。从调整国民收入分配结构入手，一是加大对农业和农村基础设施的投入，改善农民的生产条件和生活环境；二是进一步加大财政转移支付力度，农村税费改革试点范围扩大到全国各省农村，让减负的好处惠及全国每个农民；三是增加良种补贴规模、继续安排国债农产品深加工项目专项资金，支持调整农业结构，增加农民收入。另外，从中央政府到地方政府都纷纷采取措施，加大力度保护农民的合法权益，一方面帮助解决拖欠农民工工资问题，另一方面整顿土地市场秩序，妥善解决农民的失地、失业问题等。在上述政策的作用下，2003年尽管受到“非典”疫情和自然灾害的严重影响，但农业仍然能稳定发展，乡镇企业发展也取得了近5年来的好成绩，农业、农村与国民经济的关系总体状况继续向好的方面转化。

2003年农业、农村和国民经济的关系变化特点是：①农业对国民经济的市场贡献、外汇贡献继续下降，发展贡献、产品贡献作用稳定，而要素贡献作用在弱化；②在国民收入分配关系中，农业与其他产业在初次分配中的关系虽有所改善，但在国民收入再次分配中，农业、农村获得的投资量增长速度依然过慢；③乡镇企业发展在继续加速，对国内生产总值的贡献、全国非农产业的发展贡献和农民收入增长的贡献作用都在不断上升；④在区域发展特点上，国内生产总值增长和非农产业发展的地区差距仍有扩大的趋势，但农业发展和农民收入增长在地区差距上有缩小的趋势。

应该引起高度重视的问题是，在国民经济增长速度大幅度提高、工业发展速度明显加快的情况下，工农业发展比例关系进一步扩大，粮食安全问题又引起社会的高度关注，工农两大产业发展比例开始进入失调区间；同时，尽管政策性因素给农民收入带来了不少的增长，但因“非典”疫情、自然灾害等因素影响，农民收入增幅下降，同城市居民的收入差距、消费差距又再次拉大。由于农民购买能力低，农村市场需求增长仍然低于城市，农村消费品零售总额占全社会的份额降到历史最低水平。针对农业、农村与国民经济间的种种发展矛盾，国家已经采取了许多行之有效的调控措施。可以相信，在这些调控措施的作用下，工农、城乡以及地区间发展差距扩大的趋势将会受到抑制，并会向好的方面转化。

农业对国民经济的贡献

随着国民经济的快速发展和经济结构的逐步转变，我国农业与国民经济的关系正在发生着深刻变化。农业在国内生产总值中占有的份额日益降低，在保障农产品供给、保证食品安全以及保持社会稳定等方面的作用不断增强。2003年，我国农业持续稳定增长，为国民经济的发展作出了重要贡献。

（一）增长贡献 2003年，在党中央、国务院的领导下，全国各地贯彻落实党的十六大和十六届三中全会精神，沉着应对突如其来的“非典”疫情、多种自然灾害和复杂多变的国际形势带来的严峻困难和挑战，国民经济和社会发展的主要预期目标顺利实现。结构调整取得积极进展，经济增长质量和效益进一步提高；改革开放稳步推进，经济活力进一步增强；国民经济较快增长，城乡居民生活继续改善。全年实现国内生产总值116 898亿元，按可比价格计算，比上年增长9.1%，增幅比上年提高0.8个百分点。

由于粮、棉、油等主要农产品全面减产，农业增加值实际增长速度与上年相比有所降低。全年实现农业增加值17 092亿元，比上年实际增长2.5%，增幅比上年回落0.4个百分点。农业增加值占国内生产总值的比重为14.6%，比上年下降0.7个百分点（图26）。按增加值衡量，农业增长对国民经济增长的贡献份额为8.3%，比上年下降8.0个百分点。

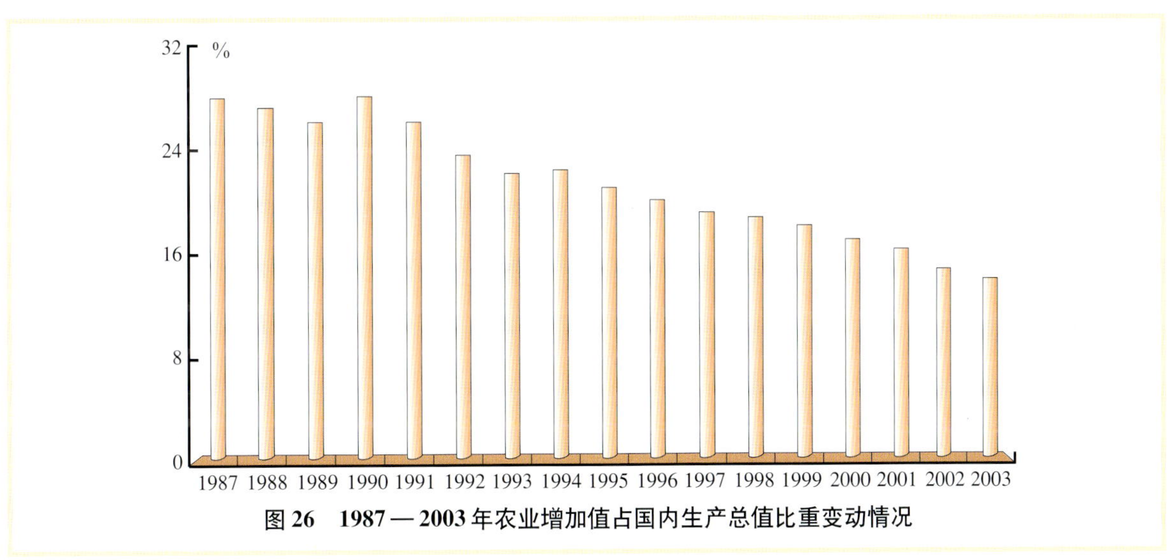

图26 1987—2003年农业增加值占国内生产总值比重变动情况

（二）产品贡献 由于农业生产出现波动，2003年我国多数主要农产品价格开始回升。全国食品类商品零售价格比上年上涨3.7%，其中粮食零售价格比上年上涨2.6%。但是由于我国多数农产品供应依然充足，以及城乡居民收入的普遍提高，价格上涨并未对城乡居民生活造成不利影响。全年城镇居民人均食品消费支出为2 417元，占当年生活消费支出的37.1%，比上年下降0.6个百分点。

（三）市场贡献 虽然2003年我国农民收入增速继续保持增长，但增长的势头既低于上年，也明显低于城市。受此影响，农村市场需求依然不旺。从农民购买消费品的情况看，2003年全国县及县以下消费品零售额16 065亿元，比上年增长6.8%，不但低于全国9.1%

的平均增长速度，也低于城市10.3%的增长幅度；县及县以下消费品零售额占全社会消费品零售总额的比例为35.0%，比上年又下降了0.8个百分点（图27）。

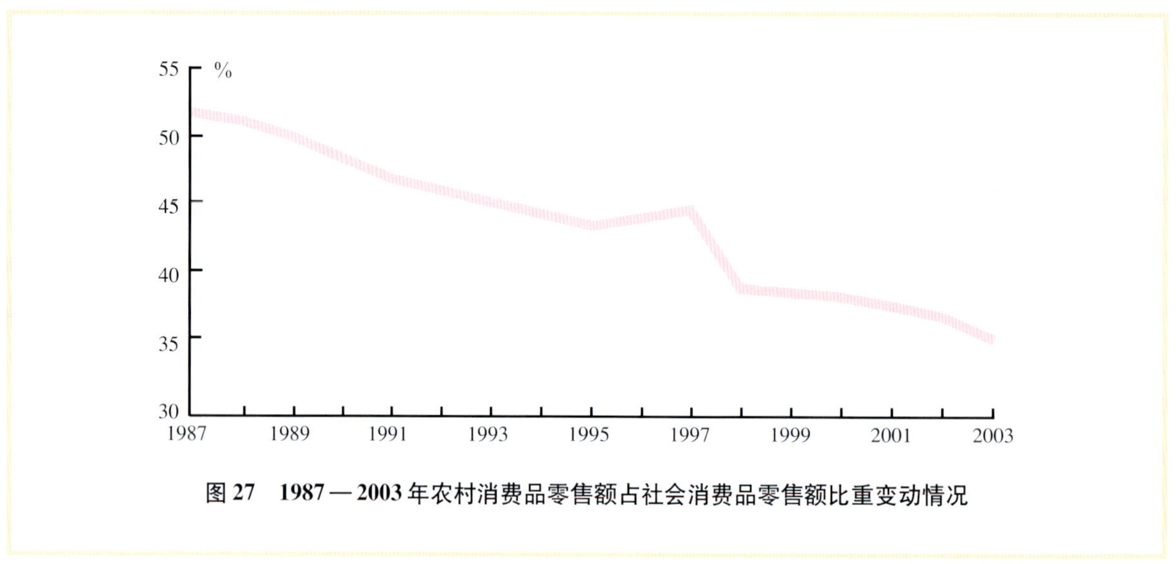

图27 1987—2003年农村消费品零售额占社会消费品零售额比重变动情况

在农民收入增长速度比上年有所降低的同时，2003年农业生产资料价格有所上涨，这在一定程度上抵消了农产品价格上涨带来的农民收入增长。2003年农业生产资料价格总水平比上年上涨1.4%。其中农用机油价格上涨7.8%，饲料、化肥等价格略有上升，农药及农药械、农机等价格呈下降趋势。全年农民人均家庭经营费用支出755.4元，比上年增长3.3%，增幅比上年回落1.7个百分点。其中，人均购置生产性固定资产支出100.3元，比上年增长17.4%，增幅比上年提高8.9百分点。

（四）要素贡献 从农业提供的资本贡献看，2003年国家财政农业各税收入为718亿元，比上年增加4.0%；农村居民人均税费支出67.3元，比上年减少14.5%。从农业提供的劳动力贡献看，2003年末农业就业人员36 546万人，比上年减少324万人。当年农业就业人员占全社会就业人员的比重为49.1%，比上年下降0.9个百分点，这是自1996年以来农业劳动力份额再次降到50%以下（图28、图29）。

（五）外汇贡献 2003年是我国加入世界贸易组织后的第二年。随着中国经济的快速发展、外资进入的不断加快，我国的对外贸易快速增长。与上年相比，全年实现进出口总额8 509.9亿美元，比上年增长37.1%，增长幅度比上年提高15.3个百分点。其中出口总额4 382.3亿美元，增长34.6%，增长幅度比上年提高12.3个百分点；进口总额4 127.6亿美元，增长39.8%，增长幅度比上年提高18.6个百分点。

农产品进出口同时快速增长，分别创造了新的历史记录。但由于进口增幅大于出口，

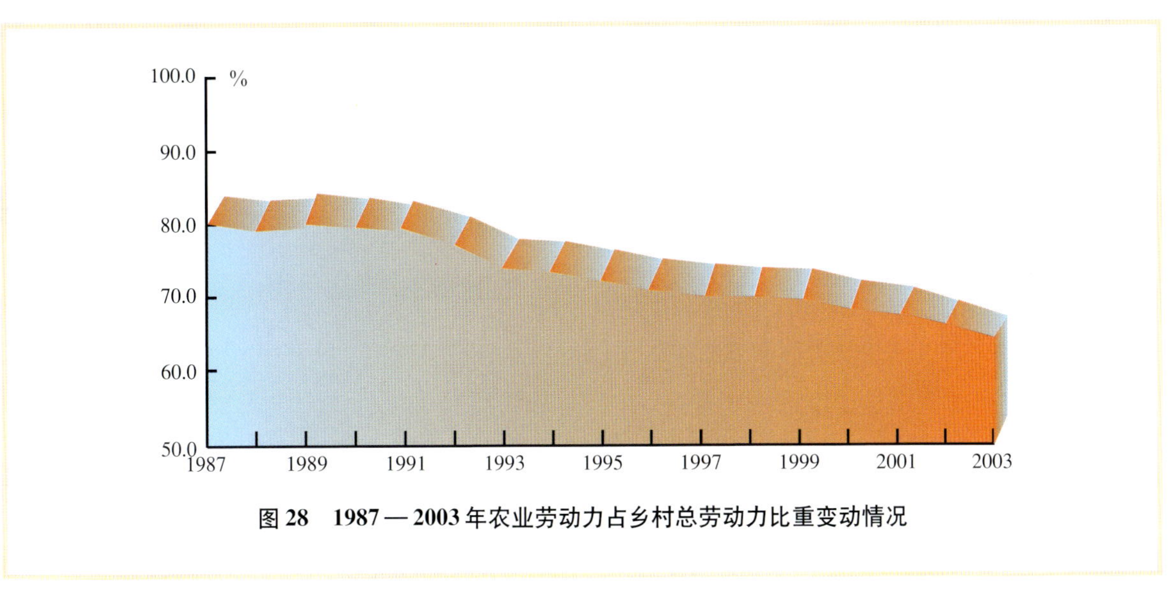

图28　1987—2003年农业劳动力占乡村总劳动力比重变动情况

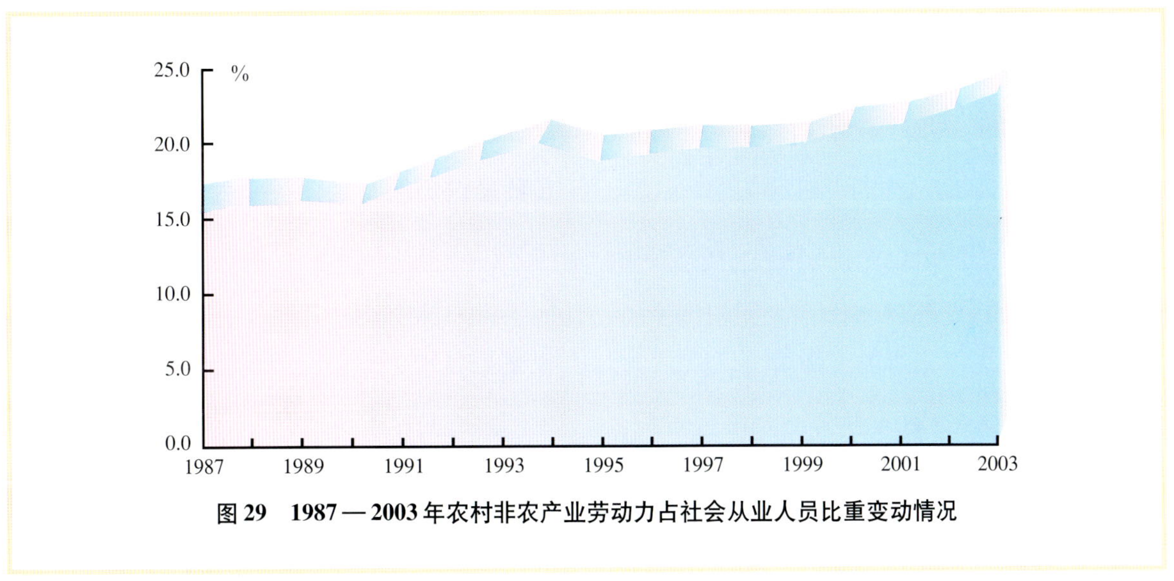

图29　1987—2003年农村非农产业劳动力占社会从业人员比重变动情况

贸易顺差减少。2003年，农产品进出口总额403.6亿美元，比上年增长31.9%，增幅比上年提高22.3个百分点。其中，出口额214.3亿美元，增长18.1%；进口额189.3亿美元，增长52%。农产品贸易顺差25亿美元，比上年下降56.2%。农产品进出口贸易总额占全国进出口贸易总额的4.7%，比上年下降0.2个百分点。其中，农产品出口总额占全部出口总额的4.9%，下降0.7个百分点；农产品进口总额占全部进口总额的4.6%，比上年提高0.4个百分点；农产品进出口贸易顺差占全部顺差的9.8%，比上年下降8.9个百分点。

农业与国民收入分配

2003年，面对突如其来的非典型肺炎疫

情和复杂多变的国际形势，中国政府沉着应对，继续实行积极的财政政策和稳健的货币政策，进一步加大了国内投资增长力度，使国民经济继续保持了高速增长的发展势头，全年国内生产总值达到116 898亿元，人均国内生产总值首次突破了1 000美元大关。与上年相比，国内生产总值增长速度进一步提高，按可比价格计算，比上年增长9.1%。在国内生产总值中，农业增加值17 092亿元，所占比重为14.6%，与上年相比，下降了0.7个百分点；第二产业增加值61 131亿元，占国内生产总值比重为52.3%，比上年提高了1.9个百分点；第三产业增加值38 675亿元，占国内生产总值的比重为33.1%，比上年下降了1.2个百分点。由于非典型肺炎疫情对旅游、交通、餐饮等行业影响较大，第三产业在国内生产总值中所占比重出现了多年未有的下降情况，不过，这对国民经济结构变动的影响不大而且短暂，农业在国内生产总值中的份额仍然保持了稳步下降的态势。

（一）在国民收入初次分配中，因农产品价格回升，农业为农民提供的人均纯收入有了明显增长，但由于城镇居民收入增长更快，农民纯收入总量在国内生产总值中所占的比重继续下降 2003年，农民人均纯收入继续保持了低速增长势头，比上年实际增长4.3%，增长幅度比上年回落了0.5个百分点。由于粮食等主要农产品价格回升，农民人均纯收入中来自第一产业家庭经营收入部分比上年增加了47元，为1 195元，对当年农民收入增长的贡献率达到了32.2%。当年农民人均纯收入2 622.2元，全国乡村人口76 851万人，由此计算的全国农民纯收入总量为20 151.9亿元，占当年国内生产总值的比重为17.2%，与上年相比下降了1.2个百分点。相比之下，2003年，城镇居民人均可支配收入8 472.8元，比上年实际增长9.0%，当年城镇居民人口为52 376万人，全国城镇居民可支配收入总量达44 374亿元，占国内生产总值的比重为38.0%，比上年提高了1.2个百分点。

（二）在国民收入再分配过程中，二、三产业投资大幅度增长，但农业投资增长缓慢，投资总额仍然不足 2003年，全社会完成固定资产投资总额55 118亿元，突破5万亿元，比上年大幅增长26.7%，增速达到了1994年以来最高水平。全社会固定资产投资占国内生产总值的比重高达42.9%。在固定资产投资中，基本建设投资总额22 729亿元，比上年增长28.7%，但其中用于第一产业仅为1 060亿元，仅比上年增长1.6%，基本上没有什么增长；而用于第二和第三产业的基本建设投资分别为7 784亿元和13 885亿元，增长幅度高达38.1%和26.4%。固定资产投资中的更新改造投资为8 444亿元，比上年大幅度增长25.1%，但其中用于农业的部分不足60亿元，增长幅度也仅有13.3%。另外，全社会固定资产投资中的房地产投资和其他投资也分别增长了29.7%和22.6%。相比二、三产业而言，在国民收入再分配过程中，用于农业的投资不仅总额很少，而且增长幅度也最低。

（三）要解决“三农”问题，必须进一步调整国民收入分配格局，保证城乡经济与社会协调发展 2003年，农民收入增长虽然达到了年初预定的目标，但是与同期城市居民收入增长幅度相比，农民收入增长速度还是比较低的。由于农民收入增长相对缓慢，2003年城乡居民收入之比达到3.23：1，差距进一步扩大。

2003年，农民收入增长主要来自于务工收入和第一产业家庭经营收入。其中，农业家庭经营收入增长主要得益于农产品价格的回升。从长期看，依靠提升农产品价格带动农民收入增长的空间不大。如果不能大量转移农业劳动力和农业人口，农民经营农业增加的收入十分有限。另一方面，农村乡镇企业就业增长速度放慢，乡镇企业工资率增长也出现减缓趋势，城市就业形势的严峻使农民外出打工增加收入的前景也不乐观。因此，虽然短期内农产品价格回升和农民工资性收入增长可能推动2004年农民收入的较快增长，但长远来看，保证农民收入持续稳定增长仍然是一项十分艰难的任务。

在这种情况下，要更好地解决“三农”问题，就需要国家在国民收入再分配环节加大对农业和农村的投入，在财政转移支付和社会保障方面加强对农民的支持。最近，国家在支持“三农”方面，采取了一些有力的措施，比如对种粮农民实行直接补助、减免农业税收、清理农民工工资拖欠，以及支持农村“六小工程”建设等，对农民增收减负和促进农村社会经济发展起到了一定的积极作用，但相对而言，对“三农”的政策倾斜力度仍然不够。今后，要在政策诱导、财政支持和国家直接投资方面，进一步加大对“三农”的扶持力度，特别要重点支持农业结构调整和农村基础设施建设，继续减免农民税费负担，大力促进农村剩余劳动力转移，努力改善农村教育、医疗卫生事业，积极建立和完善农村社会保障体系等，切实保障城乡经济与社会的协调发展。

农村非农产业发展与国民经济增长

2003年，我国乡镇企业协调稳定发展，各项指标达到了近5年来最好的水平，农村非农产业的发展为国民经济增长、提高农民收入水平作出了巨大贡献。

（一）促进国民经济增长 2003年乡镇企业增加值占国内生产总值的比重为31.4%，比上年提高0.6个百分点。乡镇企业二、三产业增加值合计为36 167亿元，比上年增长12.9%，比全国二、三产业增加值的平均增长速度快0.8个百分点；乡镇企业二、三产业增加值占当年全国二、三产业增加值的比例为36.2%，比上年提高0.2个百分点。2003年，乡镇企业增加值增长对国内生产总值增长的贡献率为

36.7%，比上年提高3.9个百分点。其中二、三产业增加值增长对全国二、三产业增加值增长的贡献率为38.4%，与上年基本持平。

（二）吸纳劳动力就业 2003年乡镇企业从业人员13 573万人，比上年增加285万人；乡镇企业从业人员占全国就业人员比例为18.2%，比上年提高0.2个百分点。其中，乡镇企业二、三产业从业人员13 283万人，比上年增加约200万人，占全国二、三产业就业人员比例为35.1%，比上年下降0.4个百分点。在全国当年新增的就业人员中，有41.2%被乡镇企业吸收，比上年提高12.9个百分点；在全国当年新增的二、三产业就业人员中，有19.6%被乡镇企业吸收，比重比上年有所下降。

（三）增加农民收入 2003年，非农产业发展为农民收入增长做出了重要贡献，工资性收入仍是农民收入增长的主要来源。农民从事非农产业家庭生产经营的人均收入346元，比上年增加6元，增长1.7%；工资性收入人均919元，比上年增加79元，增长9.4%。在当年农民人均纯收入中，来自家庭经营第一产业的收入占45.6%，比上年下降了1.5个百分点；工资性收入以及来自家庭经营非农产业的纯收入占48.2%，比上年上升了1.4个百分点。

工农业发展比例关系

对国民经济协调发展和统筹城乡发展来说，将工农业发展比例关系维持在一个相对稳定合理的区间内是十分必要的。然而，2003年在国民经济增长速度进一步提高的情况下，我国工农业发展之间的比例关系却出现了不协调的局面。

（一）2003年工农业发展比例关系 2003年，国内生产总值增长速度为9.1%，比上年提高了0.8个百分点。其中，工业增加值的增长速度提高较快，比上年提高了2.6个百分点，达到12.6%；而农业增加值增长速度不及上年，增长2.5%，增幅反比上年下降了0.4个百分点。在工业增速加快、农业增速减缓的情况下，工业与农业增长的比例关系由上年的3.5∶1急剧提高到5∶1，农业增长明显落后。

（二）对2003年工农业发展关系的评价

根据过去的经验，从单纯的比例数来看，2003年工农业发展关系已经属于严重不协调。这再一次验证了多年的经验观察，即我国工农业发展相对协调的比例关系都是在国民经济低速增长或者稳定增长的情况下出现的，一旦国民经济增长速度加快，特别是工业增长速度加快之后，工农业发展的这种比例关系立即就会发生变化，出现不协调的现象。导致这种现象的原因之一是我国农业的相对生产率较低，在市场经济作用下，经济加速、投资机会增多，必然导致更多的资源投向二、三产业；另一个原因是我国传统农产品供给基本饱和，农业增长潜力较小。但是，在我国这样一个农业劳动力转移不足、农村人口仍占多数的国家里，农业发展过慢，肯定会直接影响到农民的收入和消费、农村的繁荣和发展，进而影响到城乡经济与社会的协调发展。

（三）新形势下的工农业协调发展 2003年，受结构调整和自然灾害影响，我国粮棉油生产出现了较大波动，粮食产量比上年下降5.8%，比历史最高年份减少了15.7%。多年的持续减产使粮食等农产品供求形势出现了轻微变化，多数农产品价格开始止跌回升。这种情况给我国农业生产带来了短期增长机会，可能会推动2004年农业生产的较快增长。但长期来看，我国大宗传统农产品供求基本平衡的格局没有发生转折性变化，我国农业生产发展的重点仍然要放在高品质、高效率、高附加值的产品领域，只有这样才能保证我国农业生产的持续稳定增长。

保证国民经济稳定发展也是维持工农业协调发展关系的一个重要方面。如果放任投资过热、一味刺激经济增长速度特别是二、三产业的高速增长，必然会导致通货膨胀和国民经济比例失调，最终导致硬着陆。2003年下半年以来，我国经济的投资增长速度不断加快，在二、三产业的某些行业中已经出现投资过热的现象。如果不加以适当遏制，必然导致更高的经济增长速度，并且破坏国民经济的协调发展。因此，加强宏观调控，适时引导，避免国民经济特别是工业和建筑业的过快增长，也是维持工农业协调发展的重要手段和措施。

维持工农业协调发展的意义不仅在于稳定农产品供求关系，维持国民经济各部门之间投入产出的良好链接，而且还关系到农民就业、收入公平、环境保护，以及社会稳定和政治安定等一系列重大问题。这也是世界上许多国家不惜巨资，补贴支持农业生产的原因所在。在我国这样一个农业和农村人口占多数的国家里，工农业之间的协调发展和城乡之间的协调发展显得更加重要。中国新一届政府放弃了片面追求经济增长的观念，更加强调统筹城乡发展、统筹区域发展、统筹经济社会发展、统筹人与自然和谐发展、统筹国内发展和对外开放，这种科学的发展观为更好地处理工农业发展关系打下了良好的基础，有理由相信目前不太协调的工农业发展关系能够在较短的时间内得到调整和改善。

城乡居民收入差异

2003年，为克服突如其来的“非典”疫情和多种自然灾害的严重影响，国家出台了一系列促进经济发展的政策措施，国民经济继续保持良好的发展态势，城乡居民收入的增长速度也继续保持在较高水平。在城乡居民收入都继续增长的同时，城乡居民收入差距进一步扩大，城乡居民收入差距过大的问题十分突出。

（一）城乡居民收入差距继续扩大 2003年，全国城镇居民人均可支配收入8 472元，比上年增加769元，增长9.98%，扣除价格因素的影响，实际增长9.0%，增速低于上年4.4个百分点。农村居民人均纯收入2 622元，比上年增加146元，增长5.9%，扣除价格因素的影响，实际增长4.3%，增速比上年减少0.5个百分点，继续保持恢复性增长。农村居民收入实际增长速度仍然大大落后于城镇居民，前者增幅比后者相差4.7个百分点（图30）。从绝对数看，城镇居民人均可支配收入是农村居民人均纯收入的3.23倍，两者的比例由上年的3.11∶1进一步扩大到3.23∶1。如果将农村居民的人均纯收入转换为可支配收入，再考虑城乡居民间的社会保障等转移性收入的差距，城乡居民的收入差距更大。

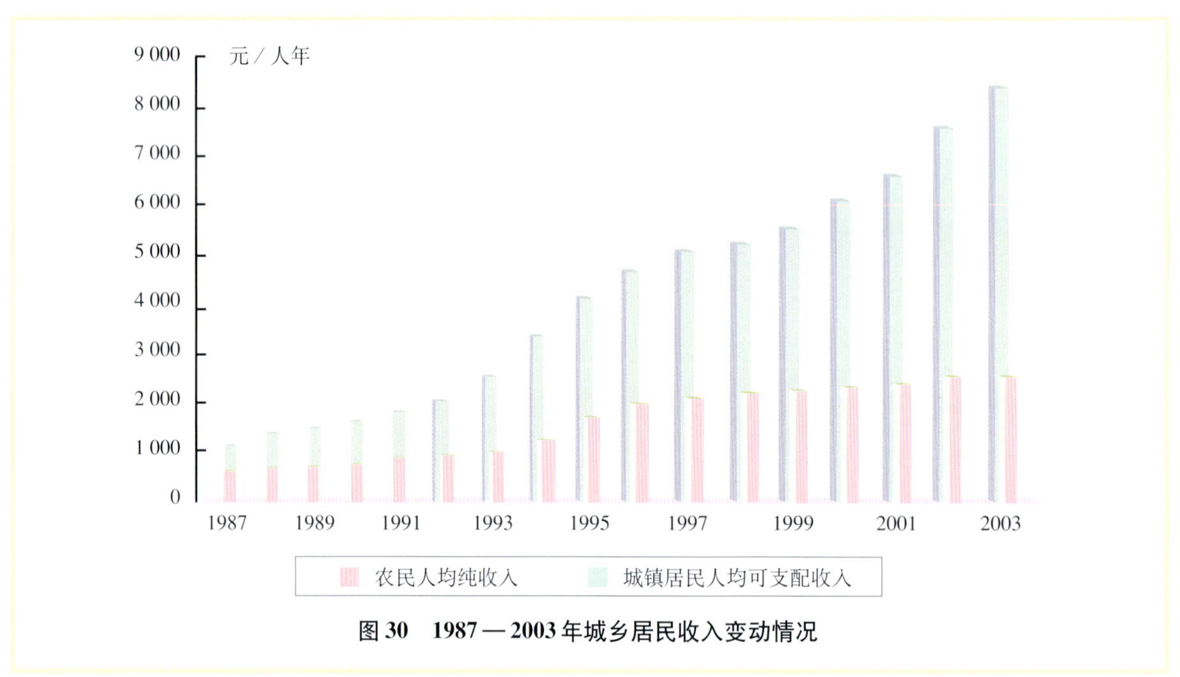

图30　1987—2003年城乡居民收入变动情况

（二）城乡居民收入差距继续扩大的原因　2003年城乡居民收入差距继续扩大的根本原因，还是受城乡二元结构的长期影响，城乡经济发展不协调，使国民收入分配格局继续向有利于城镇居民倾斜。

2003年城镇居民收入继续增长的主要因素：①下半年国家又一次提高了机关事业单位职工工资，加上宏观经济继续保持较快增长的影响，城镇居民的工薪收入大幅增长。全年人均工薪收入6 410.2元，比上年增长11.7%，占收入增长总额的75.8%，比上年增加3.8个百分点。②从事个体经营及非公有经济从业人员比例继续上升，经营性收入增长迅速。虽然上半年受到突如其来的"非典"疫情的严重影响，但下半年国家出台了一系列克服"非典"影响的优惠政策措施，居民经营收入迅速回升。全年人均经营净收入403.8元，比上年增长21.6%。③国家扩大了社会保障覆盖面，提高了离退休金和部分地区社会保障标准，加大了对城镇生活困难人员的扶持力度，全社会积极展开扶贫济困工作，城镇居民家庭来自各方面的转移性收入继续增长，人均转移性收入2 112.2元，比上年增加109元。④财产性收入迅速增长，成为城镇居民收入新的增长点。全年人均财产性收入135元，比上年增长32.2%，是居民收入增长最快的部分。

农村居民收入在2003年继续保持恢复性增长的直接因素：①农民从事第一产业得到的收入增速回升，是农村居民收入保持恢复性增长的基础性因素。农村居民从事第一产业生产经营得到的收入为1 195元，比上年增加47元，增长4%，增长速度是1998年以来最高的。②农民从事第二、三产业得到的收入快速增长，是农村居民收入增长的关键因素。农村居民人均从事二、三产业得到的收入为1 265元，比上年增加106元，增长9.1%，增加额占全年农村居民收入增加额的72.6%，是农民收入增长的主要渠道。③农村居民财产性收入有较大幅度的增长，为农民收入恢复性增长提供了有力支持。全年农民财产性收入人均为66元，比上年增加15元，增长29%。财产性收入增加较多的是土地征用补偿收入和出售上年农产品收入。④农民税费负担进一步减轻，直接拉动了农民收入的继续增长。全年农民人均负担67.3元，比上年减少11.4元，下降14.5%，税费负担占农民人均纯收入的2.6%，比上年下降0.6个百分点。

城市和农村消费价格水平的不同，也影响了城乡居民收入实际增长的差异。2003年全国居民消费价格总水平比上年上升1.2%。其中，城市上升0.9%，农村上升1.6%，农村物价增幅高于城市0.7个百分点，物价总水平相对高于城市0.7个百分点。

（三）城乡居民收入不平衡问题进一步突出　2003年，城乡居民收入增长速度差异继续拉大，导致城乡居民收入不平衡的问题进一步突出，主要表现在：①城乡居民收入的绝对差距进一步扩大。当年城镇居民人均可支配收入与农村居民人均纯收入之间的差距由上年的5 227元增加到5 850元，在上年扩大16.31%的基础上又扩大了11.92%。②城乡居民实际可支配收入差距也在进一步扩大。全年农村居民实际可支配的人均现金收入占城镇居民可支配收入的比重进一步下降。当年，农村居民人均现金收入为2 929.5元，占城镇居民可支配收入的比重由上年的35%下降到34.6%，这意味着城乡居民购买力水平的差距在进一步扩大。③城乡居民收入增长的稳定性仍然存在较大差异。城镇居民收入快速增长在很大程度上依靠国家政策性因素的积极推动，具有较强的连续性和稳定性，而农村居民收入增长受到市场因素和自然因素的双重约束，具有极大的不确定性，尤其是粮食市场价格变化频繁，加上农村税费改革的配套措施不完善，农民负担反弹的压力一直居高不下，使农村居民的收入增长具有不确定性。此外，现有的财政支出结构使城乡居民在享受公共服务和社会福利等方面仍然存在着巨大的差异，在较长时期内仍会进一步加剧城乡居民收入不平衡问题。

城乡居民消费差异

2003年，受城乡居民收入差距继续扩大的影响，城乡居民之间的消费差异也继续拉大，城镇居民的消费水平明显高于农村居民。

（一）城乡居民消费水平的差异 2003年，城镇居民人均生活消费支出6 511元，比上年增长8%，扣除价格因素的影响，实际增长7%，增速比上年低2.1个百分点；农村居民人均消费支出1 943元，比上年增加109元，扣除价格因素的影响，实际增长4.3%。城镇居民生活消费支出的实际增长速度高出农村居民2.7个百分点，城乡居民人均消费支出的比例由上年的3.29∶1扩大到3.35∶1，消费支出的绝对差距由上年的4 195.7元扩大到4 568元，城乡居民的消费水平差距进一步拉大。受城乡居民消费水平差距继续扩大的影响，全年城乡消费品市场份额差距也进一步扩大。当年，城市消费品零售额29 777亿元，比上年增长10.3%；而县及县以下零售额16 065亿元，增长6.8%，城乡消费品零售额增长速度相差3.5个百分点，比上年扩大了0.3个百分点。城市消费品零售额占全社会消费品零售总额的比重由上年的64.2%上升到65%，农村消费品零售额占全社会消费品零售总额的比重由上年的35.8%下降到35%，农村社会消费品零售额在全国消费品市场中的份额继续萎缩。

（二）城乡居民恩格尔系数的差异 2003年，城镇居民人均食品消费支出2 417元，恩格尔系数由上年的37.7%下降到37.1%，比上年下降了0.6个百分点。农村居民人均食品消费支出886元，恩格尔系数由上年的46.3%下降到45.6%，比上年下降了0.7个百分点。城镇居民恩格尔系数低于农村居民8.5个百分点，与上年持平（图31）。

（三）城乡居民消费结构的差异 2003年，随着城镇居民收入水平的继续提高，国家社会保障体系不断完善，保障水平不断提高，城镇居民的消费水平和消费结构得到显著提高。城镇居民消费支出的比例依次是：食品（37.1%）、教育文化娱乐（14.3%）、交通和通讯（11.1%）、居住（10.7%）、衣着（9.8%）、医疗保健（7.3%）、家庭设备及服务（6.3%）。与上年相比，城镇居民的消费结构进一步升级，继续向发展型和享受型消费转变，注重提高生活质量的需求得到进一步加强。主要表现在以下几个方面：①城镇居民用于吃、穿等满足基本生活需要的消费支出总量继续增长，占总消费支出的比重则继续降低。②医疗保健支出继续快速增长。人均用于医疗保健的消费支出476元，比上年增长10.7%，占消费支出的比重比上年提高0.2个百分点，“花钱买健康”正成为许多城镇居民的消费时尚。③交通通信、教育文化娱乐消费继续增长。人均用于交通通信、教育文化娱乐方面的支出分别为721元和934元，分别比上年增长15.2%和6.6%。④居住支出占消费支出的比重稳中有升。城镇居民人均用于居住支出699元，比上年增长12.%，在消费支出中所占比重增加0.35个百分点。

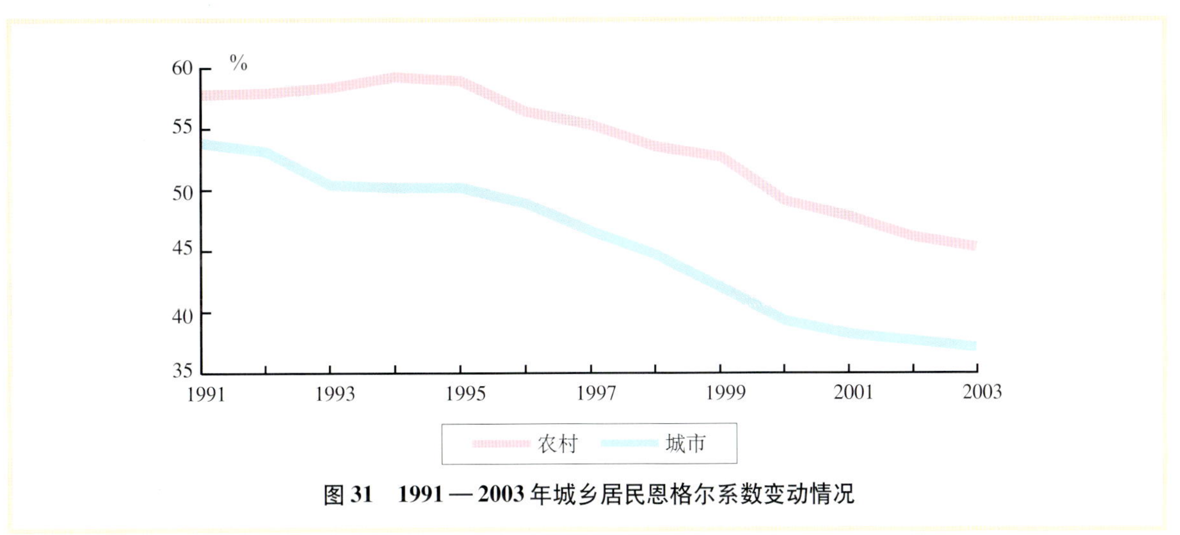

图31 1991—2003年城乡居民恩格尔系数变动情况

随着农村消费环境的继续改善，农村居民消费水平进一步增长。2003年农村居民的消费支出比例依次是：食品（45.6%）、居住（15.9%）、文化教育娱乐及服务（12.2%）、交通通信（8.4%）、医疗保健（5.9%）、家庭设备用品及服务（4.2%）。与上年相比，农村居民的消费水平有了提高，消费结构继续优化，生活质量进一步改善。主要表现在以下几个方面：①基本生活费总量增长，占生活消费支出的比重进一步减少。人均食品消费支出886元，占生活支出的45.6%，比上年下降了0.7个百分点。②居住环境条件继续改善。人均住房面积27.2平方米，比上年增长2.7%。其中，钢筋混凝土结构住房面积8.5平方米，比上年增长10.9%。卫生设备、取暖设备、饮用水等方面都有所改善。③交通及通信消费增长速度进一步加快。农村居民人均交通、通信费用支出163元，比上年增长27%，占生活消费支出比重由上年的7%增加到8.4%，增加了1.4个百分点。④文化教育娱乐和医疗保健消费支出快速增长。农村居民用于文化教育娱乐支出人均236元，比上年增长12.1%；人均医疗保健支出116元，比上年增长11.4%，增长速度比上年高出3.8个百分点。

2003年，城乡居民的消费结构变化趋势呈现出较强的趋同性，消费水平都在不断提高，但消费升级的幅度和消费水平的差异进一步拉大，城镇居民消费升级的速度和消费水平远远高于农村居民。

（四）城乡居民食品消费的差异 2003年，城乡居民的食品消费水平进一步提高，城镇居民更注重追求均衡营养、保健和便捷，农村居民则由温饱型向营养型转变，并开始追求健康和卫生。受收入差距进一步扩大的影响，城乡居民的食品消费差距也在扩大，农村居民的食品消费结构和水平远远低于城镇居民。在粮油的消费方面，城乡居民的人均粮食直接消费量分别为79.5千克和223.7千克，城镇居民比上年增加1.0千克，农村居民比上年减少12.8千克（图32）；人均食用植物油分别为9.2千克和7.5千克，分别比上年增加0.7千克和减少1.2千克。在副食品消费方面，城乡居民人均消费量分别是：肉类32.9千克和18.2千克；鲜蛋11.2千克和4.8千克；水产品13.4千克和4.7千克（图33）。

（五）城乡居民家庭耐用消费品消费的差异 2003年，城乡居民家庭耐用消费品的消费不断升级。城镇居民家庭的普通家电等常规耐用消费品的消费接近饱和，轿车、家用电脑、移动电话等高档耐用消费品的消费迅速升温，成为新的消费热点。2003年底，平均每百户城镇居民家庭拥有彩色电视机130.5台，增长4.5%；洗衣机94.4台，增长1.6%；电冰箱88.7台，增长1.5%；空调61.8台，增长20.9%；微波炉37.0台，增长19.7%；移动电话90.1部，增长43.2%；家用电脑27.8台，增长35%；家用汽车1.4辆，增长56%；摄像机2.5台，增长31.6%。农村居民家庭中耐用消费品正在迅速普及，现代家庭生活中许多耐用消费品，如移动电话、空调、家用电

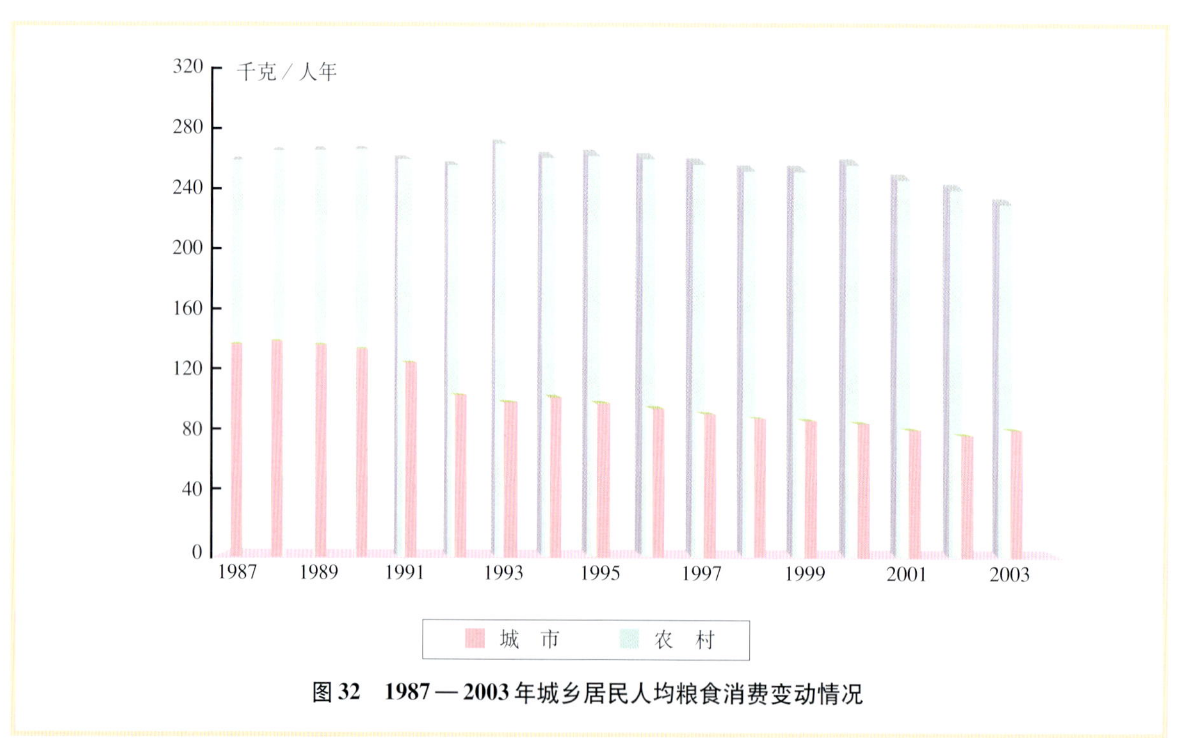

图32 1987—2003年城乡居民人均粮食消费变动情况

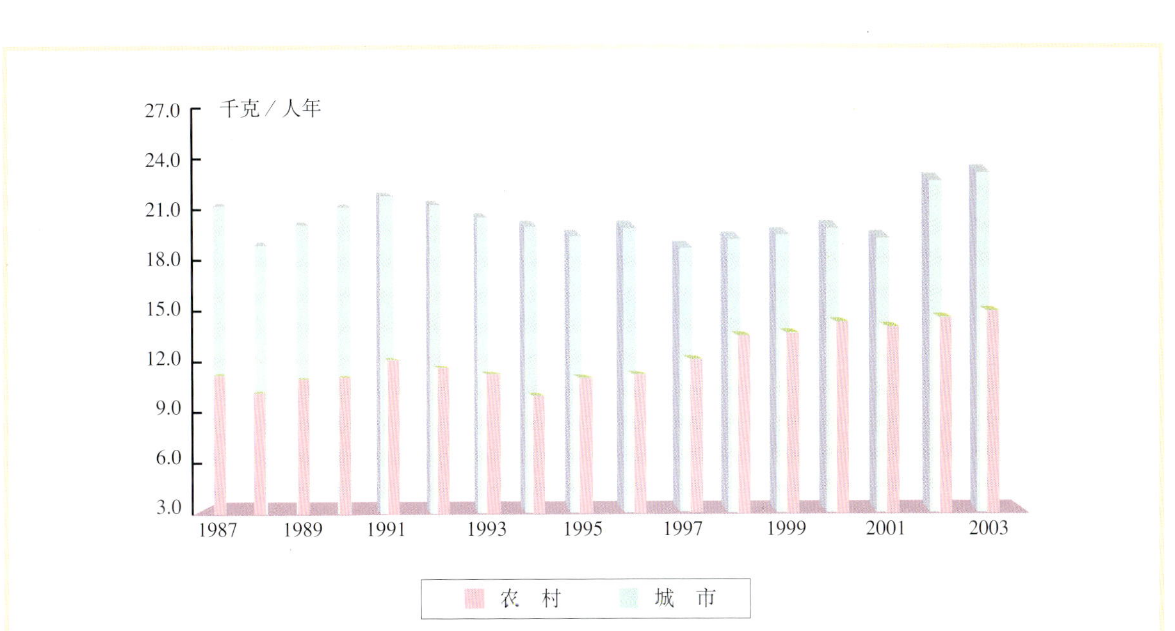

图33 1987—2003年城乡居民人均猪牛羊肉消费变动情况

脑等也进入了农民家庭。2003年底，平均每百户农村居民家庭拥有彩色电视机67.8台，比上年增长12.2%；电冰箱15.9台，增长7.4%；洗衣机34.3台，增长7.9%；移动电话23.7部，增长73.0%；摩托车31.8辆，增长13.2%。但是，城乡居民耐用消费品的消费水平仍然相差很大，并因城乡居民收入差距而进一步拉大。

区域经济发展差异

以各地区国内生产总值来衡量，2003年，东、中、西部地区的经济发展差距进一步拉大；从农业增加值来看，差距有所缩小，在区域经济结构中，东部、中部和西部地区的农业比重均持续下降；从非农产业来看，中部地区发展速度慢于东部和西部地区；从农民收入指标来看，东部与西部地区的差距有所缩小，但东部与中部的差距有所扩大。

（一）东、中、西部地区经济结构与农村经济发展水平的差异　在2003年全国实现的国内生产总值中，东、中、西部地区分别占60.4%、26.2%和13.4%，与上年相比，东部地区的比重增加了0.5个百分点，中部地区下降了0.5个百分点，西部地区基本持平。东部、中部、西部实现的国内生产总值之比为4.52∶1.96∶1，与上年的4.47∶2∶1相比，东部与中部和西部的发展差距进一步扩大。

从全国农业增加值的构成来看，2003年东、中、西部实现的农业增加值分别占全国的46.4%、34.2%和19.4%，与上年相比，东部和中部地区所占比重分别下降0.1和0.6个百分点，西部地区上升0.7个百分点。农业增加值占国内生产总值的比重在三大地区都继续降低，东、中、西部地区分别为9.7%、16.6%和18.4%，分别比上年下降1.0、1.3和0.8个百分点。东、中、西部地区农业增加值之比为2.39∶1.77∶1，与上年的2.49∶1.86∶1相比，东部与中部、中部与西部之间的差距都有所缩小。

2003年，东、中、西部三大地区的乡镇企业增加值分别占全国乡镇企业增加值的67.4%、23.6%和9.0%（图34）。与上年相比，东部地区所占比重上升了1.0个百分点，中部、西部地区的比重分别下降了0.7和0.3个百分点。2003年东、中、西部乡镇企业增加值之比为7.48∶2.61∶1，与上年的7.15∶2.62∶1相比，东部与中部和西部的差距都有所扩大，中部与西部之间的差距基本维持在上年的水平。

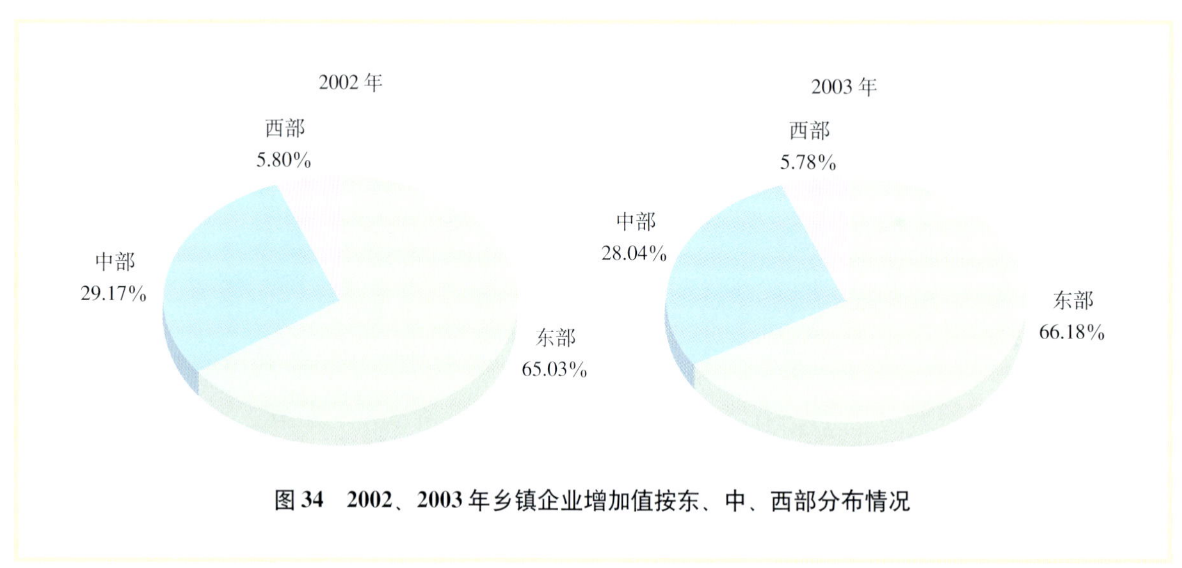

图34　2002、2003年乡镇企业增加值按东、中、西部分布情况

（二）东、中、西部地区农村居民收入和消费水平的差异　2003年东、中、西部地区的农民人均纯收入分别为3 616.2元、2 382.0元和1 878.9元。东、中、西部地区的农民人均纯收入之比为1.92∶1.27∶1，与上年的1.93∶1.29∶1相比，东部与西部以及中部与西部地区的农民收入差距略有缩小，而东部与中部地区的差距继续扩大（图35）。

从东、中、西部地区农村居民消费差异看，2003年东、中、西部地区农村居民人均生活消费支出分别为2 510.9元、1 728.4元和1 466.4元，分别比上年增长7.1%、4.1%和6.1%。以西部地区农村居民的消费支出为1，东、中、西部地区农村居民生活消费的比率为1.71∶1.18∶1，与上年的1.70∶1.20∶1相比，东部与中西部地区农村居民的生活消费差距有所扩大，但中部与西部地区之间的差距有所缩小。

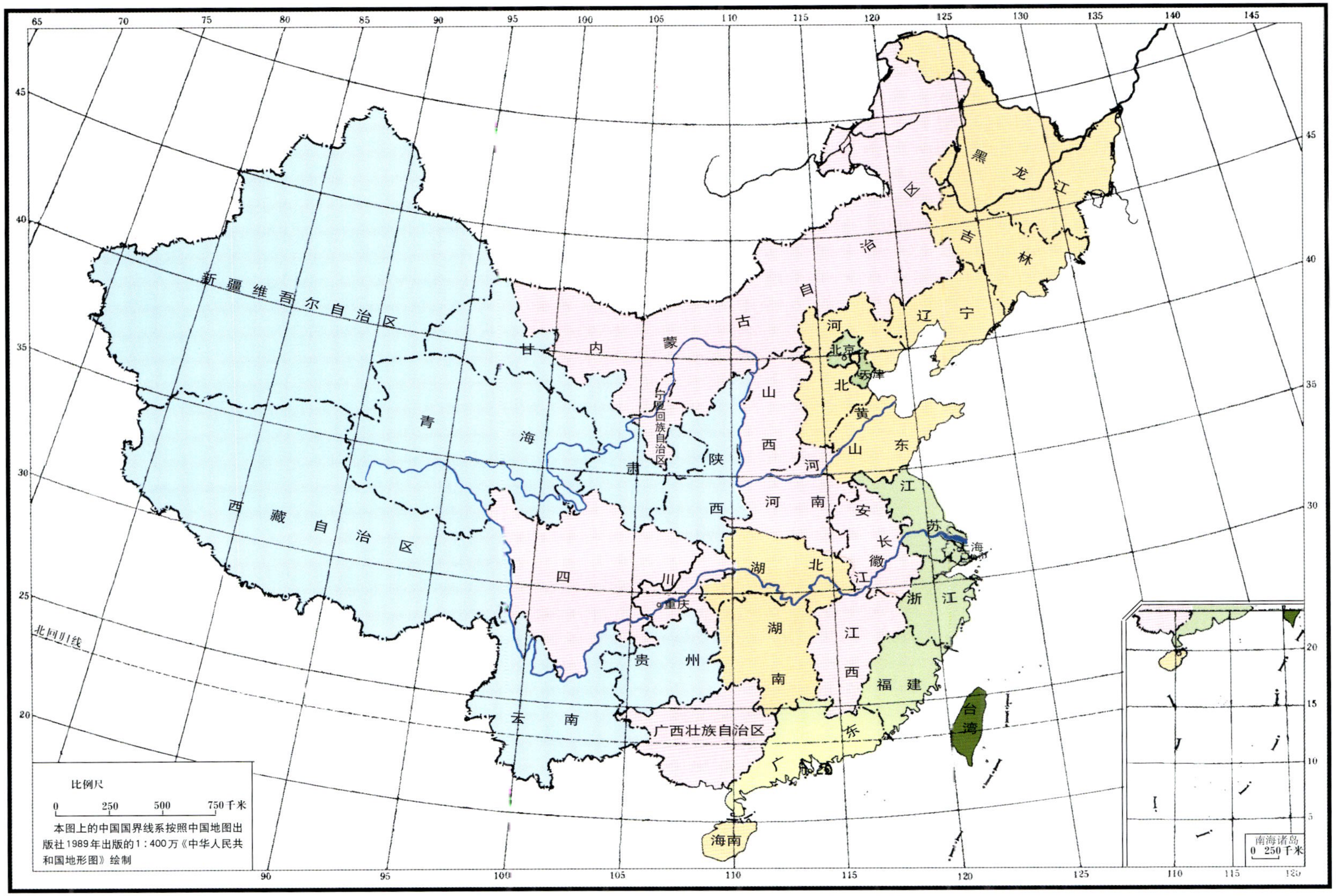

纯收入＞3 500元
纯收入2 501～3 500元
纯收入2 000～2 500元
纯收入＜2 000元

图 35 2003年全国农村居民人均纯收入按省、自治区、直辖市分布情况

2004年

农业发展趋势

2004年农业发展趋势

发展目标和任务

2003年，党中央、国务院召开了两次中央农村工作会议，年底召开的会议分析了农民增收的严峻形势及促进粮食主产区种粮农民增收的紧迫性和重要性，指出当前农业和农村发展中存在的突出问题是农民增收困难。会议从农业内部、农村内部、农村外部三个层次和开拓市场、增加投入、深化改革三个方面，提出促进农民扩大就业和增加农民收入的相关政策。要求各级党委和政府要认真贯彻十六大和十六届三中全会精神，牢固树立科学发展观，按照统筹城乡经济社会发展的要求，坚持“多予、少取、放活”的方针，调整农业结构，扩大农民就业，加快科技进步，深化农村改革，增加农业投入，强化对农业的支持保护，力争实现农民收入较快增长，尽快扭转城乡居民收入差距不断扩大的趋势。

按照中央对2004年农业和农村经济工作的总体部署，农业部提出的2004年工作的总体思路是：紧紧围绕增加农民收入这个中心任务，切实保护和提高粮食综合生产能力，突出农业和农村经济结构战略性调整、农村改革、农业科技进步等工作重点，强化农业产业化和乡镇企业发展、农业“七大体系”和农业系统自身建设等各项措施，确保粮食总产量达到4 550亿千克，转移农村劳动力1亿人以上，全年农民收入增长5%左右，实现农业和农村经济持续健康发展。

为确保实现农民收入持续增长，2004年农业系统将按照统筹协调发展的要求，重点强化四项措施：①向种养业的深度和广度进军，充分挖掘农业内部增收潜力；②大力发展农村二、三产业，努力拓展农业外部增收渠道；③强化对农民工的培训和服务，大力增加农民外出务工收入；④认真落实促进农民增收的政策，加大政策增收力度。2004年农业系统还将加大种业、农业科技创新与应用、动植物保护、农产品质量安全、农业信息和农产品市场、农业资源与生态保护、农业社会化服务与管理等“七大体系”建设，为农业和农村经济发展构建一个稳固的支撑体系。

农业发展面临的条件

2004年农业和农村经济发展面临着一些有利的政策环境和自1998年以来相对有利的市场环境，但是城乡二元结构长期积累的各种深层次矛盾和问题依然存在。坚持以人为本，树立科学的发展观和正确的政绩观，认真落实中央提出的增加农民收入的各项方针和政策措施，是实现农民收入持续增长、促进农业和农村经济健康发展的关键。

（一）有利条件

1. 农业和农村经济结构稳步调整，农业优质化、区域化、产业化程度进一步提高，有利于农业增效、农民增收。2004年，国家将继续推进农业和农村经济结构战略性调整，并将重点放到提高农产品质量和效益、增强农业市场竞争力上，加快实施优势农产品区域布局规划和国家优质粮食产业工程建设规划，支持主产区进行粮食转化和加工，发展畜牧业、水产养殖业和特色农业，大力发展农村二、三产业。国家将增加资金规模，在小麦、大豆等粮食优势产区扩大良种补贴范围，对购置和更新大型农机具给予一定补贴。各级财政将较大幅度地增加对龙头企业的投入，农业科研和技术推广工作将得到进一步加强。

2. 农村基础设施和农业生态建设力度加大，农业“七大体系”建设全面推进，有利于改善农业生产环境，促进农业可持续发展。2004年，国家将拿出一定比例的国有土地出让金用于建设高标准基本农田，提高粮食综合生产能力。国家将继续加大对节水灌溉、人畜饮水、乡村道路、农村沼气、农村水电、草场围栏等农村“六小工程”的投入力度，进一步充实建设内容，扩大建设范围，改善农村的生产生活条件。从2004年开始，农业部将全面推进种业体系、农业科技创新与应用体系、动植物保护体系、农产品质量安全体系、农业信息和农产品市场体系、农业资源与生态环境保护体系和农业社会化服务与管理体系的建设。

3. 农产品流通体制改革力度加大，农产品市场流通环境进一步改善，有利于提高农业的综合效益和市场竞争力。从2004年起，国家将安排专门资金，支持农民专业合作组织开展信息、技术、培训、质量标准与认证、市场营销等服务。国家将进一步加强产地和销地批发市场建设，加快发展农产品连锁、超市、配送经营等现代物流业。支持鲜活农产品运销，在全国建立高效率的绿色通道。从2004年开始，国家将全面放开粮食收购和销售市场，实行购销多渠道经营。为保护种粮农民利益，国家从粮食风险基金中拿出部分资金，用于主产区种粮农民的直接补贴，建立对农民的直接补贴制度。进一步完善促进我国优势农产品出口的政策措施，加快建立健全重点出口农产品的行业协会和商品协会。

4. 农村改革进一步深化，为农村经济发展注入新的活力，为农民增收减负提供体制保障。2004年，国家将加快土地征用制度改革，按照保障农民权益、控制征地规模的原则，严格遵守对非农占地的审批权限和审批程序，同时提高补偿标准，妥善安置失地农民，并为他们提供社会保障。加快推进农村税费改革，全面取消烟叶外的农业特产税，2004年农业税税率总体上降低1个百分点以上，有条件的地方可进一步降低农业税税率或免征农业税。改革和创新农村金融体制，开展政策性农业保险试点工作。建立健全农村劳动力向非农产业和城镇转移的机制，加大政策支持力度，继续清理和取消对农民进城就业的歧视性规定和不合理收费，推动大中城市户籍管理制度改革。

专栏11

农业“七大体系”建设规划编制工作圆满完成

健全国家对农业的支持保护体系，是一项复杂的系统工程，必须统筹规划，突出重点，有计划、有步骤地进行。根据我国农业发展进入新阶段和已成为世贸组织成员的新形势、新要求，以及农业部门的职责，农业部提出，当前和今后一个时期要在已有工作的基础上，优先完善、提升和加快建设农业“七大体系”，即种养业良种体系、农业科技创新与应用体系、动植物保护体系、农产品质量安全体系、农产品市场信息体系、农业资源与生态保护体系和农业社会化服务与管理体系，为发展优质、高产、高效、生态、安全农业提供强有力的支撑和保障。

（一）种养业良种体系　种养业良种体系是指从种质资源保护、种子种苗的培育与引进、扩繁、生产（加工），到推广使用全过程的种养业良种繁育及其管理体系。种养业良种体系重点实施种植业种子（苗）、畜禽良种、水产良种三大工程。实行引进与培育、保护与开发相结合，突出优势农产品，加强科技创新能力建设，强化种质资源保护与利用，完善种养业良种培育、选育、引育系统，开放良种繁育、推广应用系统，推进体系建设的市场化，构建出政府扶持与市场推进的种养业良种繁育体系。

（二）农业科技创新与应用体系　农业科技创新与应用体系是提高农业生产力的支撑和保障。以扶持优势科研单位提高创新能力为中心，以关键技术攻关为突破口，以科技成果转化为重点，农业科技创新与应用体系重点实施科技创新、成果转化、现代农业示范、农民科技培训四大工程，推动

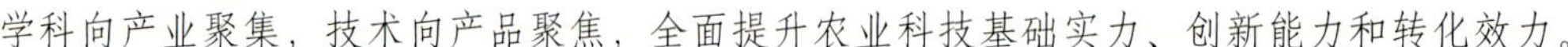

学科向产业聚集，技术向产品聚焦，全面提升农业科技基础实力、创新能力和转化效力。

（三）动植物保护体系　动植物保护体系是由监测预警、检疫监督、控制扑灭、技术支撑和物资保障等系统构成的，预防和控制动植物病虫害的农业生产保障体系。以提高动植物病虫害有效预防、快速扑灭能力和农产品卫生安全监控能力为中心，以技术支撑和物资保障系统、基层防控设施、优势农产品主产区为建设重点，充分利用现有基础，动植物保护体系重点实施植物保护、动物保护、水生动植物保护等3大工程，建设和完善重大病虫害监测预警等6大系统，构建起专业防治与企业、农户自防相结合，“基础设施完备、扑控快速高效、监管规范有力”的动植物保护体系。

（四）农产品质量安全体系　农产品质量安全体系是以标准制定、检验检测、质量认证和标准化生产示范为基础，对农产品从产地环境、投入品、生产过程、加工储运、市场准入的全过程实施质量安全监控的体系。重点抓住农产品产地环境监测、投入品质量监管、生产技术规范落实及农产品市场准入等关键环节，与国际水平对接，加快标准制定，整合已有检验检测资源，健全认证认可体系，推进标准化生产示范。

（五）农业信息和农产品市场体系　农业信息和农产品市场体系是联接农产品生产和销售的桥梁，是农产品生产的导航系统，是政府决策的重要信息源。全面实施“金农”工程，突出农业信息的采集传输、储存开发、发布服务等三个环节，完善农业信息网络。推进农产品批发市场升级改造，发展农产品新型流通方式，形成以监测预警、市场监管和公共服务为重点的农业信息体系和以批发市场为中心的农产品市场体系。

（六）农业资源与生态环境保护体系　农业资源与生态环境保护体系由农业资源保护与利用、农业生态环境建设与保护、农业环境污染预防与控制等系统组成，是农业可持续发展的重要保障。农业资源与生态环境保护体系重点实施草原生态保护建设工程等8项工程，强化对农业资源与生态环境的监测预警，保护濒危生物资源和生态脆弱区资源环境，防治面源污染、水域生态环境污染和外来生物入侵，改善农业生产环境和农村生产、生活条件，实现农业生产发展、农民生活富裕、农村生态文明。

（七）农业社会化服务与管理体系　农业社会化服务与管理体系为农业生产提供产前、产中、产后技术服务，依法开展对农产品、农业投入品的市场监管和维护农民权益。农业社会化服务与管理体系突出公益性技术服务和农业综合执法，以强化队伍为重点，以提升能力为核心，实施基层农业实用技术推广服务网络建设、国家级渔港建设、农业执法服务基础设施建设三大工程，创新管理体制和运行机制，构建多形式、多样化、多层次和公正、规范、高效的社会化服务与管理体系。

通过农业“七大体系”建设规划的实施，争取用7年左右的时间，达到“五个提升”的目标。一是提升农业科技创新与应用能力；二是提升重大动植物病虫害防控能力；三是提升农产品质量安全保障能力；四是提升农业资源和生态环境保护能力；五是提升农业社会化服务与管理能力。

（二）不利条件

2004年，农业和农村经济发展面临的不利因素有：①主要农产品供大于求的矛盾依然存在，虽然粮食等农产品价格在2003年后半年出现了恢复性上涨，但是受国内供求关系和国际市场价格的影响，粮食等主要农产品价格将趋于稳定，市场仍是制约农业发展的重要因素。②受国内经济高速增长和国际市场变化不确定性因素的影响，农业生产资料价格上涨压力加大，不利于农业增效，并将稀释国家增加农民收入政策措施的效果。③农产品国际贸易形势不容乐观。2004年，我国农产品平均关税进一步下调，粮食进口配额大幅度增加，加上国内农产品市场价格上涨，农产品进口将面临更大的压力；同时，我国农产品出口遇到的技术性壁垒和绿色壁垒越来越多，农产品出口将面临越来越多的不确定因素。④2004年初，我国部分地区发生了禽流感疫情，将在一段时期内影响禽类产品的消费和出口。

农业发展趋势判断

2004年，我国农业发展面临着有利的政策环境和较为有利的市场环境，从总体上看，有望实现农业增效、农民增收、农村社会经济全面发展的良好局面。

（一）农业生产全面增长，粮食生产出现恢复性发展 据国家统计局农村社会经济调查总队对全国800多个县7万多农户进行的种植意向调查，预计2004年各种农作物播种总面积比上年略有增长，粮食作物的播种面积将有所增加。

粮食作物中，夏粮产量预计将比上年有所增加，其中早稻面积预计比上年增加53.3万公顷以上，夏收小麦产量预计比上年增加25亿千克以上。秋粮播种面积将有较大幅度的增长，预计全年粮食播种面积将突破1亿公顷，比上年增加266.67万公顷左右。考虑到国家加大了对粮食生产的支持力度，预计2004年粮食产量将高于上年，有望实现4 550亿千克的目标。

棉花播种面积在上年大幅度增长的基础上继续增加。由于2003年国际、国内棉花价格大幅度上涨，使2004年农民增加棉花种植的意愿增强，预计棉花播种面积将有较大幅度的增长。

油料、水果面积继续扩大，蔬菜面积有所减少。

畜牧业、渔业受价格上涨影响，将继续保持稳步增长态势。2004年，猪肉、牛肉、羊肉的产量预计比上年增长5%以上，奶业将继续保持较快增长势头。

（二）乡镇企业将继续保持快速发展势头 从当前的状况看，影响乡镇企业发展的主要因素是投资和市场。从投资情况看，2002年和2003年两年共投资16 000多亿元，尤其是一批技术水平高和外向型项目的建成投产，对

2004年及今后一段时期乡镇企业的发展将产生积极的影响。市场因素较为复杂，一方面乡镇企业的特色产品在国内外市场上有较强的竞争力，市场空间广阔；另一方面乡镇企业的多数产品已成为买方市场，国际贸易越来越多地受到进口国技术壁垒和绿色壁垒等非关税壁垒的影响，对乡镇企业的发展将直接或间接地产生一定的制约作用。另外，部分地区电力等生产供应紧缺，对乡镇企业的生产经营影响较大；原材料等成本上升幅度高于工业品出厂价格上涨幅度，对以加工业为主的乡镇企业利润影响较大。各类乡镇企业园区初具规模，已成为高新技术的聚集地，促进了各种生产要素在更高层次上的优化配置和重新组合，将成为2004年乡镇企业快速发展的重要因素。综合考虑，预计2004年乡镇企业增加值将增长11%左右，工业增加值增长12%，出口交货值增长17%左右，从业人员增加200万人左右。

（三）主要农产品价格高位运行 2004年，粮食等主要农产品价格将保持上涨势头，粮食价格有望恢复并超过历史最高水平，农产品价格高位运行将维持到下一轮农业收获周期。粮食连年减产、库存下降是粮食价格上涨的主要原因，而粮食购销市场放开加大了粮食收购中的竞争，放大了粮食减产的信号。分品种看，供求缺口较大的稻谷涨幅最大，小麦、玉米涨幅较低。受供求关系影响，棉花、油料价格将出现较大幅度上涨，蔬菜、水果价格将保持稳定，畜产品价格受饲料粮价格上涨因素影响将出现一定幅度的上涨。

（四）农民收入将保持继续增长 2004年，农产品价格高价位运行和国民经济高速增长是支持农民收入增长的主要因素。多年的农业结构调整和国家对粮食主产区投入力度的加大，有利于改善农民家庭经营的效益，再加上农产品价格高位运行，预计农民因销售农产品而增加的现金收入将实现较大幅度的增长，粮食主产区农民收入增长缓慢的局面将有所改善。国民经济高速增长和农村劳动力外出就业环境的进一步改善，有利于农民外出务工收入的增长，预计全国外出务工劳动力总量将超过1亿人，人均工资性收入增加额将超过100元，是农民增收的最大贡献因素。综合考虑，2004年农民人均纯收入增速有望超过5%的增长目标。

附表说明

本附表简要地列入了1986—2003年有关农业部门的主要统计指标数字，内容涉及农业在国民经济中的地位、农村劳动力、农业投入、土地资源、农业生产、农村居民收入及支出、农产品价格、农产品进出口等方面。

由于统计指标及统计口径的变更与调整，某些指标因缺乏资料而中断。根据这些情况，本附表也酌情进行了一定的调整。

表中数据凡未加注释的均来自国家统计局，对于来自其他部门的数据各表下方附有注释。

表中三大经济地区指：东部地区为北京、天津、河北、辽宁、上海、江苏、浙江、福建、山东、广东、广西、海南；中部地区为山西、内蒙古、吉林、黑龙江、安徽、江西、湖南、湖北、河南；西部地区为四川、重庆、云南、贵州、西藏、陕西、甘肃、宁夏、青海、新疆。

与往年一样，本报告（包括附表）所有统计资料和数据均未包括香港、澳门特别行政区和台湾省。

表中符号说明：

"…"表示数字不足本表最小单位数；

"/"表示无该项指标数据；

"空格"表示数据不详。

各表字段尾如带有附加括号的数字(1)、(2)、(3)等表示表下方有注解。

表 1　农村经济在国民经济中的地位

年　份	农业增加值占国内生产总值的比重 (%)	农业从业人员占社会从业人员的比重 (%)	农村非农产业劳动力占社会从业人员的比重 (%)	以农产品为原料的轻工业产值占整个轻工业产值的比重 (%)	农村消费品零售额占全社会消费品零售额的比重 (%)	农业各税占财政收入的比重 (%)	农产品进口额占进口总额的比重 (%)	农产品出口额占出口总额的比重 (%)	城乡消费水平对比 (农村居民＝1)
1986	28.5	41.5	10.2	67.4	52.1		12.0	24.5	2.4
1987	28.3	60.0	15.8	66.9	51.7		14.8	22.0	2.6
1988	27.2	59.5	16.3	65.0	50.8		16.8	22.0	2.8
1989	26.4	60.1	15.7	64.8	50.0		17.1	20.5	2.8
1990	**28.4**	**60.2**	**15.7**	**64.5**	**48.5**	**3.0**	**16.1**	**17.2**	**3.0**
1991	26.2	60.0	15.6	68.4	47.0	2.9	13.7	15.8	3.1
1992	23.6	58.6	16.8	67.2	45.5	3.4	12.0	14.5	3.3
1993	21.5	56.0	18.5	66.6	44.6	2.9	8.1	13.7	3.5
1994	21.6	53.3	19.5	65.4	43.9	4.4	10.8	12.9	3.5
1995	**20.8**	**52.2**	**18.4**	**64.6**	**43.2**	**4.5**	**9.3**	**9.4**	**3.4**
1996	20.4	50.5	18.9	66.6	43.2	5.0	7.1	8.4	3.1
1997	18.3	49.9	19.4	65.4	43.4	4.6	7.0	8.2	3.1
1998	18.0	49.8	19.7	63.3	38.9	4.0	7.0	7.5	3.3
1999	17.6	50.1	19.8	62.0	38.7	3.7	5.0	6.9	3.5
2000	**16.4**	**50.0**	**21.3**	**61.8**	**38.2**	**3.5**	**5.0**	**6.3**	**3.6**
2001	15.8	50.0	21.6	62.7	37.4	2.9	4.9	6.0	3.6
2002	15.4	50.0	22.4	62.6	36.7	3.8	4.2	5.6	3.5
2003	14.8	49.1	23.8		35.0	4.0	4.6	4.9	3.4

表 2 农村劳动力情况

单位：万人

年份	全国总人口	乡村人口	占总人口比重(%)	乡村劳动力人数	农业劳动力	占乡村劳动力的比重(%)	非农劳动力	比重(%)	工业	建筑业	交通运输业	商饮业
1986	107 507	85 007	79.1	37 990	30 468	80.2	7 522	19.8	3 139	1 309	506	532
1987	109 300	85 731	78.4	39 000	30 870	79.2	8 130	20.8	3 297	1 431	563	607
1988	111 026	83 725	75.4	40 067	31 456	78.5	8 611	21.5	3 413	1 526	607	657
1989	112 704	87 831	77.9	40 939	32 441	79.2	8 498	20.8	3 256	1 502	614	652
1990	**114 333**	**89 590**	**78.4**	**42 010**	**33 336**	**79.4**	**8 673**	**20.6**	**3 229**	**1 523**	**635**	**693**
1991	115 823	90 525	78.2	43 093	34 186	79.3	8 906	20.7	3 268	1 534	655	723
1992	117 171	91 152	77.8	43 802	34 037	77.7	9 765	22.3	3 468	1 659	706	814
1993	118 517	91 334	77.1	44 256	33 258	75.2	10 998	24.8	3 659	1 887	800	949
1994	119 850	91 526	76.4	44 654	32 690	73.2	11 964	26.8	3 849	2 057	908	1 084
1995	**121 121**	**91 675**	**75.7**	**45 042**	**32 335**	**71.8**	**12 707**	**28.2**	**3 971**	**2 204**	**983**	**1 170**
1996	122 389	91 941	75.1	45 288	32 260	71.2	13 028	28.8	4 019	2 304	1 028	1 262
1997	123 626	91 514	74.0	45 962	32 435	70.6	13 527	29.4	4 031	2 373	1 058	1 382
1998	124 810	91 960	73.7	46 432	32 626	70.3	13 806	29.7	3 929	2 394	1 088	1 462
1999	125 909	92 216	73.2	46 897	32 912	70.2	13 985	29.8	3 953	2 532	1 116	1 585
2000	**126 583**	**92 820**	**73.3**	**47 962**	**32 998**	**68.4**	**15 165**	**31.6**	**4 109**	**2 692**	**1 171**	**1 752**
2001	127 627	93 383	73.2	48 229	32 451	67.3	15 778	32.7	4 296	2 797	1 205	1 865
2002	128 453	93 503	72.8	48 527	31 991	65.9	16 536	34.1	4 506	2 959	1 259	1 997
2003	129 227	93 751	72.5	48 971	31 260	63.8	17 711	36.2	4 937	3 201	1 328	2 059
2003年												
东部地区	53 936	38 233	70.9	19 510	10 916	56.0	8 594	44.0	3 033	1 485	641	1 023
中部地区	45 209	32 736	72.4	17 162	11 659	67.9	5 503	32.1	1 348	1 056	449	671
西部地区	29 687	22 781	76.7	12 299	8 685	70.6	3 614	29.4	556	660	239	366

注：全国总人口包括中国人民解放军现役军人数，但不包括香港、澳门特别行政区和台湾省数据；分区人口数据中未包括中国人民解放军现役军人。

表 3　农林牧渔业总产值及构成（按当年价格计算）

单位：亿元

年　份	农林牧渔业总产值	农林牧渔业增加值						农林牧渔业增加值构成(%)				
			农业增加值	林业增加值	牧业增加值	渔业增加值	服务业	农业增加值	林业增加值	牧业增加值	渔业增加值	服务业
1986	4 013.0	2 763.9										
1987	4 675.7	3 204.3										
1988	5 865.3	3 861.0										
1989	6 534.7	4 228.0										
1990	**7 662.1**	**5 017.0**										
1991	8 157.0	5 288.6										
1992	9 084.7	5 743.9										
1993	10 995.5	6 882.3	4 384.3	377.8	1 537.2	583.0		63.7	5.5	22.3	8.5	
1994	15 750.7	9 457.2	5 928.0	452.8	2 275.9	800.5		62.7	4.8	24.0	8.5	
1995	**20 340.9**	**11 993.4**	**7 630.9**	**518.9**	**2 820.7**	**1 023.0**		**63.6**	**4.3**	**23.5**	**8.5**	
1996	22 358.2	13 844.2	8 707.6	565.5	3 346.4	1 224.8		62.9	4.1	24.2	8.8	
1997	23 764.0	14 465.1	8 786.6	588.2	3 728.2	1 362.1		60.7	4.1	25.8	9.4	
1998	24 541.9	14 555.7	9 069.2	611.9	3 413.3	1 461.3		62.3	4.2	23.5	10.0	
1999	24 519.1	14 457.2	8 916.6	629.9	3 391.1	1 519.6		61.7	4.4	23.5	10.5	
2000	**24 915.8**	**14 628.2**	**8 703.6**	**662.3**	**3 638.5**	**1 623.8**		**59.5**	**4.5**	**24.9**	**11.1**	
2001	26 179.6	15 411.9	9 130.7	660.4	3 950.5	1 670.3		59.2	4.3	25.6	10.8	
2002	27 390.8	16 117.3	9 482.4	710.8	4 166.7	1 757.4		58.8	4.4	25.9	10.9	
2003	29 691.8	17 508.1	9 755.5	834.4	4 702.1	1 800.0	416.1	55.7	4.8	26.9	10.3	2.3

注：1993年起分项统计改用新指标。农林牧渔业总产值1996年（含）以后为调整后的数据。2003年执行新国民经济行业分类标准，农林牧渔业包括农林牧渔服务业。

表 4 农业物质生产条件

年 份	农业机械总动力（万千瓦）	大中型拖拉机（万千瓦）	小型拖拉机（万千瓦）	农村用电量（亿千瓦时）	灌溉面积（千公顷）	化肥施用量（纯 量）（万吨）	复合肥（万吨）	农用塑料薄膜使用量（万吨）	农用柴油使用量（万吨）	农药使用量（万吨）
1986	22 950.0	2 807.0	4 003.0	586.7	44 225.8	1 930.6	180.8			
1987	24 836.0	2 876.0	4 713.0	658.8	44 403.0	1 999.3	208.7			
1988	26 575.0	2 896.0	5 319.0	712.0	44 375.9	2 141.5	241.2			
1989	28 067.0	2 814.0	5 848.0	790.5	44 917.2	2 357.1	280.9			
1990	**28 707.7**	**2 745.5**	**6 231.4**	**844.5**	**47 403.1**	**2 590.3**	**341.6**			
1991	29 388.6	2 682.4	6 528.6	963.2	47 822.1	2 805.1	405.5	64.2		76.5
1992	30 308.4	2 630.2	6 720.0	1 106.9	48 590.1	2 930.2	462.4	78.1		79.9
1993	31 816.6	2 532.5	7 042.7	1 244.8	49 646.0	3 151.9	529.4	70.7	938.3	84.5
1994	33 744.0	2 454.3	7 387.8	1 473.7	48 792.0	3 317.9	600.6	88.7	966.6	97.9
1995	**36 118.1**	**2 404.0**	**7 848.0**	**1 655.5**	**49 119.0**	**3 593.7**	**670.8**	**91.5**	**1 088.2**	**108.7**
1996	38 546.9	2 415.1	8 385.2	1 676.5	50 381.4	3 827.8	734.7	105.6	1 076.1	114.1
1997	42 015.6	2 486.5	9 337.2	1 980.1	51 238.5	3 980.7	798.1	116.2	1 229.5	119.5
1998	45 208.0	2 587.9	10 031.5	2 042.1	52 296.0	4 083.7	822.2	120.7	1 314.7	123.2
1999	48 996.1	2 772.8	11 008.9	2 173.4	53 158.4	4 124.3	873.7	125.9	1 354.3	132.2
2000	**52 573.6**	**2 873.4**	**11 663.9**	**2 421.3**	**53 820.3**	**4 146.4**	**917.9**	**133.5**	**1 405.0**	**128.0**
2001	55 172.1	3 409.9	12 257.9	2 610.1	54 249.4	4 253.8	983.7	144.9	1 485.3	127.5
2002	57 929.9	3 073.4	12 695.0	2 993.4	54 354.8	4 339.4	1 040.4	153.9	1 507.5	131.2
2003	60 386.5	3 229.8	13 060.2	3 432.9	54 014.0	4 411.6	1 109.8	159.2	1 574.6	132.5
2003年										
东部地区	28 451.1	1 349.1	4 590.3	2 598.7	20 662.5	1 839.1	511.1	72.1	959.5	66.1
中部地区	22 627.7	1 270.0	6 606.3	495.4	21 990.6	1 749.9	428.0	47.2	395.6	51.6
西部地区	9 307.8	610.7	1 863.5	338.8	11 361.1	822.6	170.7	39.8	219.5	14.8

表 5　农业投资情况

单位：亿元

指　　标	1990年	1995年	1996年	1997年	1998年	1999年	2000年	2001年	2002年	2003年
1.基本建设										
总投资	**1 703.8**	**7 403.6**	**8 610.8**	**9 917.0**	**11 916.4**	**12 455.3**	**13 427.3**	**14 820.1**	**17 666.6**	**22 729.0**
其中：农林牧渔业投资	25.8	76.6	111.3	153.9	225.4	299.0	360.9	434.6	1 042.9	1 059.7
农林牧渔业投资占总投资（%）	1.5	1.0	1.3	1.6	1.9	2.4	2.7	2.9	5.9	4.7
2.更新改造										
总投资	**830.2**	**3 299.4**	**3 622.7**	**3 921.9**	**4 516.8**	**4 485.1**	**5 107.6**	**5 923.8**	**6 750.6**	**8 443.9**
其中：农林牧渔业投资	7.3	18.8	23.2	27.2	27.11	26.33	26.4	21.0	52.5	59.5
农林牧渔业投资占总投资（%）	0.9	0.6	0.6	0.7	0.6	0.6	0.5	0.4	0.8	0.7
3.各项贷款余额		**50 544.1**	**61 156.6**	**74 914.1**	**86 524.1**	**93 734.3**	**99 371.1**	**112 314.7**	**131 293.9**	**158 996.2**
其中：短期贷款		33 372.0	40 210.0	55 418.3	60 613.2	63 887.6	65 748.1	67 327.2	74 247.9	83 661.2
其中：农业贷款		1 544.8	1 919.1	3 314.6	4 444.2	4 792.4	4 889.0	5 711.5	6 884.6	8 411.4
乡镇企业贷款		2 514.9	2 821.9	5 035.8	5 580.0	6 161.3	6 060.8	6 413.0	6 812.3	7 661.6

注：2002年（含）以后农林牧渔业投资含水利业投资。

表 6　耕地面积

单位：千公顷

年　份	年末实有耕地面积	年内新增耕地面积	年内减少耕地面积					年内净减耕地面积
				建设占用	灾毁耕地	生态退耕	农业结构调整	
1986	96 229.9	491.9	1 108.3					616.4
1987	95 888.7	476.3	817.5					341.2
1988	95 721.8	477.8	644.7					166.9
1989	95 656.0	451.7	517.5					65.8
1990	**95 672.9**	**484.3**	**467.4**					**−16.9**
1991	95 653.6	468.7	488.0					19.3
1992	95 425.8	510.9	738.7					227.8
1993	95 101.4	408.0	732.4					324.4
1994	94 906.7	513.9	708.6					194.7
1995	**94 973.9**	**686.7**	**621.0**					**−65.7**
1996	130 039.2							
1997	129 903.1							136.1
1998	129 642.1	309.4	570.4	176.2	159.5	164.6	70.1	261.0
1999	129 205.5	405.1	841.7	205.3	134.7	394.6	107.1	436.6
2000	**128 243.1**	**603.7**	**1 566.0**	**163.3**	**61.7**	**762.8**	**578.2**	**962.4**
2001	127 615.8	265.9	893.3	163.7	30.6	590.7	108.3	627.3
2002	125 929.6	341.2	2 027.4	196.5	56.4	1 425.5	349.0	1 686.2
2003	123 392.2	343.5	2 880.9	229.1	50.4	2 237.3	364.1	2 537.4

注：1995年（含）以前耕地面积数据为国家统计局年报数据；1996年(含)以后耕地面积数据根据国土资源部各年国土资源公报整理。

表 7　农作物播种面积

单位：千公顷

年　份	农作物总播种面积	粮食作物播种面积	稻　谷	小　麦	玉　米	大　豆	油　料	棉　花	糖　料	蔬　菜	果园面积
1986	144 204	110 933	32 266	29 616	19 124	8 295	11 414	4 306	1 470	5 304	3 672
1987	144 957	111 268	32 193	28 798	20 212	8 445	11 180	4 844	1 357	5 572	4 508
1988	144 869	110 123	31 987	28 785	19 692	8 120	10 619	5 535	1 669	6 032	5 066
1989	146 554	112 205	32 700	29 841	20 353	8 057	10 504	5 203	1 529	6 290	5 372
1990	**148 362**	**113 466**	**33 064**	**30 753**	**21 401**	**7 560**	**10 900**	**5 588**	**1 679**	**6 338**	**5 179**
1991	149 586	112 314	32 590	30 948	21 574	7 041	11 530	6 538	1 947	6 546	5 318
1992	149 007	110 560	32 090	30 496	21 044	7 221	11 489	6 835	1 906	7 031	5 818
1993	147 741	110 509	30 355	30 235	20 694	9 454	11 142	4 985	1 687	8 084	6 432
1994	148 241	109 544	30 171	28 981	21 152	9 222	12 081	5 528	1 755	8 921	7 262
1995	**149 879**	**110 060**	**30 744**	**28 860**	**22 776**	**8 127**	**13 101**	**5 422**	**1 820**	**10 616**	**8 098**
1996	152 381	112 548	31 406	29 611	24 498	7 471	12 556	4 722	1 846	11 693	8 553
1997	153 969	112 912	31 765	30 057	23 775	8 346	12 381	4 491	1 923	11 288	8 648
1998	155 706	113 787	31 214	29 774	25 239	8 500	12 919	4 459	1 984	12 293	8 535
1999	156 373	113 161	31 284	28 855	25 904	7 762	13 906	3 726	1 644	13 347	8 667
2000	**156 300**	**108 463**	**29 962**	**26 653**	**23 056**	**9 307**	**15 400**	**4 041**	**1 514**	**15 237**	**8 932**
2001	155 708	106 080	28 812	24 664	24 282	9 482	14 631	4 810	1 654	16 403	9 043
2002	154 636	103 891	28 202	23 908	24 634	8 720	14 766	4 184	1 818	17 353	9 098
2003	152 415	99 410	26 508	21 997	24 068	9 313	14 990	5 111	1 657	17 954	9 437
2003年											
东部地区	49 576	29 992	9 417	7 173	7 762	1 717	4 021	1 931	994	8 985	5 261
中部地区	66 656	45 233	12 278	8 817	10 850	6 593	7 801	1 973	245	5 920	1 806
西部地区	36 182	24 185	4 814	6 008	5 456	1 003	3 168	1 207	419	3 049	2 370

表 8　农业自然灾害及除涝治碱情况

单位：千公顷

年 份	受灾面积			成灾面积			成灾面积占受灾面积 (%)	除涝面积	水土流失治理面积	治碱面积
		水灾面积	旱灾面积		水灾面积	旱灾面积				
1986	47 140	9 160	31 040	23 660	5 580	14 760	50.2	18 761	47 909	4 623
1987	42 090	8 690	24 920	20 390	4 100	13 030	48.4	18 958	49 527	4 756
1988	50 870	11 950	32 900	23 940	6 130	15 300	47.1	19 058	51 349	4 830
1989	46 990	11 330	29 360	24 450	5 920	15 260	52.0	19 229	52 153	4 883
1990	**38 470**	**11 800**	**18 180**	**17 820**	**5 600**	**7 810**	**46.3**	**19 337**	**52 970**	**4 995**
1991	55 470	24 600	24 910	27 810	14 610	10 560	50.1	19 580	55 838	5 110
1992	51 330	9 420	32 980	25 900	4 460	17 050	50.5	19 771	58 635	5 210
1993	48 830	16 390	21 100	23 130	8 610	8 660	47.4	19 883	61 253	5 305
1994	55 040	17 330	30 420	31 380	10 740	17 050	57.0	19 980	64 080	5 351
1995	**45 874**	**13 064**	**23 455**	**22 267**	**7 630**	**10 401**	**48.5**	**20 065**	**66 855**	**5 434**
1996	46 989	18 146	20 151	21 233	10 855	6 247	45.2	20 279	69 321	5 513
1997	53 429	11 414	33 514	30 309	5 840	20 250	56.7	20 526	72 242	5 612
1998	50 145	22 292	14 236	25 181	13 785	5 060	50.2	20 681	75 022	5 653
1999	49 981	9 020	30 156	26 731	5 071	16 614	53.5	20 838	77 828	5 737
2000	**54 688**	**7 323**	**40 541**	**34 374**	**4 321**	**26 784**	**62.9**	**20 990**	**80 961**	**5 841**
2001	52 215	6 042	38 472	31 793	3 614	23 698	60.9	21 021	81 539	5 751
2002	47 120	12 380	22 210	27 320	7 470	13 250	58.0	21 097	85 410	5 283
2003	54 386	19 208	24 852	32 516	12 289	14 470	59.8	21 139	89 710	5 865

表 9　农村居民家庭平均每户生产用固定资产原值

单位：元/户

年份	生产性固定资产原值	一、农业	二、工业	三、建筑业	四、交通运输邮电业	五、批发零售贸易及餐饮业	六、社会服务业	七、文教卫生业	八、其他
1986	832	609	49		136				38
1987	909	652	56		155				45
1988	1 033	730	65		186				53
1989	1 126	801	72		198				55
1990	**1 258**	**899**	**83**		**216**				**60**
1991	1 497	1 086	99		235				77
1992	1 644	1 170	110		276				89
1993	1 950	1 430	115		317				57
1994	2 308	1 710	168		352				79
1995	**2 774**	**2 088**	**183**		**445**				**59**
1996	3 605	2 638	248		608				110
1997	3 897	2 770	263		637				227
1998	3 971	2 869	276		569				257
1999	4 046	2 915	274		638				218
2000	**4 677**	**3 322**	**335**	**29**	**621**	**149**	**60**	**13**	**144**
2001	4 884	3 544	350	28	630	135	50	16	129
2002	5 221	3 741	418	34	662	154	57	20	135
2003	5 586	4 153	344	41	640	202	59	25	122

表10 农村住户基本情况

年份	调查户数 (户)	平均每户常住人口 (人)	平均每户整、半劳动力 (人)	平均每个劳动力负担人口 (人)	年末住房面积 (平方米/人)	年末生产用固定资产原值 (元/户)	平均每人经营耕地面积(1) (1×10^{-2}公顷)	每百个劳动力中文盲、半文盲 (人)	每百个劳动力中小学程度 (人)	每百个劳动力中初中程度 (人)
1986	66 836	5.1	3.0	1.7	15.3	832.0	13.8	26.1	38.0	28.6
1987	66 912	5.0	3.0	1.7	16.0	909.0	13.8	25.0	38.0	29.4
1988	67 186	4.9	3.0	1.7	16.6	1 033.0	13.7	23.4	38.4	30.4
1989	66 906	4.9	2.9	1.6	17.2	1 126.1	14.1	22.6	38.7	31.4
1990	**66 960**	**4.8**	**2.9**	**1.7**	**17.8**	**1 258.1**	**14.0**	**20.7**	**38.9**	**32.8**
1991	67 410	4.7	2.8	1.7	18.5	1 497.1	14.5	16.9	39.5	35.2
1992	67 490	4.7	2.8	1.6	18.9	1 644.0	13.7	16.2	39.1	36.2
1993	67 570	4.6	2.9	1.6	20.7	1 950.3	14.5	15.3	38.2	37.4
1994	67 420	4.5	2.9	1.6	20.2	2 308.2	15.3	14.2	37.2	38.9
1995	**67 340**	**4.5**	**2.9**	**1.6**	**21.0**	**2 774.3**	**14.5**	**13.5**	**36.6**	**40.1**
1996	67 610	4.4	2.8	1.6	21.7	3 605.1	15.4	11.2	35.5	42.8
1997	67 680	4.4	2.8	1.6	22.5	3 896.6	14.1	10.1	35.1	44.3
1998	68 300	4.3	2.8	1.5	23.3	3 970.8	12.7	9.6	34.5	45.0
1999	67 430	4.3	2.8	1.5	24.2	4 045.5	13.8	9.0	33.7	46.1
2000	**68 116**	**4.2**	**2.8**	**1.5**	**24.8**	**4 677.0**	**12.7**	**8.1**	**32.2**	**48.1**
2001	68 190	4.2	2.7	1.5	25.7	4 883.8	13.3	7.9	31.1	48.9
2002	68 190	4.1	2.8	1.5	26.5	5 221.3	13.3	7.6	30.6	49.3
2003	68 190	4.1	2.8	1.5	27.2	5 586.0	12.5	7.4	30.0	50.2

注：(1) 指调查住户常住人口人均经营耕地面积。

表11 主要农产品产量

单位：万吨

年份	粮食作物总产量	谷物				大豆	油料总产量	棉花总产量	甘蔗总产量	甜菜总产量	水果总产量
			稻谷	小麦	玉米						
1986	39 151		17 222	9 004	7 086	1 161	1 474	354	5 022	831	1 348
1987	40 298		17 426	8 590	7 924	1 247	1 528	425	4 736	814	1 668
1988	39 408		16 911	8 543	7 735	1 165	1 320	415	4 906	1 281	1 666
1989	40 755		18 013	9 081	7 893	1 023	1 295	379	4 880	924	1 832
1990	**44 624**		**18 933**	**9 823**	**9 682**	**1 100**	**1 613**	**451**	**5 762**	**1 453**	**1 874**
1991	43 529		18 381	9 595	9 877	971	1 638	568	6 790	1 629	2 176
1992	44 266	40 170	18 622	10 159	9 538	1 030	1 641	451	7 301	1 507	2 440
1993	45 649	40 517	17 770	10 639	10 270	1 531	1 804	374	6 419	1 205	3 011
1994	44 510	39 389	17 593	9 930	9 928	1 600	1 990	434	6 093	1 253	3 500
1995	**46 662**	**41 612**	**18 523**	**10 221**	**11 199**	**1 350**	**2 250**	**477**	**6 542**	**1 398**	**4 215**
1996	50 454	45 127	19 510	11 057	12 747	1 322	2 210	420	6 688	1 673	4 653
1997	49 417	44 349	20 073	12 329	10 431	1 473	2 157	460	7 890	1 497	5 089
1998	51 230	45 625	19 871	10 973	13 295	1 515	2 314	450	8 344	1 447	5 453
1999	50 839	45 304	19 849	11 388	12 809	1 425	2 601	383	7 470	864	6 238
2000	**46 218**	**40 522**	**18 791**	**9 964**	**10 600**	**1 541**	**2 955**	**442**	**6 828**	**807**	**6 225**
2001	45 264	39 648	17 758	9 387	11 409	1 541	2 865	532	7 566	1 089	6 658
2002	45 706	39 799	17 454	9 029	12 131	1 651	2 897	492	9 011	1 282	14 375
2003	43 070	37 429	16 066	8 649	11 583	1 539	2 811	486	9 024	618	14 517
2003年											
东部地区	14 676	13 193	5 651	3 287	3 941	345	1 016	181	6 687	26	7 871
中部地区	18 690	16 297	7 183	3 501	5 141	1 055	1 256	128	384	189	4 387
西部地区	9 703	7 939	3 232	1 861	2 501	140	539	177	1 953	403	2 260

注：2002年（含）以后水果总产量含果用瓜。

表12 养殖业情况

年份	大牲畜年末存栏	猪年末存栏	羊年末存栏	肉类产量					禽蛋产量	奶类产量	水产品总产量
					猪肉	牛肉	羊肉	禽肉			
	(万头)	(万头)	(万头)	(万吨)	(万吨)	(万吨)	(万吨)	(万吨)	(万吨)	(万吨)	(万吨)
1986	11 896	33 719	16 623	2 112	1 796	59	62	188	555		824
1987	12 191	32 773	18 034	2 216	1 835	79	72	219	590		955
1988	12 538	34 222	20 153	2 480	2 018	96	80	274	696		1 061
1989	12 805	35 281	21 164	2 629	2 123	107	96	282	720		1 152
1990	**13 021**	**36 241**	**21 002**	**2 857**	**2 281**	**126**	**107**	**323**	**795**		**1 237**
1991	13 193	36 965	20 621	3 144	2 452	154	118	395	922		1 351
1992	13 485	38 421	20 733	3 431	2 635	180	125	454	1 020		1 557
1993	13 988	39 300	21 731	3 842	2 854	234	137	274	1 180		1 823
1994	14 919	41 462	24 053	4 499	3 205	327	101	755	1 479		2 143
1995	**15 862**	**44 169**	**27 865**	**5 260**	**3 648**	**415**	**202**	**935**	**1 677**		**2 517**
1996	13 361	36 284	23 728	4 584	3 158	356	181	833	1 897	736	2 813
1997	14 542	40 035	25 576	5 269	3 596	441	213	979	1 897	681	3 602
1998	14 803	42 256	26 904	5 724	3 884	480	235	1 056	2 021	745	3 907
1999	15 025	43 020	27 926	5 949	3 891	505	251	1 116	2 135	807	4 122
2000	**15 152**	**44 682**	**29 032**	**6 125**	**4 031**	**533**	**274**	**1 208**	**2 243**	**919**	**4 279**
2001	14 996	45 743	29 826	6 334	4 184	549	293	1 210	2 337	1 123	4 374
2002	15 189	46 292	31 655	6 587	4 327	585	317	1 250	2 462	1 400	4 566
2003	15 500	46 602	34 054	6 933	4 519	631	357	1 312	2 607	1 849	4 705
2003年											
东部地区	4 202	16 954	8 732	2 908	1 758	234	103	759	1 388	645	3 682
中部地区	5 390	16 147	12 272	2 533	1 684	267	136	419	930	784	857
西部地区	5 908	13 501	13 050	1 493	1 076	130	118	135	289	419	147

注：根据1996年第一次农业普查结果，对1996—1999年畜牧业年报数据进行了调整。2000年（含）以后生猪指标采用抽样调查数据。
全国水产品产量（包括中国水产总公司产量）不等于各地区产量之和。

表13　乡镇企业主要财务及经济效益指标

单位：亿元

项　　目	总　　计			东 部 地 区			中 部 地 区			西 部 地 区		
	2001年	2002年	2003年	2001年	2002年	2003年	2001年	2002年	2003年	2001年	2002年	2003年
企业个数(万个)	2 116	2 133	2 185	821	904	923	832	896	920	462	333	343
从业人员年末数(万人)	13 086	13 288	13 573	6 456	6 863	7 148	4 666	5 034	5 015	1 963	1 391	1 410
劳动者报酬	7 732	8 528	9 072	4 344	5 186	5 467	2 411	2 770	2 844	976	727	761
增加值	29 356	32 386	36 686	18 315	21 062	24 280	8 193	9 447	10 288	2 848	1 877	2 119
其中：工业增加值	20 315	22 773	25 745	14 286	16 417	18 741	4 862	5 566	6 077	1 167	790	928
固定资产原值	29 052	35 698	40 654	18 712	23 719	27 488	7 378	9 319	10 262	2 962	2 661	2 903
营业收入	116 585	129 760	146 783	74 089	89 189	100 499	30 238	35 963	36 845	12 259	9 022	9 439
成本费用总额	106 822	117 723	133 049	67 979	81 108	91 144	27 765	32 843	33 468	11 079	8 094	8 437
利润总额	6 002	7 558	8 571	3 562	4 911	5 696	1 614	2 049	2 222	826	597	653
税金总额	2 308	2 694	3 130	1 612	1 984	2 285	490	605	642	206	198	204
其中：所得税	708	595	798	485	473	634	176	108	136	46	24	29
出口交货值	9 599	11 563	14 197	8 888	10 874	13 380	592	583	675	118	106	142

注：数据来自农业部。本表东、中、西部地区划分和其他表有所不同，东部地区包括北京、天津、河北、辽宁、上海、江苏、浙江、福建、山东、广东，中部地区包括山西、吉林、黑龙江、安徽、江西、河南、湖北、湖南、四川、重庆、陕西，西部地区包括内蒙古、广西、海南、贵州、云南、西藏、甘肃、青海、宁夏、新疆。

表14　农产品供需及价格情况：水稻

年　份	面　积 (千公顷)	单　产 (千克／公顷)	生产量 (万吨)	大米进口量 (1) (万吨)	大米出口量 (1) (万吨)	粳米批发价 (标一) (2) (元/吨)	早籼米批发价 (标一) (2) (元/吨)	晚籼米批发价 (标一) (2) (元/吨)	国际市场价 (3) (美元/吨)
1986	32 266	5 338	17 222		95.6				
1987	32 193	5 413	17 426		98.9				
1988	31 987	5 287	16 911	31.0	70.5				
1989	32 700	5 509	18 013	…	32.0				304.6
1990	**33 064**	**5 726**	**18 933**	**5.9**	**33.0**				**277.4**
1991	32 590	5 640	18 381	14.3	69.0				301.0
1992	32 090	5 803	18 622	1.0	95.0				278.9
1993	30 355	5 854	17 770	9.7	144.2				248.2
1994	30 171	5 831	17 593	51.4	154.1				288.2
1995	**30 744**	**6 025**	**18 523**	**164.5**	**5.7**				**336.0**
1996	31 406	6 212	19 510	77.4	27.7	2 933	2 289	2 386	352.1
1997	31 765	6 319	20 073	35.9	95.2	2 127	1 803	1 929	316.9
1998	31 214	6 366	19 871	26.0	375.6	2 152	1 825	1 984	316.0
1999	31 284	6 345	19 849	19.1	271.7	2 148	1 771	1 884	251.7
2000	**29 962**	**6 272**	**18 791**	**24.9**	**296.2**	**1 769**	**1 349**	**1 477**	**206.7**
2001	28 812	6 163	17 758	29.3	187.0	1 883	1 424	1 542	177.4
2002	28 202	6 189	17 454	23.8	199.0	1 800	1 427	1 486	196.9
2003	26 508	6 061	16 056	25.9	261.7	1 922	1 511	1 599	200.9

注：(1) 数据来自国家海关总署，1993年（含）以后数据包括稻谷及大米粉。(2) 全国主要粮食批发市场平均价。(3) 泰国曼谷出口离岸价（100%B级）。

表15 农产品供需及价格情况：小麦

年份	面积 (千公顷)	单产 (千克/公顷)	生产量 (万吨)	进口量(1) (万吨)	出口量(1) (万吨)	白小麦批发价(3等)(2) (元/吨)	面粉批发价(特一粉)(2) (元/吨)	面粉批发价(标准粉)(2) (元/吨)	国际市场价(3) (美元/吨)
1986	29 616	3 040	9 004	611.0					
1987	28 798	2 983	8 590	1 320.0					
1988	28 785	2 968	8 543	1 455.0					
1989	29 841	3 043	9 081	1 488.0					
1990	**30 753**	**3 194**	**9 823**	**1 253.0**					
1991	30 948	3 100	9 595	1 237.0					
1992	30 496	3 331	10 159	1 058.0					
1993	30 235	3 519	10 639	645.0	29.1				
1994	28 981	3 426	9 930	732.8	26.8				
1995	**28 860**	**3 542**	**10 221**	**1 162.7**	**22.5**				
1996	29 611	3 734	11 057	829.9	56.5	1 821			
1997	30 057	4 102	12 329	192.2	45.8	1 563			
1998	29 774	3 685	10 973	154.8	27.5	1 411	3 328	2 400	128.5
1999	28 855	3 947	11 388	50.5	16.4	1 329	2 023	1 849	114.4
2000	**26 653**	**3 738**	**9 964**	**91.9**	**18.8**	**1 128**	**2 808**	**1 566**	**118.6**
2001	24 664	3 806	9 387	73.9	71.3	1 109	2 969	1 546	129.7
2002	23 908	3 777	9 029	63.2	97.7	1 064	2 110	1 608	150.8
2003	21 997	3 932	8 649	44.7	251.4	1 139	2 414	2 083	149.6

注：(1) 数据来自国家海关总署，1993年（含）以后数据包括面粉。(2) 全国主要粮食批发市场平均价。(3) 美国海湾离岸价（2号硬红冬麦）。

表16 农产品供需及价格情况：玉米

年份	面积 (千公顷)	单产 (千克/公顷)	生产量 (万吨)	进口量 (1) (万吨)	出口量 (1) (万吨)	黄玉米批发价 (2等) (2) (元/吨)	国际市场价 (3) (美元/吨)
1985	**17 694**	**3 607**	**6 383**	**9.1**	**633.7**		
1986	19 124	3 705	7 086	58.8	564.0		
1987	20 212	3 920	7 924	154.2	392.0		
1988	19 692	3 928	7 735	10.9	391.2		
1989	20 353	3 878	7 893	6.8	350.2		
1990	**21 401**	**4 524**	**9 682**	**36.9**	**340.4**		
1991	21 574	4 578	9 877	0.1	778.2		
1992	21 044	4 533	9 538	…	1 034.0		
1993	20 694	4 963	10 270	0.1	1 110.0		
1994	21 152	4 693	9 928	0.2	874.9		107.4
1995	**22 776**	**4 917**	**11 199**	**526.4**	**11.5**		**124.0**
1996	24 498	5 203	12 747	44.7	23.8	1 473.4	165.1
1997	23 775	4 387	10 430	0.3	667.1	1 187.7	117.2
1998	25 239	5 268	13 295	25.2	469.2	1 321.1	102.0
1999	25 904	4 945	12 808	7.9	433.3	1 113.7	91.7
2000	**23 056**	**4 598**	**10 600**	**0.3**	**1 047.9**	**950.2**	**88.4**
2001	24 282	4 699	11 409	3.9	600.0	1 124.3	89.6
2002	24 634	4 925	12 131	0.8	1 167.5	1 022.6	99.2
2003	24 068	4 813	11 583	0.1	1 639.1	1 117.6	105.2

注：(1) 数据来自国家海关总署，1993年（含）以后数据包括玉米粉。（2）全国主要粮食批发市场平均价。(3) 美国海湾离岸价（2号黄玉米）。

表17 农产品供需及价格情况：大豆

年份	面积（千公顷）	单产（千克/公顷）	生产量（万吨）	进口量(1)（万吨）	出口量(1)（万吨）	黄大豆批发价（3等）(2)（元/吨）	国际市场价(3)（美元/吨）
1986	8 295	1 400	1 161	29.1	137.0		
1987	8 445	1 477	1 247	27.3	171.0		
1988	8 120	1 435	1 165	15.2	148.0		
1989	8 057	1 270	1 023	0.1	117.0		
1990	**7 560**	**1 455**	**1 100**	**0.1**	**94.0**		
1991	7 041	1 379	971	0.1	111.0		
1992	7 221	1 426	1 030	12.1	66.0		
1993	9 454	1 619	1 530	9.9	37.3		
1994	9 222	1 735	1 560	5.2	83.3		238.8
1995	**8 127**	**1 661**	**1 350**	**29.8**	**37.6**		**239.3**
1996	7 471	1 770	1 322	111.4	19.3	3 069.5	288.5
1997	8 346	1 765	1 473	288.6	18.8	3 104.4	291.7
1998	8 500	1 783	1 515	320.1	17.2	2 461.2	235.0
1999	7 962	1 789	1 425	432.0	20.7	2 131.0	184.9
2000	**9 307**	**1 656**	**1 541**	**1 041.9**	**21.5**	**2 257.1**	**193.0**
2001	9 482	1 625	1 541	1 394.0	26.2	2 073.6	180.7
2002	8 720	1 893	1 651	1 131.5	30.5	2 111.3	201.3
2003	9 313	1 653	1 539	2 074.1	29.5	2 627.1	241.3

注：(1) 数据来自国家海关总署，1993年（含）以后数据包括大豆粉。(2) 全国主要粮食批发市场平均价。(3) 美国海湾离岸价(1号黄大豆)。

表18 农产品生产及进出口情况：粮食、食用植物油

年份	粮食(1)				食用植物油			
	生产量（万吨）	进口量(2)（万吨）	出口量(2)（万吨）	全国人均占有量（千克/人）	生产量（万吨）	进口量(2)（万吨）	出口量(2)（万吨）	全国人均占有量（千克/人）
1986	39 151	773.0	942.0	367	441	19.8	16.6	4.1
1987	40 298	1 628.0	737.0	372	478	51.1	5.6	4.4
1988	39 408	1 533.0	717.0	358	480	21.4	2.6	4.3
1989	40 755	1 658.0	656.0	364	496	105.6	6.2	4.4
1990	**44 624**	**1 372.0**	**583.0**	**393**	**544**	**112.0**	**14.0**	**4.8**
1991	43 529	1 345.0	1 086.0	378	644	61.0	9.9	5.6
1992	44 266	1 175.0	1 364.0	380	661	42.0	6.8	5.6
1993	45 649	742.5	1 365.1	387	965	103.4	28.4	8.1
1994	44 510	924.9	1 187.5	374	723	312.5	64.6	6.0
1995	**46 662**	**2 070.1**	**102.5**	**385**	**1 144**	**362.7**	**51.7**	**9.4**
1996	50 450	1 195.5	143.6	419	947	267.4	48.2	7.7
1997	49 417	705.5	853.6	402	894	279.9	82.4	7.3
1998	51 230	708.6	906.5	412	602	206.7	30.9	4.9
1999	50 839	772.1	759.0	406	734	214.0	10	5.8
2000	**46 218**	**1 356.8**	**1 401.3**	**366**	**835**	**187.1**	**11.2**	**6.6**
2001	45 264	1 738.4	903.1	356	1 383	167.5	13.4	10.9
2002	45 706	1 416.7	1 514.3	357	1 531	321.2	9.8	11.9
2003	43 070	2 282.8	2 229.9	334	1 584	541.8	6.0	12.3

注：(1) 包含大豆。(2) 数据来自国家海关总署。

表19 农产品生产及进出口情况：棉花、食糖

年份	棉花				食糖			
	生产量（万吨）	进口量(1)（万吨）	出口量(1)（万吨）	全国人均占有量（千克/人）	生产量（万吨）	进口量(1)（万吨）	出口量(1)（万吨）	全国人均占有量（千克/人）
1986	354	0.0	55.8	3.3	525	118.0	26.6	4.9
1987	425	0.6	75.5	3.9	506	183.0	45.2	4.7
1988	415	3.5	46.8	3.7	461	371.0	24.8	4.2
1989	379	51.9	27.2	3.4	501	158.0	43.0	4.5
1990	**451**	**42.0**	**16.7**	**4.0**	**582**	**113.0**	**57.0**	**5.1**
1991	568	37.0	20.0	4.9	640	101.0	34.3	5.6
1992	451	28.0	14.5	3.9	829	110.0	167.0	7.1
1993	374	4.2	20.4	3.2	771	45.1	185.3	6.5
1994	434	55.3	12.6	3.6	592	155.2	94.7	5.0
1995	**477**	**78.6**	**2.9**	**4.0**	**559**	**295.4**	**48.0**	**4.6**
1996	420	70.6	1.1	3.5	640	125.5	66.5	5.3
1997	460	80.4	0.6	3.7	703	78.3	37.9	5.7
1998	450	22.4	5.1	3.6	826	50.8	43.6	6.6
1999	383	7.3	24.3	3.1	861	41.7	36.7	6.9
2000	**442**	**8.4**	**29.9**	**3.5**	**700**	**64.1**	**41.5**	**5.5**
2001	532	11.3	6.0	4.2	653	119.9	19.6	5.1
2002	492	20.8	15.9	3.8	926	118.3	32.6	7.2
2003	486	95.4	11.7	3.8	1 084	77.5	10.3	8.4

注：（1）数据来自国家海关总署。

表20 农产品生产、消费及进出口情况：猪肉

年 份	生猪年末存栏头数（万头）	生猪出栏头数（万头）	猪肉生产量（万吨）	出口活猪(1)（万头）	出口猪肉(1)（万吨）	进口猪肉(1)（万吨）	全国人均猪肉占有量（千克/人）
1986	33 719	25 722	1 796	310.0			16.4
1987	32 773	26 177	1 835	302.0			16.5
1988	34 222	27 570	2 018	303.0			17.9
1989	35 281	29 023	2 123	297.0			18.6
1990	**36 241**	**30 991**	**2 281**	**300.0**			**19.7**
1991	36 965	32 897	2 452	285.0			20.9
1992	38 421	35 170	2 635	290.0			22.3
1993	39 300	37 824	2 854	272.3	14.09	0.03	23.9
1994	41 462	42 103	3 205	269.5	18.62	0.05	26.5
1995	**44 169**	**48 051**	**3 648**	**253.3**	**23.33**	**0.44**	**29.8**
1996	36 284	41 225	3 158	240.2	18.55	0.36	25.8
1997	40 035	46 484	3 596	227.0	15.68	0.51	29.2
1998	42 256	50 215	3 884	219.5	15.82	2.55	31.3
1999	43 020	51 977	3 891	195.8	11.11	13.25	32.0
2000	**44 682**	**52 673**	**4 031**	**203.1**	**11.20**	**23.79**	**31.9**
2001	45 743	54 937	4 184	196.5	17.20	20.40	32.9
2002	46 292	56 684	4 327	188.0	23.63	21.95	33.8
2003	46 602	59 200	4 519	187.8	30.50	31.20	35.1

注：（1）数据来自国家海关总署。其他指标数据来自国家统计局。其中，1996年以前为国家统计局公布数据，1996–1999年为国家统计局调整数据，2000年（含）以后为抽样调查数据。

表21　化肥及农药生产、进口与价格情况

单位：万吨

年份	化肥					农药				
	生产量 (纯量)	施用量 (纯量)	进口量 (1) (自然吨)	出口量 (1) (自然吨)	化肥价格指数 (上年＝100)	生产量	施用量	进口量 (1)	出口量 (1)	农药价格指数 (2) (上年为100)
1986	1 360	1 931	510		99.3	20.3		0.7		100.9
1987	1 672	1 999	1 090		108.3	16.1		1.0		110.3
1988	1 740	2 142	1 471		118.6	17.9		3.4		135.2
1989	1 803	2 357	1 393		117.3	20.8		3.7		140.0
1990	**1 880**	**2 590**	**1 626.0**		**103.5**	**22.8**		**2.8**		**112.8**
1991	1 980	2 805	1 818.0		103.2	25.5	76.1	3.2		101.7
1992	2 048	2 930	1 859.0		103.7	28.1	79.5	3.9		98.7
1993	1 956	3 152	1 021.0	36.1	111.1	25.7	84.9	2.3	4.2	99.2
1994	2 273	3 318	1 266.0	59.4	124.9	29.0	87.1	3.1	6.1	105.8
1995	**2 556**	**3 594**	**1 991.0**	**97.5**	**135.4**	**41.7**	**108.7**	**3.4**	**7.1**	**118.6**
1996	2 836	3 828	1 857.0	149.9	110.8	42.7	114.1	3.2	7.4	109.9
1997	2 911	3 981	1 649.0	156.7	92.2	55.2	119.5	4.8	8.8	98.3
1998	2 955	4 086	1 387.0	118.4	91.4	60.5	123.2	4.4	10.7	96.4
1999	3 251	4 124	1 335.0	171.5	94.9	62.5	131.2	4.7	14.7	95.1
2000	**3 186**	**4 146**	**1 189.3**	**252.3**	**92.9**	**60.7**	**128.0**	**4.1**	**16.2**	**95.1**
2001	3 383	4 254	1 092.0	289.9	97.9	78.7	127.5	3.4	19.7	97.1
2002	3 791	4 339	1 681.9	252.9	102.4	92.9	131.2	2.7	22.2	98.0
2003	4 201	4 412	1 212.9	544.1	101.6	76.7	132.5	2.8	27.2	99.9

注：（1）数据来自国家海关总署。（2）2003年农药价格指数为农药及农药械价格指数。

表22 城乡居民家庭人均收入对比

单位：元/人

年份	农村居民家庭人均总收入	人均纯收入	家庭经营纯收入	种植业收入	牧业收入	生产性纯收入	第一产业	第二产业	第三产业	城镇居民人均可支配收入	城镇居民人均可支配收入比农村人均纯收入
1986	593	424	313	205	51	395	315	36	44	900	2.12
1987	654	463	346	208	69	441	345	46	50	1 002	2.17
1988	785	545	450	222	94	520	395	62	63	1 181	2.17
1989	875	602	435	240	103	571	428	71	72	1 376	2.29
1990	**990**	**686**	**519**	**330**	**97**	**657**	**511**	**71**	**76**	**1 510**	**2.20**
1991	1 046	709	524	324	105	676	517	79	80	1 701	2.40
1992	1 155	784	562	338	114	746	544	104	98	2 027	2.58
1993	1 334	922	678	438	97	873	590	149	134	2 577	2.80
1994	1 789	1 221	882	590	112	1 145	781	211	154	3 496	2.86
1995	**2 338**	**1 578**	**1 126**	**775**	**128**	**1 479**	**997**	**287**	**196**	**4 283**	**2.71**
1996	2 807	1 926	1 363	924	159	1 813	1 193	372	248	4 839	2.51
1997	2 999	2 090	1 473	943	204	1 987	1 268	438	282	5 160	2.47
1998	2 996	2 162	1 466	927	189	2 040	1 237	499	303	5 425	2.51
1999	2 987	2 210	1 448	882	174	2 079	1 180	564	334	5 854	2.65
2000	**3 146**	**2 253**	**1 427**	**784**	**207**	**2 130**	**1 125**	**489**	**515**	**6 280**	**2.79**
2001	3 307	2 366	1 460	810	212	2 232	1 165	533	534	6 860	2.90
2002	3 432	2 476	1 487	808	211	2 327	1 168	587	572	7 703	3.11
2003	3 582	2 622	1 541							8 472	3.23
2003年											
东部地区	4 661	3 617	1 770							10 366	2.87
中部地区	3 350	2 382	1 550							7 036	2.95
西部地区	2 718	1 879	1 226							7 235	3.85

表23　城乡居民家庭人均支出对比

单位：元/人

年　份	农村居民人均总支出					现金支出				城镇居民人均生活消费支出	城乡居民人均生活消费支出比
		家庭经营费用支出	生活消费支出		转移性和财产性支出		生产费用支出	税费支出	生活消费支出		
				食　品							
1986	536	133	357	202	10	376	104	18	228	799	2.2
1987	604	151	398	222	12	436	122	20	264	884	2.2
1988	737	195	477	257	15	555	163	24	331	1 104	2.3
1989	831	222	535	293	18	637	184	30	379	1 211	2.3
1990	**903**	**241**	**585**	**344**	**19**	**639**	**183**	**33**	**375**	**1 279**	**2.2**
1991	980	267	620	357	23	713	215	36	405	1 454	2.3
1992	1 056	292	659	379	27	769	236	41	431	1 672	2.5
1993	1 211	330	770	447	24	870	276	42	490	2 111	2.7
1994	1 636	459	1 017	599	46	1 156	374	59	648	2 851	2.8
1995	**2 138**	**622**	**1 310**	**768**	**55**	**1 546**	**517**	**77**	**859**	**3 538**	**2.7**
1996	2 535	709	1 572	886	83	1 888	588	95	1 076	3 920	2.5
1997	2 537	706	1 617	890	45	1 960	600	98	1 126	4 186	2.6
1998	2 457	653	1 590	850	53	1 931	566	98	1 128	4 332	2.7
1999	2 390	600	1 577	829	56	1 917	528	93	1 145	4 616	2.9
2000	**2 652**	**654**	**1 670**	**821**	**169**	**2 140**	**608**	**90**	**1 285**	**4 998**	**3.0**
2001	2 780	696	1 741	831	174	2 285	663	86	1 364	5 309	3.0
2002	2 924	731	1 834	848	194	2 438	703	76	1 468	6 030	3.3
2003	3 025	755	1 943	886	157	2 537	740	66	1 577	6 511	3.4
2003年											
东部地区	3 693	833	2 511	1 067	202	3 302	850	59	2 200	7 867	3.1
中部地区	2 832	735	1 728	819	161	2 330	736	89	1 341	5 322	3.1
西部地区	2 386	679	1 466	732	93	1 789	600	45	1 052	5 860	4.0

表24 城乡居民家庭人均食品消费量比较

单位：千克／人

年份	粮食		蔬菜		食油		猪、牛、羊、肉		家禽		水产品	
	农村	城市	农村	城市	农村	城市(植物油)	农村	城市	农村	城市	农村	城市
1986	259.0	137.9	134.0	148.3	4.2	6.2	11.8	21.6	1.1	3.7	1.9	8.2
1987	259.0	133.9	130.0	142.6	4.7	6.4	11.7	21.9	1.2	3.4	2.0	7.9
1988	260.0	137.2	130.0	147.0	4.8	6.7	10.7	19.8	1.3	4.0	1.9	7.1
1989	262.0	133.9	133.0	144.6	4.8	6.2	11.0	20.3	1.3	3.7	2.1	7.6
1990	**262.1**	**130.7**	**134.0**	**138.7**	**5.2**	**6.4**	**11.3**	**21.7**	**1.3**	**3.4**	**2.1**	**7.7**
1991	255.6	127.9	127.0	132.2	5.7	6.9	12.2	22.2	1.3	4.4	2.2	8.0
1992	250.5	111.5	129.1	124.9	5.9	6.7	11.8	21.4	1.5	5.1	2.3	8.2
1993	251.8	97.8	107.4	120.6	5.7	7.1	11.7	20.8	1.6	3.7	2.5	8.0
1994	257.6	102.0	109.0	121.0	5.7	7.7	11.0	20.2	1.6	4.1	3.0	8.5
1995	**260.1**	**97.0**	**104.6**	**118.6**	**5.8**	**7.6**	**11.3**	**19.7**	**1.8**	**4.0**	**3.4**	**9.2**
1996	256.2	94.7	106.3	118.5	6.1	7.7	11.9	20.4	1.9	5.4	3.7	9.3
1997	250.7	88.6	107.2	115.2	6.2	7.7	12.7	19.0	2.4	6.5	3.4	9.3
1998	250.2	86.7	109.0	113.8	6.2	7.6	13.2	19.2	2.2	6.3	3.6	9.8
1999	247.5	84.9	108.9	114.9	6.2	7.8	13.9	20.0	2.5	4.9	3.8	10.3
2000	**249.5**	**82.3**	**112.0**	**114.7**	**7.1**	**8.2**	**14.6**	**20.1**	**2.9**	**7.4**	**3.9**	**11.7**
2001	238.6	79.7	109.3	115.9	7.0	8.1	14.5	19.2	2.9	7.3	4.1	12.3
2002	236.5	78.5	110.2	116.5	7.5	8.5	14.9	23.3	2.9	9.2	4.4	13.2
2003	223.7	79.5	107.4	118.3	6.3	9.2	15.0	23.7	3.2	9.2	4.7	13.4

注：城镇居民家庭人均食品消费量指全年购买的主要商品数量。

表25 各种物价指数

上年=100

年份	商品零售价格指数	居民消费价格指数			农产品生产价格指数	农业生产资料价格指数
			城市居民消费价格指数	农村居民消费价格指数		
1986	106.0	106.5	107.0	106.1	106.4	101.1
1987	107.3	107.3	108.8	106.2	112.0	107.0
1988	118.5	118.8	120.7	117.5	123.0	116.2
1989	117.8	118.0	116.3	119.3	115.0	118.9
1990	**102.1**	**103.1**	**101.3**	**104.5**	**97.4**	**105.5**
1991	102.9	103.4	105.1	102.3	97.0	102.9
1992	105.4	106.4	108.6	104.7	103.4	103.7
1993	113.2	114.7	116.1	113.7	113.4	114.1
1994	121.7	124.1	125.0	123.4	139.9	121.6
1995	**114.8**	**117.1**	**116.8**	**117.5**	**119.9**	**127.4**
1996	106.4	107.9	108.8	107.9	104.2	108.4
1997	100.8	102.8	103.1	102.5	95.5	99.5
1998	97.4	99.2	99.4	99.0	92.0	94.5
1999	97.0	98.6	98.7	98.5	87.8	95.8
2000	**98.5**	**100.4**	**100.8**	**99.9**	**96.4**	**99.1**
2001	99.2	100.7	100.7	100.8	103.1	99.1
2002	98.7	99.2	99.0	99.6	99.7	100.5
2003	99.9	101.2	100.9	101.6	104.4	101.4

注：2000年（含）以前的农产品生产价格指数指农副产品收购价格指数。

表26 农产品生产价格指数

上年＝100

年 份	农产品生产价格指数	谷 物				大 豆	油 料	棉 花	蔬 菜	水 果	糖 料	畜牧产品		
			小 麦	稻 谷	玉 米								生 猪	蛋 类
1986	106.4		104.3	106.3	115.5	120.2	104.6	99.5	101.2	108.0	104.8	103.0	104.4	112.1
1987	112.0		103.4	113.2	104.1	103.4	106.0	104.7	126.2	109.2	110.3	117.9	118.6	123.7
1988	123.0		115.2	119.8	104.7	109.1	119.7	108.6	130.9	139.6	116.1	140.2	150.6	118.7
1989	115.0		121.9	130.7	131.8	122.8	119.8	122.7	117.3	90.2	135.1	110.2	110.5	115.6
1990	**97.4**		**92.0**	**92.6**	**97.6**	**98.4**	**101.1**	**129.1**	**96.3**	**97.5**	**107.2**	**92.3**	**92.9**	**99.9**
1991	98.0		94.2	95.9	88.2	99.8	97.9	102.1	107.8	106.8	104.5	97.4	96.6	93.6
1992	103.4		110.1	97.4	108.2	119.5	95.8	95.0	111.4	92.8	90.8	106.3	106.3	100.1
1993	113.4		105.4	124.6	119.2	122.7	120.7	111.5	122.9	100.5	100.0	114.2	114.5	113.3
1994	139.9		152.2	154.0	151.3	114.6	157.6	160.4	135.1	119.9	124.6	144.6	154.6	125.4
1995	**119.9**		**133.1**	**120.8**	**140.9**	**113.1**	**103.1**	**131.5**	**122.7**	**113.2**	**142.6**	**115.8**	**116.0**	**113.5**
1996	104.2		109.2	104.2	95.4	128.2	96.6	103.2	102.0	99.5	118.6	103.3	102.2	113.2
1997	95.5		89.0	88.2	94.2	100.1	104.8	99.8	91.6	88.6	97.6	101.8	110.1	86.3
1998	92.0		95.8		101.9	85.2	97.7	88.8	91.7	94.5	89.5	86.9	82.9	94.2
1999	87.8		88.9	87.7	86.3	81.8	84.8	69.8	94.9	88.1	80.4	88.5	85.2	91.7
2000	**96.4**		**81.8**	**90.2**	**89.9**	**105.8**	**93.6**	**121.2**	**99.9**	**98.6**	**88.8**	**99.0**	**100.2**	**90.6**
2001	103.1													
2002	99.7	95.8	98.1	97.2	91.5	98.9	104.8	103.4	95.1	109.9	86.0	100.2	98.0	102.8
2003	104.4	102.3	103.0	99.9	104.6	120.6	119.4	135.3	110.4	102.0	90.5	101.8	102.9	101.1

注：2000年（含）以前的农产品生产价格指数指农副产品收购价格指数。

表27　城乡零售价格分类指数

上年＝100

年份	食品类		粮食		油脂类(1)		鲜菜		肉禽蛋(2)		水产品	
	城市	农村	城市	农村	城市	农村	城市	农村	城市	农村	城市	农村
1986	107.2	107.5	104.1	113.0	108.0	113.1	103.3		110.2	110.0	112.3	110.8
1987	112.0	108.4	106.2	106.1	108.4	107.2	117.7		115.4	117.7	120.9	111.0
1988	125.2	120.9	114.1	114.0	118.4	116.1	131.7		134.8	140.0	130.7	131.9
1989	114.4	118.0	116.9	125.0	123.7	120.0	102.1		114.6	113.8	113.4	121.8
1990	**98.8**	**101.7**	**93.5**	**96.7**	**100.4**	**102.4**	**99.6**		**98.2**	**97.4**	**100.0**	**98.1**
1991	105.4	101.3	120.7	99.9	123.1	101.6	106.1		98.3	96.9	103.1	98.7
1992	110.7	104.7	139.2	112.7	111.0	101.8	109.6		105.4	103.9	105.8	104.8
1993	116.5	112.0	131.1	124.6	115.4	117.0	115.7		115.2	112.1	118.4	112.9
1994	134.2	136.3	150.7	150.7	159.4	163.1	136.2	140.2	140.6	142.7	121.4	119.2
1995	**123.6**	**126.4**	**132.5**	**136.3**	**114.2**	**119.2**	**126.6**	**133.4**	**124.1**	**124.5**	**113.8**	**114.7**
1996	107.9	107.5	109.4	105.8	91.9	92.4	117.3	120.0	106.2	106.6	106.3	104.7
1997	100.1	99.2	93.9	90.4	101.4	101.9	99.6	99.3	101.3	101.5	101.2	101.1
1998	96.9	96.6	96.9	96.9	102.1	98.4	99.3	102.0	93.0	91.9	94.5	93.4
1999	95.8	96.0	96.2	96.6	94.7	94.0	99.8	101.5	90.6	91.8	94.2	92.2
2000	**97.6**	**97.4**	**91.2**	**88.9**	**84.7**	**88.4**	**104.8**	**106.3**	**95.5**	**97.1**	**103.4**	**101.0**
2001	98.9	99.6	101.4	101.7	89.9	90.0	103.4	103.2	103.3	102.3	95.9	97.2
2002	99.7	100.3	98.5	98.9	100.4	99.6	99.5	103.0	100.3	100.7	96.3	95.9
2003	103.2	103.7	102.0	102.6	111.6	113.5	116.4	116.1	102.8	104.2	100.8	99.2

注：(1) 1993年（含）以前油脂类指食用植物油。(2) 2003年肉禽蛋指肉禽及其制品。

表28 菜篮子产品批发价格

单位：元/千克

类 别	品 名	2000年	2001年	2002年	2003年	2003年比上年增长（%）
蔬菜	白萝卜	0.56	0.64	0.54	0.70	29.7
蔬菜	大蒜	1.31	1.61	1.42	1.27	−10.2
蔬菜	豆角	2.59	2.28	2.07	2.54	22.8
蔬菜	胡萝卜	0.86	0.83	0.78	0.88	13.1
蔬菜	黄瓜	1.66	1.49	1.31	1.60	22.3
蔬菜	茄子	1.96	1.61	1.37	1.83	33.6
蔬菜	青椒	2.17	2.01	1.55	2.00	28.9
蔬菜	土豆	0.87	0.79	0.82	0.84	2.3
蔬菜	西红柿	1.34	1.34	1.18	1.57	33.0
蔬菜	大白菜	0.55	0.64	0.51	0.69	36.1
蔬菜	大葱	0.82	0.73	0.87	1.04	19.9
蔬菜	芹菜	0.86	0.87	0.78	1.14	46.6
蔬菜	圆白菜	0.62	0.65	0.54	0.78	45.0
蔬菜	油菜	0.87	0.87	0.85	1.10	29.4
水果	蜜橘	2.50	2.24	1.72	1.73	0.5
水果	甜橙	4.43	5.10	6.14	5.75	−6.3
水果	西瓜	2.16	1.90	1.8	1.90	5.4
水果	鸭梨	1.29	1.41	1.33	1.46	9.9
水果	富士苹果	2.14	2.44	2.7	2.46	−8.7
水果	香蕉	3.42	2.76	2.76	2.81	1.8
水果	菠萝	2.24	2.18	2.39	2.14	−10.5
畜产品	鸡蛋	3.81	4.24	4.35	4.26	−2.0
畜产品	牛肉	11.52	13.04	13.94	14.72	5.6
畜产品	白条鸡	6.72	7.50	6.85	7.07	3.2
畜产品	活鸡	7.17	7.30	8.36	8.14	−2.6
畜产品	猪后腿肉	9.50	10.26	9.46	10.48	10.8
畜产品	羊肉	13.33	14.62	14.79	14.77	−0.1
水产品	草鱼	7.94	7.60	7.12	6.82	−4.2
水产品	带鱼	9.51	8.91	9.63	9.36	−2.8
水产品	鲫鱼	9.91	9.14	7.62	7.60	−0.2
水产品	鲤鱼	6.99	6.71	6.26	6.11	−2.4
水产品	鲢鱼	4.05	4.37	4.02	4.59	14.3

注：数据来自农业部。

表29 2003年各地区财政收入及支出情况

单位：万元

地 区	财政收入			财政支出			水利和气象支出
		农业税	农业特产税		农业支出	林业支出	
合 计	**98 499 846**	**3 365 576**	**896 002**	**172 298 382**	**5 739 956**	**1 956 720**	**2 295 192**
北 京	5 925 388	5 609	906	7 348 043	178 125	46 295	37 401
天 津	2 045 295	3 595	138	3 120 771	55 028	7 194	18 141
河 北	3 358 263	249 978	8 306	6 467 439	190 704	56 367	58 528
山 西	1 860 547	39 350	941	4 156 866	154 706	63 263	43 964
内 蒙 古	1 387 157	70 152	10 450	4 472 566	159 636	148 624	47 227
辽 宁	4 470 490	72 322	30 935	7 843 764	281 979	70 974	84 706
吉 林	1 540 033	101 705	20 622	4 092 265	116 888	67 086	33 628
黑 龙 江	2 488 643	162 802	16 652	5 649 080	206 589	184 849	53 342
上 海	8 862 277	1 186		10 884 386	138 058	49 758	49 585
江 苏	7 981 065	265 992		10 476 812	415 909	29 157	214 275
浙 江	7 065 607	54 442	14	8 967 740	402 093	49 748	146 709
安 徽	2 207 487	266 789	166	5 074 398	169 118	34 848	122 420
福 建	3 047 095	11 785	37 141	4 522 167	172 626	38 734	59 998
江 西	1 681 670	156 977	3 181	3 820 981	154 592	41 412	38 953
山 东	7 137 877	424 030	120 176	10 106 395	425 229	68 101	124 786
河 南	3 380 535	377 052	27 121	7 165 978	210 074	53 144	97 693
湖 北	2 597 636	231 984	26 792	5 404 356	175 539	43 405	64 675
湖 南	2 686 469	181 682	80 452	5 737 453	226 221	65 871	70 006
广 东	13 155 151	79 777	13 801	16 956 324	416 297	114 954	428 841
广 西	2 036 578	67 753	111 904	4 436 763	168 211	62 568	69 446
海 南	513 205	4 816	35 025	1 053 984	38 686	16 011	15 454
重 庆	1 615 618	62 348	13 848	3 415 775	91 157	57 025	21 642
四 川	3 365 917	211 223	18 501	7 322 993	268 650	134 181	82 962
贵 州	1 245 552	51 639	49 668	3 323 547	145 073	57 591	44 006
云 南	2 289 992	47 912	200 736	5 873 475	256 144	144 157	87 938
西 藏	81 499			1 459 054	40 011	12 770	9 806
陕 西	1 773 300	66 480	42 066	4 182 008	141 922	83 160	65 651
甘 肃	876 561	52 691	11 093	3 000 092	99 523	64 137	42 650
青 海	240 411	5 043	2 703	1 220 438	41 566	21 169	12 148
宁 夏	300 310	7 438	42	1 057 793	51 442	18 157	16 798
新 疆	1 282 218	31 024	12 622	3 684 676	148 160	52 010	31 813

表30 农村经济收益分配情况

单位：亿元

项 目	2002年		2003年	
	合 计	其中：家庭经营	合 计	其中：家庭经营
一、总收入	**116 630**	**59 992**	**131 719**	**64 909**
1. 农业收入	14 194	13 701	14 542	14 044
其中：种植业收入	12 849	12 478	13 175	12 808
其他农业收入	1 345	1 223	1 367	1 236
2. 林业收入	814	726	902	808
3. 牧业收入	6 648	6 371	7 155	6 844
4. 渔业收入	1 868	1 542	1 974	1 645
5. 工业收入	63 361	19 780	74 115	22 589
6. 建筑业收入	7 103	3 774	7 892	4 098
7. 运输业收入	5 409	4 444	5 734	4 674
8. 商饮业收入	10 441	5 705	12 046	6 086
9. 服务业收入	3 182	1 966	3 326	2 103
10. 其他收入	3 611	1 965	4 033	2 018
二、总费用	**91 682**	**41 216**	**104 796**	**45 521**
1. 生产费用	75 375	31 662	86 513	34 818
2. 管理费	6 775	/	7 616	/
三、可分配净收入	**28 256**	**21 912**	**30 781**	**23 050**
1. 国家税金	2 536	1 039	2 896	1 122
2. 上缴有关部门	293	143	350	121
3. 企业各项留利	1 739	/	2 148	/
4. 乡村集体所得	731	/	732	/
5. 农民经营所得	21 560	20 304	23 369	21 541

注：数据来自农业部。

表31 2003年农户家庭人口与劳动力情况（每个农村居民户）

指标名称	单位	全 国	东 部	中 部	西 部
被调查户数	户	20 283	6 876	7 354	6 053
家庭常住人口	人	4.08	3.95	3.91	4.41
农村人口	人	3.84	3.68	3.73	4.16
家庭劳动力	人	2.50	2.48	2.45	2.59
其中：农村劳动力	人	2.38	2.33	2.35	2.49
在农村劳动力中：					
1.文盲、半文盲	人	0.31	0.30	0.30	0.34
2.小学文化程度	人	0.86	0.79	0.92	0.87
3.初中文化程度	人	1.05	1.05	1.00	1.11
4.高中文化程度	人	0.16	0.18	0.14	0.16
在农村劳动力中：					
有专业技术职称人数	人	0.11	0.11	0.09	0.13
受过职业教育和培训人数	人	0.17	0.17	0.14	0.19
在家庭劳动力中：					
1.从事农业家庭经营劳动力	人	1.38	1.10	1.46	1.59
2.从事非农业家庭经营劳动力	人	0.25	0.28	0.21	0.25
3.受雇劳动者	人	0.40	0.51	0.38	0.32
4.个体、合伙工商劳动者	人	0.06	0.08	0.04	0.05
5.私营企业经营者	人	0.02	0.04	0.02	0.02
6.乡村及国家干部	人	0.04	0.04	0.04	0.03
7.教科文卫工作者	人	0.03	0.03	0.03	0.02
8.其他	人	0.32	0.40	0.27	0.31
全家劳动力外出从业时间	天	205	195	204	216
全家外出从业劳动力数	人	0.87	0.78	0.89	0.96
全家外出收入	元	5 567	7 414	4 719	4 498
从事农业人数	人	1.40	1.12	1.48	1.60
从事工业人数	人	0.25	0.38	0.21	0.17
从事建筑业人数	人	0.10	0.09	0.11	0.11
从事运输业人数	人	0.06	0.07	0.05	0.06
从事商贸、饮食、服务业人数	人	0.20	0.23	0.17	0.19
从事其他行业人数	人	0.49	0.59	0.42	0.46

注：数据来自农业部农村经济研究中心。

表32　2003年行政村一级企业、劳动力就业、耕地情况（每个行政村）

指标名称	单位	全国	东部	中部	西部
一、被调查村	个	**314**	**87**	**113**	**114**
二、村年末企业个数	个	**9.2**	**17.1**	**6.5**	**5.7**
1.集体企业	个	0.6	0.9	0.6	0.5
其中：个人承包和合伙承包的企业	个	0.4	0.6	0.4	0.3
2. 股份制和股份合作制企业个数	个	0.2	0.4	0.1	0.1
3. 合伙企业个数	个	0.7	1.3	0.5	0.5
4. 私营企业个数	个	5.8	10.9	3.4	4.3
5. 三资企业个数	个	0.2	0.6	0.0	0.0
6. 其他企业个数	个	1.7	3.0	1.9	0.4
三、劳动力情况					
(一) 年末劳动力	个	**942.3**	**1 007.1**	**809.7**	**1 024.4**
1. 以种植业为主的劳动力	个	444.9	347.4	400.8	563.2
其中：以粮食生产为主的劳动力	个	290.4	222.1	281.6	351.3
2. 以林业为主的劳动力	个	10.6	14.2	9.2	9.2
3. 以畜牧业为主的劳动力	个	61.6	37.2	53.8	87.9
4. 以渔业为主的劳动力	个	18.5	45.3	5.9	10.6
5. 以工业为主的劳动力	个	125.8	244.2	91.7	69.3
6. 以建筑业为主的劳动力	个	74.1	64.2	62.9	92.8
7. 以运输业为主的劳动力	个	39.3	54.2	31.3	35.8
8. 以商业、饮食业、服务业为主的劳动力		87.3	109.3	76.2	81.5
9. 其他		79.8	91.1	77.1	74.0
(二) 外出劳动力数	个	**201.8**	**182.2**	**193.1**	**225.3**
1.出乡(县内)就业数	个	69.5	84.7	48.7	78.6
2.出县(省内)就业数	个	58.9	65.7	47.2	65.3
3.出省(国内)就业数	个	71.2	26.9	95.8	80.6
4.境外就业数	个	2.2	4.9	1.4	0.9
(三) 闲置劳动力（按300日1人）		**83.6**	**69.7**	**88.8**	**89.1**
四、耕地情况					
(一) 耕地	公顷	**178.9**	**111.5**	**249.6**	**160.2**
1. 村集体经营（包括机动地）	公顷	7.3	2.4	8.5	9.9
2. 农户经营	公顷	169.4	106.5	239.0	148.4
3. 合伙承包经营	公顷	0.6	0.5	0.1	1.2
4. 其他经营	公顷	1.2	2.1	1.2	0.7
(二) 年内增加耕地	公顷	**0.4**	**1.0**	**0.2**	**0.2**
其中：新开荒耕地	公顷	0.1	0.3	0.1	0.0
(三) 年内减少耕地	公顷	**8.1**	**7.5**	**6.2**	**10.4**
1. 国家建设占用	公顷	1.5	2.4	0.9	1.4
2. 村集体建设占用	公顷	0.4	1.0	0.0	0.2
3. 农民新建房屋占用	公顷	0.1	0.1	0.0	0.3
4. 改林果、牧、渔业占用	公顷	5.8	3.9	5.2	7.8
其中：退耕还林草的耕地	公顷	5.4	3.4	4.7	7.7

注：数据来自农业部农村经济研究中心。

后　记

《2004年中国农业发展报告》是由农业部组织有关司局、科研单位、农业部软科学委员会专家工作组部分成员以及国家统计局农调总队的专家、学者和实际工作者共同编写的。

参加本报告撰写的主要人员有：宋洪远、马晓河、韩　俊、赵长保、曹力群、刘光明、谢双红、王俊勋、张　成、苑体强、孙梅君、汤艳丽、李跃新、苏国霞、涂志强、杨振海、李维薇、鲁　泉、禤燕庆、陈丽水、韩　旭、纪绍勤、蒋湘梅、刘莉华、曾令清、吴昌学、金文成、王晋臣、吴　晗、习银生、周喜应、刘桂才、曹庆波、胡元坤、刘　玲、孙邦群、袁志军、孙立刚、李　芹、鞠传莲、刘学勤、刘建水、汪竹韵、周云龙、方晓华、罗　东、罗　旭、宋普阳、刘北桦、张亚辉、张顺喜、张元红、张晓辉、姜长云、刘苏社、张太英。

图书在版编目(CIP)数据

中国农业发展报告．2004年／中华人民共和国农业部编．—北京：中国农业出版社，2004.9
ISBN 7-109-09190-2

Ⅰ.中… Ⅱ.中… Ⅲ.农业经济－经济发展－研究报告－中国－2004 Ⅳ.F323

中国版本图书馆CIP数据核字（2004）第085852号

中国农业出版社出版
（北京市朝阳区农展馆北路2号）
出 版 人 傅玉祥
责任编辑 柯文武 姚 红

新华书店北京发行所发行
中国农业出版社印刷厂印刷
2004年8月第1版
2004年8月北京第1次印刷

889mm × 1194mm 16开本
12.25印张 150千字
印数 1~2 000册 定价：90.00元